Abel Gance

# PRISMA

## Apuntes de un cineasta

Prólogo de
Nelly Kaplan

Prefacio de
Élie Faure

Editorial **Cactus** Perenne

*Dar a luz los diez mandamientos a las almas; Moisés solo aportó los diez mandamientos a los cuerpos. Mis cinco líneas rojas en la Biblia, el Talmud de Babilonia, el Asklepios, la Kabala, los Vedas, el Corán, deben suministrar los cinco primeros, los otros cinco deben salir del caos. Las fronteras de luz son necesarias en lugar de las fronteras reales, democracia de los cuerpos, pero jerarquía de las almas, con soldados espirituales, consignas y deberes. La radioactividad del espíritu comienza, y no es un nebuloso misticismo.*

Abel Gance

Abel Gance

# PRISMA

## Apuntes de un cineasta

Prólogo de
**Nelly Kaplan**

Prefacio de
**Élie Faure**

Gance, Abel, Prisma: apuntes de un cineasta . - 1a ed. - Ciudad Autónoma de Buenos Aires : Cactus, 2014. 320 p. ; 20x14 cm. - (Perenne)

Traducido por: Pablo Ariel Ires
ISBN 978-987-29224-5-0

1. Cine. 2. Filosofía. 3. Poesía. I. Ires, Pablo Ariel, trad. II. Título
CDD 778.509



*Traducción:* Pablo Ires
*Diseño de interior y tapa:* Manuel Adduci
Imagen de tapa: fotograma de *Napoleón* de Abel Gance
*Impresión:* Gráfica MPS

Queda hecho el depósito que marca la ley 11.723
ISBN: 978-987-29224-5-0

editorialcactus@yahoo.com.ar
www.editorialcactus.com.ar

# Índice

Prólogo de Nelly Kaplan 7
Prefacio de Élie Faure 11

**Primera Parte (1908-1921)**
Advertencia 19
Advertencia a mí mismo 23
Estudio para un prefacio de mi libro *El Violín sin arco* 43
Policroísmo 46
Divagaciones para una defensa
del pensamiento sin soporte 49
Divagaciones sobre un nuevo lenguaje 52
Divagaciones sobre la luz 57
Divagaciones sobre el arte 68
Nietzsche 77
Incidencias 87
Explosivos 94
Algunas divagaciones caleidoscópicas
sobre las leyes científicas elementales 97
Arpèges 115
Divagaciones sobre la evolución 119

**Segunda Parte** **163**
9 de abril de 1922 213
Divagaciones sobre la fe 230
Divagaciones contra un pesimismo universal 233
Al margen de Einstein 247
Poliedrismo 257
Nuevas divagaciones sobre el arte 257
Refracciones 265
Interferencias 274
Fatiga 277
Euforia 284
Noches de Idumea 303

# Prólogo
## de Nelly Kaplan

Prometeo tiene mal de hígado…

En una carta tan severa como afectuosa enviada por Blaise Cendrars a Abel Gance con fecha del 25 de abril de 1929, el escritor explicaba a su amigo cineasta las razones por las que rechazaba prefaciar su libro *Prisme* que la NRF se aprestaba a publicar. Entre otras diferentes consideraciones, le decía que no se le pregunta a Prometeo por el estado de su hígado, sino por el fuego… "*Es preciso que saques llama o cenizas, pero no un pañuelo y todavía menos un papel secante. Por el momento, haces llorar sobre ti mismo y eso ahoga, borra, extingue las huellas de fuego. Es ese fuego el que debe brotar…*"

Cendrars no estaba completamente equivocado. Sin embargo… Sin embargo, ese otro amigo que era Élie Faure no dudó en redactar el prefacio en cuestión, olvidando el excedente de textos donde las lágrimas un poco necrofílicas ahogan por momentos la fuerza y la profundidad de las ideas expuestas por Gance. Así, Faure vuelve a colocar en el primer plano el asombroso cariz de ese gran espíritu del Renacimiento extraviado, por no se sabe qué paradoja temporal, en pleno siglo XX. "*Sé bien que Abel Gance está atormentado sin respiro por un genio que adelanta las horas. Embriagado de entrever la gran figura armónica que se condensa en nuestra sombra poco a poco, desesperado por captar solo sus pedazos; de otra parte arrastrado por el ritmo cinematográfico cuya precipitación crece con su deseo de ser el primero en clavar sobre toda tierra desconocida la bandera del espíritu...*"

Es sin duda en este propósito que hay que buscar –digamos más bien *intentar buscar*– el secreto de las facetas de *Prisma*, libro brillante y desconocido en el que Gance lanzó desordenadamente ideas e intuiciones cuya modernidad deja siempre estupefacto, ¡más de tres cuartos de siglo más tarde!

Basta recorrer las páginas que Gance consagra a la luz, donde poesía y teorías audaces se suceden completándose, para caer bajo el encanto de ese espíritu complejo... Y uno acaba por preguntarse si la ingenuidad de ciertas proposiciones no es más que un subterfugio para avanzar mejor enmascarado...

He aquí, a lo largo de las páginas, algunas claves sobre él mismo:

"*La primera verdad consiste en saber que no la hay.*

*La segunda verdad consiste en crear una.*

*La tercera verdad consiste en creer ciegamente en aquella que se ha creado.*

*¡Y el Arte comienza ahí!*"

Uno vuelve a pensar entonces en esa sigla misteriosa que adorna varios de esos guiones: NSAI. Un día me hizo el honor de revelarme su sentido: "*No sufrir influencia alguna*"[1]... Así, imperturbable, Gance continúa su búsqueda de Absoluto, sin detenerse en la risa sarcástica de los imbéciles ni en el estupor de los testigos pues sabe, y lo proclama alto y fuerte: "*El arte es ante todo una garantía de inmortalidad*"... No es razón para descuidar sus búsquedas científicas: "*Tendré que entregarme muy atentamente al estudio artístico de las vibraciones coloreadas*". Lo cual lo devuelve nuevamente sobre el planeta Arte. Eterno retorno de los

[1] En francés: "*Ne Subir Aucune Influence*". (N. de T.).

eternos retornos, pues el pensamiento de Nietzsche lo acompaña todo a lo largo de estas 400 páginas incandescentes.

Sin olvidar informarnos al pasar que Chagall y Canudo hacen una colecta para que pueda cenar…

Todo es pasado por la criba; las leyes de la materia, de la evolución, del pensamiento… Luego, entre dos vértigos, una pequeña frase: "*El cine realmente me interesa. Por lo demás uno puede ganar dinero con él. Acabo de vender a la Sociedad G., mediante intermediario, dos guiones intitulados uno*: Paganini *por 40 francos, y el otro:* Un clair de lune sous Richelieu *por 150 francos*".

Para agregar, unas páginas más tarde: "*Lo esencial para mí sería no intentar ganar dinero con mi literatura sino con algo bien diferente, el cine por ejemplo, esperando que se convierta a su vez en un arte*". No carece de gracia, si se piensa que Gance formó parte de aquellos que, justamente, ayudaron al Cine a convertirse en el Séptimo Arte…

Así durante veinte años, de 1908 a 1929, Gance anota sus pensamientos o transcribe comentándolos aquellos de los grandes espíritus de todos los tiempos. Siempre son hombres, pues hay que reconocer que incluso con una enorme lupa no se llega a encontrar ni un solo nombre femenino. ¡Que las mujeres se contenten con ser musas, y ya está muy bien con eso! (*Nadie es perfecto…*) Luego, comenzamos a encontrar al pasar, en fragmentos cada vez más suculentos, ese Cine que se desliza en sus pensamientos literarios y científicos y que terminará por tomar más tarde la delantera en su vida, aun cuando sus investigaciones esotéricas y su búsqueda apasionada para atravesar el secreto de la Cuarta Dimensión lo habitaron hasta el final.

Entretanto, durante ese recorrido de dos decenios que fueron fundamentales en su Iniciación, Gance aprendió y nos enseñó mucho. Sobre él, sobre nosotros. Sin olvidar una prudencia de gato escaldado que le hace escribir en las últimas páginas:

"*No esperen abajo del árbol que el polluelo se estrelle contra el suelo. Solo ha conservado del recuerdo de los hombres la prudencia, pero eso le basta*". Habida cuenta de lo que conocemos de la sucesión, esta prudencia no siempre se ha dado cita, y le damos las gracias. Gance, Gran Iniciado, había comprendido que aquello que se nos cuenta desde hace milenios no corresponde necesariamente a la verdad, a su verdad. Pues lo que Gance no cesa de afirmar a lo largo de *Prisma* es que Ícaro jamás cayó; no eran más que sus alas: ya no tenía necesidad de ellas.

# Prefacio
## de Élie Faure

"La palabra, agonía de la música... la música, agonía de la luz... la luz agonía de los dioses." Henos aquí, a igual altura, en las puertas de lo invisible. El gusto profundo por las cosas que no se ven, cosas cuya presencia ronda en la penumbra de las almas, impregna de comienzo a fin este libro extraño del que uno puede preguntarse si es realmente un libro o algo embrionario que no se afirmará. El arte verbal de mañana, tal vez, así como el cine es su arte visual, apariencias apenas asibles de los dos infinitos que exigen nuevas mediciones y que, al fusionarse, crean un mundo suprasensible cuyo ritmo todavía lejano deviene poco a poco perceptible en la vacilación de la ciencia, de la pintura, de la música y de la palabra. "La intuición, es la memoria del porvenir." En buena hora. Aquellos que están sometidos al vértigo no tienen más que cerrar los ojos. Así, verán nacer, en sus tinieblas interiores, el pequeño resplandor de las realidades en devenir que es la Realidad.

El alma humana es carne. No ignoren que ella sangra. Abrazos desgarradores no cesan de trabarse en ella, de desgarrarse uno al otro. Dos seres vivientes se buscan allí para penetrarse, imagen del amor donde germina "muy rápidamente el genio de las analogías": uno de ellos está obsesionado por lo invisible, el otro está acosado por el deseo de anexar dicho invisible al mundo que se toca y que se ve. Esto justifica el nacimiento de las religiones y condena a muerte tarde o temprano sus formas confesionales. Lo invisible, para el alma humana, no agotará su virtud, justamente porque se obstina en materializarlo. A medida que acumula lo invisible en lo visible y que aumenta por consiguiente la masa de lo visible, lo invisible se ensancha. Lo visible es el comienzo de la muerte, lo invisible es el alba del espíritu. Pero ni la muerte ni el espíritu se acaban. El individuo, que inventa sus símbolos, es solo un fragmento imperceptible de ese ser gigante, la vida, que crece a lo largo de la duración. Grandeza, miseria del hombre, siempre colgado en su cruz entre la bestia y el dios. ¿Cómo no sentir que si dejara de ser la bestia o si ya solo fuera la bestia, que si se volviera Dios o si renunciara a devenirlo, el mundo espiritual se estropearía? ¿Qué es el hombre? El drama mismo del espíritu. Si ese drama se detiene, el universo no lo es más.

Es el sentimiento de este misterio el que constituye la belleza de este libro. El espíritu en ascensión sopla aquí de comienzo a fin. He descubierto, en el amor de Gance por Lamarck, la razón del favor del que gozó el darwinismo, petrificación liberal, unilateral, positivista, del poema cantado por el viejo biólogo francés, a la altura del cual ni los sabios, ni los poetas, ni los místicos han logrado llegar aún. Es la espiritualidad de dicho poema la que lanzó a todos los espíritus mediocres hacia su caricatura utilitaria. Yo no creo, como Abel Gance, en la desaparición de nuestra "envoltura material". Pero lo conozco lo suficiente como para no temer que el oleaje de la epopeya universal cuya marcha siguió Lamarck, del protozoario agazapado en el fondo de los pantanos hasta la mirada del hombre, luz sobre la cima ascendente del pensamiento y del amor, haya arrojado su impulso lírico hacia el abismo abstracto de la nada. La tragedia del organismo en formación que triunfa con lentitud en todos los medios que atraviesa aceptando sus fatalidades para crear su propia libertad, condiciona necesariamente su permanencia, por consiguiente la inmortalidad de la masa confusa en la que, en un intercambio continuo, se alimenta el espíritu, y que tiene por función modelar.

Sé bien que Abel Gance está atormentado sin respiro por un genio que adelanta las horas. Embriagado de entrever la gran figura armónica que se condensa en nuestra sombra poco a poco, desesperado por captar solo sus pedazos; de otra parte arrastrado por el ritmo cinematográfico cuya precipitación crece con su deseo de ser el primero en clavar sobre toda tierra desconocida la bandera del espíritu, siente crecer en él antenas de llamas. Nuestros sentidos están gastados, dice, otros emergen. Sea. Pero todo sentido nuevo implica la necesidad de un soporte, una forma, una apariencia si se quiere, no me aferro a la palabra. La ascensión en espiral continúa, cada vez mejor armada para buscar a Dios, justamente porque concentra un amor siempre mejor nutrido en su movimiento circular el cual conduce, al ensancharse, jugos siempre más embriagantes, médulas siempre más sustanciales, huesos siempre más cargados de sales. Entre las dos notas extremas que el escéptico y el místico tocan con un dedo brutal, se extiende el teclado de la vida. Abel Gance no tuvo tiempo de olvidar el epígrafe del agudo libro que Blaise Cendrars le dedicó recientemente: "Todas las filosofías no valen una buena noche de amor."

Cuando Michelet escribía de Lamarck: "Él restablece de forma en forma la circulación del espíritu", veía bien que solo se puede penetrar en las profundidades en continua génesis de la intuición gigantesca del demiurgo, siguiendo ese círculo ascendente en el que también Gance capta la ley del fenómeno viviente. La forma no es más que apariencias, sí. Para comprenderla, nunca hay que perder de vista el espíritu que la esculpe desde adentro, pero el espíritu solo se conoce por esa misma facultad, y la vida, a fin de cuentas, solo puede ser la revelación recíproca, y por ello mismo condenada a una lucha inmortal, entre la forma y el espíritu. Lamarck es el complemento necesario y esperado de Jesús. Él ha vencido a San Pablo, ha reconciliado en una unidad en eterna creación los dos abusos inaceptables del panteísmo y del espiritualismo, y ha encontrado, en la perpetuidad del drama biológico, la más alta significación del drama del Gólgota, cuya esencia mostró por siempre la palabra de Pascal: "Jesús estará en agonía hasta el fin del mundo; es preciso no dormir todo ese tiempo."

Yo no creo que se pueda encontrar en otra parte que en esta unidad del drama la revelación de la fe que hoy esbozan en conjunto los más decididos antagonismos entre los propagadores de las viejas místicas y los profetas de las jóvenes ciencias. Este acorde en devenir es la sustancia de este libro, confuso, preñado de sentimientos cuya juventud asombra, romántico, novelesco, tejido con los hilos de oro y de nervios entrecruzados de la gloria y del dolor, a veces privado de gusto y de medida, y en todo instante atravesado de relámpagos. Desde ya cine, y aún más, con las iluminaciones asombrosas y las bruscas caídas sentimentales que se conoce en los filmes de Gance. Cine hasta en esa necesidad obstinada de erigir el lecho de bodas entre la poesía y la ciencia que solo el cine, entre todos los medios al alcance del hombre, realiza en la práctica cotidiana de su desarrollo, espera de una mística inmanente cuya bóveda querría ya sellar una maravillosa imaginación. Al lado suyo, los creyentes que se mofan de la ciencia, los científicos que no tienen alma, no son sino fantasmas inconsistentes, o formas momificadas, burbujas de jabón que el viento revienta, moluscos incrustados en la cáscara del navío en marcha –buscando todos la paz del corazón o temiendo perderla, rechazando todos sumergirse, para no romperse con las piedras, en el torrente de Dios.

Nadie ignora las armas técnicas que el cine debe a Gance, montaje acelerado, tomas móviles, trípticos, empleo continuamente nuevo y variado de las sobreimpresiones, todos instrumentos incomparables de esos saltos en lo invisible que marcan aquello que llama en alguna parte su "voluntad genial" –palabra grandiosa– y cada uno de los cuales nos permite entrever esas huidizas imágenes que restituyen al infinito su ritmo tras haber enriquecido nuestra espiritualidad. Él habla en alguna parte de una flor creciendo en cámara rápida... ralentí... cámara rápida... Mundo que nace bajo nuestros propios ojos, mundo en el que los intervalos antiguos de nuestras sensaciones y de nuestras ideas se colman de tesoros, donde nuestra continuidad interior toma poco a poco conciencia de ella, y mejor que eso vive, siente, crea, puebla en un silencio trémulo lo que antes solo era en nosotros grandes espacios desiertos. Uno se explica que el hombre capaz de escribir semejante libro haya elegido de manera heroica el balbuceo de la sinfonía visual para invadir, con su marea ascendente, la orilla todavía flotante de nuestro nuevo universo. Libro profundo que lo divino impulsa, que lo humano retiene para nosotros. Se diría que su autor vacila allí en confesarnos que el mundo presente sobrecarga sus alas, que está demasiado por encima de él para realizarlo en el orden de los acontecimientos o incluso de las ideas, y se obstina en vivirlo en otro lugar, en las obsesiones desesperadas de un genio visionario que habita su propia anticipación. Las efusiones sentimentales arrancadas de su corazón por la muerte de la Victoria que volaba por encima de él nos enseñan por qué la eterna victoria está hecha de estas caídas. Revelación de Dios por el encadenamiento necesario del entusiasmo y del dolor. Círculo trágico, imposibilidad de renunciar a sufrir si uno no quiere renunciar a vivir. Las "ideas" que este libro despierta me son queridas. Es una gran alegría escucharlas latir, en su estado viviente y sin cesar renaciente, en el corazón de un amigo.

*Para mi muerta querida IDA D...*
*Este libro para manos eternamente juntas.*
A. G.

# Primera parte
(1908-1921)

*La palabra, agonía de la música... la música,*
*agonía de la luz... la luz, agonía de los dioses...*
A. G.

*Sin embargo puede ser que me equivoque y*
*que lo que tomo por diamantes no sea más que*
*un poco de vidrio.*
Descartes

# Advertencia

Las ideas obedecen también a las leyes de la gravedad si no poseen, para mantenerlas por encima de las cabezas, las alas de la poesía. Muchas de las que encontrarán aquí, lectores, han caído sobre el suelo desde hace mucho tiempo y de tan alto que se han enterrado a sí mismas. Algunas, águilas, golondrinas, murciélagos, planean todavía según las horas sobre este cementerio de mis ilusiones. En todas partes donde el sufrimiento fue profundo, sentirán sus alas. Siempre hay un ave sobre las gárgolas de mi desaliento.

Si aprecian aquella singular conmoción física que solo el vuelo de los pensamientos vivos engendra cuando rozan el alma, síganme hasta el final a través de mis fúnebres idas y perdonen mi peregrinaje.

Ciertamente nunca me excusaré lo suficiente por esta paleontología de mis sentimientos que etiquetas fechadas condenan a la ironía, a la indiferencia o a esa forma moderna del entusiasmo que Paul Morand llama de manera tan exacta el Odio.

Redactando los apuntes de los que se compone este libro, jamás había pensado en su posible publicación, sino solamente en la captura de algunas verdades: jalones, estelas, fuentes, lugares de descanso, puentes, velámenes, arados, para ayudar al viaje de mi vida. El tiempo ha borrado, destruido, manchado, oxidado, transformado lo que creía inalterable. El oro se ha oxidado, el diamante mismo se ha cubierto de escarcha, y todos esos niños muertos yacen esparcidos a mi alrededor. ¿No les daré al menos la sepultura del libro...?

¿No fijaré para almas amigas el recuerdo de minutos que, de buena fe, he creído creadores?; y si exhumo mi corazón, si muestro yo mismo sus filetes, ¿no se me concederá la limosna de pensar que solo se ha matado por latir demasiado, por creer demasiado, por amar demasiado...?

En mi *Victoria de Samotracia*, Hele aparece vestida con esa larga túnica egipcia de la que habla Apuleyo, hecha de lino y de color cambiante, y que se matiza cada vez con la blancura del lirio, del oro, del azafrán, del encarnado y de la rosa. Puede que suceda lo mismo con mi pensamiento en este sarcófago.

Esta obra es un paréntesis en mi vida, paréntesis lanzado en pasarela sobre un silencioso océano de cosas de las que no se puede tratar aquí. Que no haya balaustrada en esta pasarela, es quizá mi maquiavelismo. Solo caerán aquellos que me amen.

¿Pero cómo concebir que un libro ose hablar aún de Bondad, de Poesía, de Amor, palabras de rodillas gastadas a fuerza de rezar los hombres, y que la inteligencia moderna mira con condescendencia...

Parafraseando a San Pablo, hubiera querido decir a mi siglo:

El cielo y la tierra pasarán, pero no mi silencio.

No he tenido el coraje de preparar hasta el final ese explosivo mudo capaz de proyectar a los hombres "en los éxtasis de oro y de esmeralda" que les deseo.

Sin duda el tiempo llegará; pero hoy, ¿estoy herido en demasía? Necesito apoyarme sobre almas con palabras, ¡pues es tan grande el mal cuando nadie lo sospecha...!

Por eso existe villanía en mi gesto de ofrecer el amargo brebaje de esta mezcla de ortigas, de hisopo, de planta de opio y de rosas muertas que solo estaba preparado para mí. Perdónenme por ello. Carezco de tacto, de medida y también de buen gusto, se me dice. Solo tomen por muestra inmediata la heteróclita disposición de este libro.

> Lo último que se encuentra al realizar una obra es saber lo que hace falta meter primero

escribió Pascal. Yo ni siquiera he tenido ese talento. No sabiendo realmente por dónde comenzar la publicación de una serie de apuntes que se escalonan sobre veinte años, he tomado un poco al azar desde 1908, lo que me parecía tener un sentido intrínseco. He abandonado por eso anas[1] de ideas y de esbozos que exigen comentarios, suprimido todas las consideraciones políticas y literarias demasiado actuales, a causa de los violentos ángulos de incidencia de mi prisma, y pasado a silencio largos estudios, yo diría "místicos" para no decir gran cosa, cuya publicación sería prematura.

En resumen, no van a encontrar aquí ni siquiera un mosaico sino las ruinas de una iglesia.

Bajo pilares a cielo abierto, algunos vitrales se encienden en charcos de lodo; yaciendo en el suelo, arcos habituados a caballetes imploran como brazos con manos juntas; aquí un tabernáculo vacío, allí una Biblia desgarrada...

He intentado salvar del olvido todo lo que brillaba o se quejaba bajo los escombros. Heme aquí, frente a ustedes, inmóvil, con lágrimas en los ojos, y estrechando mis pensamientos entre mis brazos como rosas marchitas.

...Y ahora que toda mi alma está desguarnecida como un grosellero en invierno, yo te miro, ¡oh mi libro!, con una emoción que no puedo disimular. Este ropaje impreso te va mal... Tú tienes cabellos demasiado

[1] Antigua medida de longitud que equivalía aproximadamente a un metro. [N. de T.]

largos para nuestra época… A pesar de la dulce melancolía de tus ojos, si algunos fueran a sonreír…

¿Será a causa de ello que las aves de oro de mi sueño solo saldrán de la jaula de las palabras cuando haya descendido buenamente en el divino lagar de la Tierra?

Por haber querido insuflarte demasiado mi vida, ¿quedarán tus páginas pegadas por mi aliento hasta que se extinga...?

Si así debe ser, permanece vacío y profundo como un cielo para que el barro no te alcance, mientras mi corazón termine su carrera.

Adiós. Yo no soy de aquellos que olvidan lo que buscan por lo que encuentran, y si sin darme siquiera cuenta te he dado la vida rejuntando algunos miembros esparcidos de mi pensamiento, me guardaré de modificar mi ruta.

Por lo demás, tengo menos inquietud de lo que digo: el nombre que he escrito temblando de piedad sobre la primera página te preserva y te santifica.

A. G.<br>San Juan de Luz<br>25 de octubre de 1928

# Advertencia a mí mismo

¿Por qué fijas tus pensamientos en frases pesadas y fangosas?

¿Por qué te figuras que tu embriaguez es digna de dejar huella? ¿Por qué quieres devenir tu propio prisionero? ¿Por qué asistir impotente a medida que progresas a la propia agonía de tu pretensión pasada? ¿No sabes que serás tu primera víctima?

Todavía eres dichoso por no haber grabado en la piedra ni fijado nada en la arcilla o el bronce.

¿Tienes pues tanto miedo de morir en tu pensamiento que te encariñas hasta tal punto con tus bellas palabras? No deberás esforzarte para fijarlas, llegado el día: que esa sea tu ley de fuego. Un día tus pensamientos te agarrarán la mano para suplicarte que los escribas. ¿Por qué hoy esta mano suplica a tus pensamientos?

11 de noviembre de 1908

*Tengo como el recuerdo de mis penas futuras*
1908

Rien de tout votre bruit ne monte à mes oreilles,
Rien de vos cris, rien de vos chants, rien de vos pleurs,
Rien de tout ce qui semble aux autres vos douleurs,
C'est pourquoi nous n'avons pas de larmes pareilles.

Trop fier pour qu'un homme ait pu, sur mes pâleurs,
Les voir creuser, rubis, deux rivières vermeilles,
Ma détresse est en moi comme un puits de merveilles,
Je n'y tire pas d'eau pour en tarir les fleurs.

Les blessures qu'on voit sont petites blessures,
De la mort je ne suis qu'à quelques encâblures
Et je ris de la voir, sur la grève, accourir.

Ivre de ma douleur, ivre jusqu'au génie,
J'ai bu tout le malheur aux lévres de la vie...
J'ai passé ma jeunesse à m'entendre mourir ![1]

1908

[1] Nada de todo vuestro ruido asciende a mis oídos,
Nada de vuestros gritos, de vuestros cantos, de vuestros llantos,
Nada de todo lo que a los otros parecen sus dolores,
Por eso no tenemos lágrimas semejantes.

Demasiado noble para que un hombre haya podido, sobre mis palideces,
Verlas excavar, rubíes, dos ríos bermejos,
Mi desamparo es en mí como un pozo de maravillas,
No saco de allí agua para enjugar sus flores.

Las heridas que se ve son pequeñas heridas,
De la muerte no estoy más que a metros de distancia
Y río al verla acudir sobre el arenal.

Ebrio de mi dolor, ebrio hasta el genio,
Bebí toda la desdicha con labios de la vida...
¡He pasado mi juventud oyéndome morir!

No está en las palabras ni entre las palabras. No está en las imágenes ni entre las imágenes, ni en el mármol, ni en los sonidos. No está en mí ni en usted, ni en la tierra ni en el cielo, y sin embargo ÉL ESTÁ y yo correspondo con él y por eso mis lágrimas sonríen...

¿Por qué estas palabras macho y hembra? Para que se fecunden entre sí y para que el tiempo recobre allí los hijos de mi pensamiento.

¿Por qué todavía estas palabras? Para construir el puente. Les ayudarán a pasar, sin por desgracia poder seguirlos ellas mismas. El más bello pensamiento del mundo no será más que un grano de arena en el arca, pero lo que pasará, ¡oh, mis amigos!, lo que pasará sobre el puente...

Y he aquí lo que dice uno de los granos de arena:

> Dirige ante todo el prisma hacia el interior, luego cuando te hayas fatigado del arco iris de tu pensamiento, gira velozmente ese prisma, hazlo piruetear, y comprenderás al fin la esencia psíquica del sol, cuyo pálido reflejo ven tus ojos de afuera. Caerás entonces bajo la lluvia luminosa, ebrio de transfiguración. Ya no reconocerás nada de antaño". Solamente, entonces, llegaré...

Él está por encima de toda sustancia y de toda vida; ninguna luz lo vuelve a trazar y ninguna razón o inteligencia lo reproduce, de cerca o de lejos...

...

> Ninguna concepción concibe este inconcebible, ninguna expresión expresa este inexpresable... no siendo nada de lo que es, causando el ser de todo y no siendo él mismo, ya que está más allá de toda sustancia, de tal manera que propiamente y a sabiendas le corresponde a él revelarse.
>
> Dionisio Areopagita

> Atento a lo que no ha sido dicho; sometido por lo que no es promulgado; prosternado hacia lo que todavía no fue.
>
> Consagro mi alegría y mi vida y mi piedad a denunciar reinados sin años, dinastías sin coronaciones, nombres sin personas, personas sin nombres.
>
> Todo lo que el Soberano-Cielo engloba y que el hombre no realiza.
>
> Segalen (*Estelas chinas*)

Acabo de fabricar el gong que precede como si obedeciera a una fuerza que abatiera la mía. Alguien dicta, y yo escribo, a pesar mío, bien lo siento. Y a menudo es terriblemente así. Decirlo aquí o no decirlo, nada cambiará. ¿Teosofía? ¿Espiritismo? No me gustan esas maletas de doble fondo olvidadas en las estaciones de la Inteligencia. No. ¿Inspiración? Conozco esa bella persona que se entrega velozmente sin permitir que se la desvista. Si alguna vez la tomo, no es ciertamente en mis instantes de "diamante negro". No. Hay allí un explosivo misterioso de un subconsciente cuyo control no tengo y que es capaz de proyectar un día mi razón en las estrellas Congestión de luz, me ha dicho Cendrars. Ahora bien ese freno del razonamiento del que hago uso demasiado tarde cada vez no me explica este fenómeno de trance que me mete bruscamente en la boca una trompeta de Jericó sin que la pida; mi sangre late más rápido, mi inteligencia se empequeñece, mi sentido crítico desaparece, y una ola, mejor que eso, una verdadera marea me eleva realmente y sumerge todo aquello que es en mí lógica, buen sentido, equilibrio, mis manos devienen martillos y clavan pensamientos vivientes en una cruz, quizá para que yo me descubra al volver a pasar frente a mí. Si bruscamente, me observo en un espejo, no veo nada en mi figura que evoque la espuma de Isaías, la barba serpenteante de Moisés o los brillos de los ojos de Apolonio de Tiana, quizá a lo sumo veré allí esa sonrisa doble, equívoca, que se puede reconocer en el San Juan Bautista de da Vinci, si se habla a solas durante algunos instantes con ese retrato. Pero allí también... y sin embargo, tal vez eso baste...

Hay ciertas palabras que son como estrellas; emplean siglos en llegar hasta nosotros, y quizá cantidad de ellas que leemos sin interés transportan esa luz que aún no nos ha llegado.

Algunos psicólogos intuitivos deletrean a veces dichos signos invisibles en el cielo de las almas, y los hombres aprenden de memoria esas nuevas palabras que todavía no pueden comprender.

Las religiones comienzan también por su alfabeto.

Hemos edificado sobre la arena catedrales perecederas.

André Gide (*Paludes*)

Ven a mí pues, mi buen Azar. Dime de dónde sopla el viento para que desamarre de lleno mi vela. No hay ejemplo de mar más difícil que no posea su isla extraña, su joyero, su adorno, su felicidad. Buen Azar, vamos, empújame suavemente hacia lo que codicio. No ves que además yo remo muy fuerte para ello.

Tengo veinte años. Una salud física espantosa. Me aprieto las mejillas a escondidas para tener buena cara frente a mi madre que se atormenta. ¿Realizar así una obra, una gran obra? Y sí, quizá pueda, pero moriré en ello. La cuerda del columpio está tan usada... y además, tengo tanto para llorar, tengo tal peso de lágrimas inmóviles sobre mi alma. Diamantes si me callo y torrentes si hablo... ¿No arrastrarán mi obra hacia el abismo? Y estas palabras minusválidas, ¿no son ya una plegaria de agonizante?

...

Con tal de que me encuentre...

Yo busco la salud, la dicha, la mujer soñada, la Poesía, y aquello que es lo principal, a mí mismo; no sé dónde estoy, mi pensamiento es índigo demasiado oscuro. ¿Es la aurora, o más bien ya el crepúsculo? No veo nada allí. ¡Con tal de que me encuentre!

...

Mi verdad muere de sed junto a vuestras fontanas...

Con la sangre de todos los corazones de los hombres, se haría un río de piedad demasiado grande para ahogar en él todas las miserias.

Como antes de aprender nada ya se sabe todo. Como por aprender se pierde el derecho de adivinar...

Para aquellos que por azar descubran estos apuntes, habrá una gran dificultad en doblegar el muelle de mi sensibilidad. Pienso en los atuneros de la barra del Adur. Antes de habituarse a los choques de mi pensamiento, a las inversiones de los valores etiquetados, a la ruptura del equilibrio normal de la inteligencia, a esa extraña e intermitente presión que modifica la ley de los vasos comunicantes, a esta dinamita psíquica que altera las leyes de atracción, a este daltonismo voluntario que cambia de manera brusca el ropaje de las cosas, el lector hará pasar cada vez los pilares de su simpatía sobre las antenas de mi intuición o sobre las bayonetas de punta de una lógica inesperada.

...Quiera Dios que toda esta resina sonora que escapa por azar de las heridas de los árboles de mi bosque no sea recogida más tarde por los hombres para mudarse en colofonia... que el violín de mis desesperos no toque ni encante más que a mí y que mis propios sollozos se extingan poco a poco en mi alejamiento de mí mismo. Deseo que lo que escribo sobre estas hojas en este año mil novecientos diez ya solo sea para mí con el tiempo un perfume que retrocede... y que nadie pueda hallar un día en ello la huella de estas rosas que cuchichean día y noche a mis oídos y que me matan silenciosamente.

> Pues los reyes primitivos han muerto no habiendo hallado su alimento.
>
> Siphra Di-Tzéniutha.

Qué manos de melancolía... ¡Oh!, qué manos me-lan-có-li-cas tocan sobre mis nervios que esperan... ¿No haré mi gesto...? ¿No invertiré las barreras insolentes del hábito y de la debilidad? Todos los días se abren entre mis manos inertes.

No me animo aún a recolectar... Me espero... siempre confiado... y sin embargo nunca no llego... El Otro, lo Otro está allí, siempre con su bondad inenarrable, su gran debilidad, su tristeza de niño temeroso, su egoísmo bajo, su sensualidad excesiva y desconcertante... y yo no llego en tanto que el Otro me ocupa...

Pero porque Europa agoniza, muy próximo está el Día, si el látigo del sufrimiento acepta azotarme una última vez, pues quizá allí esté mi salud, en el látigo. Y tal vez la veleta de mi intuición no esté aquí en falta. En busca del porvenir posible, de los milagros posibles, de las transfiguraciones, en busca de las alegrías inextinguibles que metamorfosean el mineral en vegetal, el vegetal en hombre, el hombre en Dios, y el dios mismo en una especie más alta.

Ahora bien, poseo en mí el inefable secreto de la espiral...

Hay, lo sé, palabras flores, palabras cielo, palabras abismos azules y jades, palabras antenas, palabras que no son más que alas pero que se sirven del intermediario de las vocales para no asustarnos por su magia y su exceso de luz... Me serviré quizá de ellas.

Hay más allá de toda gracia religiosa, de todo misticismo oficial, de toda ciencia conocida, brillos ignorados tan regiamente ordenadores y dispensadores de energía que rigen mejor que estos el gran hormiguero humano inconsciente. Me serviré quizá de ellos.

Hay mentiras locas, mentiras de esmeralda tan formidablemente vertiginosas que cautivan y atraen al punto de que toda verdad conocida y demostrada es pálida al lado de ellas, y al punto que devienen Verdad a fuerza de encandilar. Me serviré tal vez de esas mentiras... He ganado el derecho de tener una Verdad para mí solo y una verdad para los otros.

Pero por gracia, ¡oh! mi fatiga, ¡oh! mi melancolía... retírense lenta y definitivamente de mí... Déjenme levantar rápidamente los cimientos entre dos mareas para que luego pueda, risueño salvaje, construir mi templo en medio de la espuma.

Silencio musical de mi porvenir...

La Cosa Divina no es Dios, es la Fe.

...

A fuerza de abrir los brazos para abrazar a los hombres, se termina por ser digno de una cruz.

Los hombres tienen piedad de los hombres, pero crucifican siempre a sus dioses.

Un Dios comienza a vivir cuando se ha matado al hombre que lo enmascaraba.

Si cierras con cerrojo la puerta de vuestra fe, el Recién Llegado la abrirá con una sonrisa.

Cuando un hombre pasa por la luz produce sombra; no puede no hacer sombra ya que toma el lugar de la luz.

¿Dónde está el hombre que no hace sombra?

¿Qué Dios no lanza siquiera su sombra gigante sobre los otros dioses?

¿Dónde está el nuevo dios que no haría sombra?

¿Y no es en el sol mismo que nos hace falta buscarnos?

…Ahora bien, siento poco a poco vacilar vuestro amor, sonreír, venir a mí y colmar de luz los vacíos entre mis estatuas.

…El alma se detiene largo tiempo cuando los ojos ya leen alguna otra cosa y la inteligencia los sigue. El alma permanece inmóvil, haciendo pivote. Alrededor, su mariscal de campo la razón se divierte y critica y compara... ella la mira con piedad.

Yo soy capaz de matar con la mano izquierda porque soy capaz de crear con la derecha más y mejor de lo que mato.

Pero escucha bien esto.

Si tienes en ti una fuerza capaz de matar tu mejor amor, estás marcado con el sello del sufrimiento eterno.

La vida se despierta cada vez más rica de la voluntad de los moribundos. Por cada muerte de Orfeo se puede esperar el nacimiento de un Homero.

Es un lugar común decir que las verdades nacen, crecen y mueren como los árboles. No hace mejor pasar sobre los puentes carcomidos que nuestros antepasados han recorrido, con bamboleo feliz. Pascal mismo ya no podía más, a pesar de su obstinación, lanzar la fe a su precipicio. ¿Qué diremos entonces nosotros? A lo sumo podemos hacer de ella nuestro Puente de Avignon para permitir a nuestras ilusiones danzar allí, el domingo.

Las viejas verdades, las más grandes, pudren tanto más rápidamente cuanto más hombres han atraído, como viejas hadas de poder súbitamente abolido atascadas en el cieno de su sortilegio.

A veces se sufre, y esto a condición de observarse con atención, de recuerdos completamente imprecisos, anteriores a nuestra existencia. Se sufre las faltas de nuestros padres, tanto moral como físicamente, y por eso en ciertas ocasiones otra forma de conciencia llega a reprocharnos por las malas acciones de las que solo nuestros ancestros se declararon culpables. Esto a menudo arruina bellas horas silenciosas y atrae esas inexplicables expiaciones que la vida inflige con una flagrante injusticia aparente, en almas de diamante. Solo la muerte, saldo de todas las cuentas, paga definitivamente los intereses compuestos de nuestros abuelos.

Personalmente tengo absoluta necesidad de mi amoralismo para afirmar mi individualidad. El margen entre mis acciones y las de los demás se agrandará por sí mismo. Necesito ese precipicio. Culto de lo mejor. Magnificar el segundo que llega. Hacer de ello un hábito como el de comer y respirar.

De cada hora que pasa depende tanto aquella que viene que puedes obtener tu dicha futura en la realización integral de las necesidades de la hora presente. Pero te lo ruego, no exprimas sino la mitad del jugo de la hora; destila el resto en tu pensamiento y deja añejar el vino del porvenir. Si no lo bebes tú mismo en tu vejez, a pequeños sorbos, con los ojos cerrados de dicha, siempre se hallará alguien para apreciarlo.

El azar, es aquello que se ha olvidado pedir a la Providencia.

El dolor es felizmente todavía una de las raras cosas que no padece de jerarquía.

Comienzo a tratar la Vida como una mujer, con sonrisas, encogimientos de hombros, efusiones, flores y desdenes.

Hace falta siempre preguntarse: "Si residieras en el reino que tú deseas, ¿crees que tus defectos ya no florecería?"

¿Y no buscas la felicidad para poder aprovecharte fácilmente de tus vicios?

Allí donde hay pereza, hay cocodrilo.

Yo me empariento con esos últimos alerces de las cumbres que se obstinan en crecer allí donde el suelo les niega el alimento. Me extenúo, agarrado al flanco de la divina montaña, enclenque, desmirriado, solitario, cuando podría ser uno de los grandes robles del valle...

...

Yo me extenúo en mareas oscuras...

...

> Mes yeus sont devenus trop larges pour mes pleurs.
> Devant les bras fermés et les sourds qui s'aveuglent,
> J'entends, vous m'en rirez, comme un vide qui beugle,
> Un vide jaune errant aux coins nus de mon coeur.
>
> Rien ne sonne le glas mieux qu'un silence d'âme,
> C'est comme si la mort vous berçait dans son deuil,
> Et mes larmes en vain perlent sur un écueil,
> Je me tais souffrant l'Impuissance faite femme.

Les marteaux de la vie à tour de bras sur moi
Vont et viennent pourtant en bruyantes colères,
Je n'entends rien, je passé et ne sais que me taire,
Je courbe mon échine et les fous rient de moi.

Et c'est d'une tristesse à fender des enclumes...
Mais quand le soir, soudain, mon coeur entre en fusion,
Lassé, la mort aux dents, en riant d'amertume.
Je rapporte mes vers comme un traîneur de lions![2]

Sigue siendo rama u hoja, no devengas fruto, si no quieres fundir en el corazón de una obra o de una mujer.

Paso mis horas de debilidad en la sombra de mis horas de luz, y como solo puedo hablar cuando estoy en esa sombra, parezco siempre vanidoso.

[2] Mis ojos se tornaron muy anchos para mis lágrimas.
Ante los brazos cerrados y los sordos que se ciegan,
Yo escucho, se me reirán, como un vacío que brama,
Un vacío amarillo que vaga por los rincones desnudos de mi corazón.

Nada hace sonar mejor las campanas que un silencio de alma,
Es como si la muerte los meciera en su luto,
Y mis lágrimas gotean en vano sobre un arrecife,
Yo me callo sufriendo la Impotencia hecha mujer.

Los martillos de la vida caen con toda la fuerza sobre mí
Van y vienen no obstante en ruidosas iras,
Yo no escucho nada, paso y no sé más que callarme,
Curvo mi espinazo y los locos ríen de mí.

Y es de una tristeza para partir yunques...
Pero cuando llega la tarde, de repente, mi corazón entra en fusión,
Cansado, con la muerte en los dientes, riendo de amargura.
¡Traigo mis versos como un arreador de leones!

Mi fin: Ver claro, no en lo que es, muchos otros lo hacen tan bien, sino en lo que puede ser.

Decir una verdad, no es nada; imponerla, he ahí el drama.

La dinamita impone, o incluso simplemente el miedo a la dinamita. Me acuerdo de ello a cada suspiro.

Habiendo pasado los jorobados frente a uno de esos espejos que deforman las imágenes, se vieron derechos, tan derechos como los demás hombres, y se echaron a reír de manera inextinguible.

La desgracia ha tocado en mi casa ayer 10 de octubre a la tarde... Estaba tan alegre que no pude impedirle que me hable. Sabía no obstante bien que era ella y la dejé entrar.

Así como no existe tragedia en el teatro sin grandes almas, no puede haber en la vida grandes almas sin tragedia.

La desgracia desaprende las cosas inútiles.

El genio no basta para hacer creer en ella.

Yo puedo hallar todas las bellezas, pero todas las bellezas que llegan hacia mí de improviso no están seguras de hallarme. ¿No es mi mayor debilidad?

Seguir las inclinaciones es deslizarse sobre la pendiente del atavismo alargando aún la cuesta para sus sucesores.

Lo que a menudo se confunde con el atavismo, es la debilidad psicológica que lo reemplaza cuando lo hemos vencido.

El puente para asnos, a la manera de Raymond Lulle.

Uno difícilmente remonta su atavismo perpendicularmente, pero si se quiere considerar la herencia que se nos ha legado como una línea recta que forma la base de un triángulo, y nuestra voluntad de transformar esta herencia como una perpendicular que forma el lado del triángulo, el ascenso contra la herencia formará su hipotenusa, y el cuadrado de este nuevo atavismo será igual a los cuadrados construidos sobre la base que forman la herencia y sobre su perpendicular, la voluntad; permaneciendo la constante entre la voluntad y la herencia perpetuamente igual.

Lo que hace el injerto en horticultura, ¿no lo hace la inteligencia sobre la sensibilidad? El resultado es bueno una de cada tres, pero dos veces la inteligencia mata el corazón.

Tengo sobre mi mesa una rosa azul. La paradoja *exacta* es toda la vida moderna sintetizada. Esta rosa es realmente azul, como la bondad de ese hombre es realmente dañosa y como la malicia de este es creadora.

Sobre esta rosa azul que el saber y la voluntad del hombre volvieron tal, habría largas meditaciones para hacer. Obediencia de la sensibilidad de la corola a la inteligencia, la cual es guiada en su elección de rosa azul por un instinto nuevo que busca sus bases en la paradoja.

El genio trabaja en la sombra del dolor hasta que éste haya vuelto a ser de la luz...

Si exceptúo a Omar Kayyham por el cual tengo una predilección que me dispone a la injusticia, Chateaubriand, el Claudel de *La Jeune fille Violaine*, el Novalis de los *Himnes à la Nuit*, el Gide de los *Nourritures terrestres* y las cartas de Drouot, no puedo encontrar nada comparable a la serena plenitud de El Centauro de Maurice de Guérin.

> Cuando su seno, por la persuasión de la noche se alineaba a la calma universal, su voz surgía de las sombras, apacible y por largo tiempo sostenida, como el canto de las Hespérides en el extremo de los mares.
>
> La Bacchante

> Cuando descendía de vuestro asilo en la luz del Día, no la saludé, pues ella se apropió de mí con violencia, embriagándome como lo hubiese hecho un licor funesto vertido repentinamente en mi pecho; y yo sentí que mi ser, hasta allí tan firme y tan simple, se estremecía y perdía mucho de sí mismo como si hubiese tenido que dispersarse en los vientos.
>
> Le Centaure

Le silence aux doigts bleus se pose sur les feuilles…
Ce qui sera musique à l'instant se recueille...
Écoutez... la Forêt au sourire d'argent
Va monter dans les bras de la nuit qui descend
…C'est la sève qui tremble et vagit aux racines
Dans un bruit de lointain troupeau qui s'achemine…
C'est la sève qui monte en jets mystérieux
Du coeur flambant du sol au coeur des arbres bleus,
C'est la sève qui rit d'une si Belle force
Qu'elle éclate partout de son corset d'écorce…
C'est la sève qui bat, c'est la sève au travail
Qui vient et va sans cesse et s'arrête au retail
D'une feuille à finir, d'un bourgeon à declore…
Écoutez… La Forêt se pâme sous l'aurore
Et son chant d'amour glisse aux veines des ormeaux
Tandis que le berger saisissant ses pipeaux
Met sa chanson humaine à l'unisson de l'autre[3]
…

Lyons-la-Forêt, 1910

[3] El silencio de dedos azules se posa sobre las hojas…
Lo que será música al instante se recoge…
Escucha… el Bosque con sonrisa de plata
Va a montar en los brazos de la noche que desciende
…Es la savia que tiembla y chilla en las raíces
En un ruido de lejana manada que se encamina…
Es la savia que asciende en chorros misteriosos
Del corazón ardiente del suelo al corazón de los árboles azules,
Es la savia que ríe con una fuerza tan bella
Que hace estallar por todas partes su corsé de corteza…
Es la savia que late, es la savia de trabajo
Que va y viene sin cesar y se detiene en el detalle
De una hoja por terminar, de un brote por abrir…
Escucha… el Bosque se extasía bajo la aurora
Y su canto de amor se desliza por las venas de los olmos
Mientras que el pastor que agarra su caramillo
Pone al unísono de la otra su canción humana…

Pero las palabras no cantan lo suficiente: Orfeo ya no nos basta, las cosas son demasiado conocidas, desamarra la vela naranja; nos contaremos en el camino nuestras historias, aventureros.

¿El dolor? Qué vieja palabra apoyada sobre un bastón. Es el mendigo en la puerta que no se anima a levantar los ojos hacia alta mar. Ha llorado demasiado, ya no ve por ello. Se complace en su andrajo. Siempre lo volveremos a encontrar al regreso si el mar nos vuelve a lanzar aquí.

¿El escepticismo? Sí, despilfarro, hasta la médula de nuestros nervios, hasta la médula de nuestras voluntades, mientras que boguemos bajo la vela naranja. El miedo y la audacia presentan el mismo número de accidentes. Yo he elegido desde hace tiempo.

> Como si la plenitud del alma no desbordara a veces mediante las metáforas más huecas, puesto que nadie jamás puede dar la medida exacta de sus necesidades ni de sus concepciones, ni de sus dolores, y puesto que la palabra humana es como un caldero resquebrajado en el que golpeteamos melodías para bailes de osos, cuando quisiéramos conmover a las estrellas.
>
> Gustave Flaubert (*Madame Bovary*)

*"Ese deseo de ser Titán, de ser Atlas de todas las individualidades y de llevarlas al mismo tiempo sobre sus hombros, siempre más lejos y siempre más alto es lo que hay de común entre el genio prometeico y el espíritu dionisíaco."*

Tengo ese deseo nietzscheano de pretender hacer mío el conflicto primordial oculto en las cosas, es decir de devenir "criminal arrancando la verdad y sufriendo por ella". Sufrir me es indiferente si llego un día a reír apoyándome con el vientre sobre el mundo. El gran Arte está en lo inextinguible.

...¿Cómo puedo escribir lo que precede cuando vivo justo lo suficiente para no morir, y cuando vagabundeo cotidianamente sobre los lindes de la muerte?

El conocimiento mata la acción; a esta le hace falta el espejismo de la ilusión, leí en *El origen de la tragedia.*

Hamlet tuvo necesidad de creer en el espectro para que pueda despertarse su "deseo de acción"; tuvo necesidad de ilusión para actuar.

¿Sabré yo mismo, resucitando los antiguos mitos o volviéndolos a poner sobre la fragua para reducirlos a nuestro estiaje, crearme ese reino de sueño que necesito para vivir, como el pez necesita de agua?... ¿No es pura locura de mi parte, en la noche en la que me dejan la ciencia y la religión, comenzar un puente sin saber dónde está la otra orilla?...

Todavía ni 21 años. Detrás ríos de lágrimas, delante un océano de desamparo. Ya no te disimulo lo que ves tan bien. Tú sabes que habría una gran faja negra alrededor de esta página; ¿no ves que ya has muerto y que tú mismo cantas tus letanías?

Amada, amada, no haber tenido la fuerza de estrecharte contra mí para que no puedas ya elevar los ojos hacia otros. No haber tenido a tiempo el genio que tú esperabas y morir agotado a tus rodillas, lleno mi pobre corazón mil veces abierto de flores marchitas.

¿Andaría mejor mañana al amanecer? Yo desciendo poco a poco los paso sombríos, mi fuerza está rota, la ánfora está quebrada y mi alma se arrastra de rodillas…

…Estoy con demasiado atraso como para aprender a sonreír… Yo muero de sed junto a la fuente, pero también de amor y de hambre.

Je meurs des choses d'or cautives qui me hantent.
Ô l'énorme rumeur sans refrain, sans refrain,
De tout ce qui m'obsède et veut sortir en vain,
Du tumultueux bruit de mes fiebres qui chantent…

Trop de pauvres m'ont pris mon aurore féconde,
Au jeu de Rédempteur je me suis vu meurtrir.
D'un trop plein de rosée une fleur doit mourir…
Mon Coeur est trop petit pour les sanglots du monde…

Ô mon âme, mes mains blanches Prédestinées,
Vous avez maintenant multiplié mes jours,

Je suis jeune et pourtant j'ai souffert cent années
Et je meurs doucement d'avoir vécu toujours...[4]

Mi cuerpo se despega de mí esta tarde al punto de que tengo la impresión de poder tocar las estrellas con mi mano. Ellas forman en letras de oro la palabra "Morir"... Las letras son inmensas, inmensas... Jamás podría cambiarlas...

Cerca de mí, alguien llora noche y día... Escucho el dolor que blanquea sus cabellos... Mi querida madre, dulcemente, mientras muero, déjame verte vivir...

Mi cuerpo se eleva, pero mi alma ha permanecido acostada, muerta sin duda.

Compré un revólver esta mañana, pero sea lo que sea me hayan dicho, jamás sabré, jamás, si el seguro está abierto o cerrado, y como no me animaré a preguntarlo, será preciso que tire una vez al aire, en primer lugar.

Siempre me he paseado completamente solo entre los cuatro muros de mi espíritu. Llegaré bien así hasta el cementerio.

[4] Yo muero por las cosas de oro cautivas que me acosan.
¡Oh! el enorme rumor sin estribillo, sin estribillo,
De todo lo que me obsesiona y en vano pretende salir,
Del tumultuoso ruido de mis fiebres que cantan...

Demasiados pobres me han tomado mi aurora fecunda,
En el juego de Redentor me he visto herir.
De un exceso de rocío una flor debe morir...
Mi corazón es demasiado pequeño para los sollozos del mundo...
¡Oh! mi alma, mis blancas manos predestinadas,
Han multiplicado ahora mis días,
Soy joven y sin embargo he sufrido cien años
Y muero dulcemente de haber vivido siempre...

Si se inyecta gradualmente el tétanos a un caballo, llega un momento en que puede soportar dosis considerables de veneno, por la potencia conservada de las reacciones de su sangre. Esa misma sangre trasfundida en las venas de animales enfermos los curará.

Así cuando la vida moral nos ha inyectado progresivamente el gran dolor, se producen a su vez elementos de reacción que pueden servir a todos aquellos quienes, sorprendidos, se desplomarían al primer desastre de su vida. Por eso cierta filosofía es útil. Y por eso habiéndome vacunado a mí mismo progresivamente con las desgarradoras agujas del sufrimiento, puedo desde ahora aliviar a muchos desgraciados.

Nada muestra tanto a mis ojos el valor del individuo que verlo triunfar sobre su amor propio cuando la razón se lo aconseja.

Ciertamente, la "notoriedad" en nuestra época viaja velozmente, en auto, en avión, qué se yo, y desaparece sin ruido tan pronto como aparece; pero porque viene del fondo de los tiempos, del fondo de los corazones y de los países, solo la gloria verdadera continúa sirviéndose de los carros tirados por bueyes para aportar a los genios sus cosechas de laureles. Por tal motivo llega casi siempre demasiado tarde, y solo es buena a lo sumo para tramar sus ataúdes. La gloria es, en suma, el más deferente de los enterradores.

Bien sopesada en la balanza del presente, incluso si muero muy pronto, la vida es buena y tiende a dar un poco más de lo que toma.

¿Cómo veo a mis hijos? Los veo servirse de inteligencias más vastas, de gestos más armoniosos, los veo morder en frutos que yo no conocía pero que sin embargo había plantado. Así como ellos no pensaron mezclar mi recuerdo con su alegría, tampoco en el momento en que siembro y trabajo para ellos pienso en pedirles nada a cambio. La alegría del creador está por entero en su creación, y por eso no comprendo a los dioses que nos exigen reconocimiento a cambio de lo que nos prodigan. Desde cuándo su obra ya no basta al artista, puesto que pudo, cada vez que quiso, encontrar en la creación de los otros toda la alegría que estos habían allí encerrado.

Cada hombre lleva su dios en él si gira y remueve su alma con la reja de arado de su voluntad.

Moralidad: "El labrador y sus hijos."

> … Sé Dios o la Divinidad, pues dios no es algo hecho.
> *Poimandrés* (Hermes Trimegisto)

> Ces gens du café, qui sont-ils ?
> J'ai dans les quarts d'heure subtils
> Trouvé des choses
> Que jamais ils ne comprendront.
> Et, dédaigneux, j'orne mon front
> Avec des roses.[5]
>
> Charles Cros

¿He bebido demasiado vermouth? Mi alma se enciende y se apaga como un ojo de autillo. Se apaga cada vez que la miro. Y cada vez, según los eclipses de ese faro, mis ideas son negras o blancas como esas gaviotas níveas que pasan a contraluz frente al sol y devienen de repente cuervos. ¿Qué es la luz? ¿Qué es el alma? ¿Llama afuera, llama adentro, y que intentan reunirse en vano a través de la prisión del cuerpo? ¿No nos recalientan ambas cuando tenemos frío o cuando estamos heridos…? ¿Por qué elevé los ojos sobre esta bonita mujer? Sostenía desde ya uno de los extremos del velo e iba a levantarlo… Y he aquí que ese velo se convirtió en una falda… Decididamente Kipling tiene razón con "su más bella historia del mundo". No sabremos nada en tanto que el bajo vientre no sea disciplinado. No estamos realmente urgidos de saber. El mundo antediluviano… los primeros hombres gesticulando en la ira…

[5] Esas personas del café, ¿quiénes son?
En los cuartos de hora sutiles,
Encontré cosas
Que ellos jamás comprenderán,
Y, desdeñoso, adorno mi frente
Con rosas.

los últimos hombres gesticulando en el pavor… y crac… krach… un nuevo reino para una nueva historia de la tierra, mientras que las más altas filosofías de nuestro mundo se diluirán en el diluvio… ¿Las más huecas flotarán sin duda como toneles? Camarero, otro vermouth por favor.

Me doy cuenta de mi indiscutible superioridad sobre la mayoría de los seres a los que me acerco.

Es una lástima que mi debilidad física y cierta indolencia epicúrea me hagan siempre romper el equilibrio necesario que me haría ascender muy rápidamente todos los peldaños frente a ellos.

Debo trabajar mucho a fin de lograr dejar una huella de mi paso. ¿Tendré la fuerza para no intentar ganar un céntimo con las producciones de mi espíritu? Hacer el abarrote aparte, y sobre todo, sobre todo no escribir sonetos sobre los papeles de embalaje…

Lo propio de la inteligencia, a mi humilde entender, es preservarse de aquello que los imbéciles pasan años en aprender para saber en cambio todo lo que no puede aprenderse en los libros.

# Estudio para un prefacio de mi libro *El Violín sin arco*

*Adelante la música*
Lautréamont

Pienso en un embustero en ruinas, instalado sobre el Pont-Neuf, que no tenía por fortuna más que una gran pared de tela pintada detrás de su caballete, y que continuaba como en el pasado realizando su función invitando a los mirones al espectáculo. Como de todos modos hace falta justificar un espectáculo cuando los curiosos, confiando en las promesas se miran estupefactos al no ver nada, el embustero les nombra, bruscamente descubierta por la pared de tela, toda una París sangrante de poesía alrededor de Notre-Dame donde el sol de la tarde se ha enganchado. Les explica que no podría mostrarles cosa más magnífica y que la mejor de sus comedias no vale ni de muy lejos lo que las nubes franjadas de risueñas tormentas hacen en ese momento mediante grandes fanfarrias de campanas en torno de la Santa Capilla. Y, lírico por el contacto de su pobreza con la riqueza de la hora, el embustero insiste sobre el emotivo espectáculo de la ciudad crepuscular hasta que la buena gente, soñadora, repasa la pared de tela, con los ojos contentos y lágrimas plenas de corazón.

Debí vender mi teatro y mis decorados y mis personajes de cartón; no me queda nada para mostrarles que ustedes ya no conozcan, pero paladín de los comediantes les presentaré la vida bajo nuevos colores... Entren, entren en la barraca de mis palabras antes de que tire del muro de tela pintado. Verán bien y desde todas partes. Que se me pague con una lágrima o una sonrisa a la salida, eso me bastará: siendo Sancho Panza mi criado y cubriendo mis necesidades.

* * *

Frente a la abundancia de los materiales que colman nuestras bibliotecas y nuestros espíritus, ¿no habría que ser un pozo de memoria para responder de frente a preguntas precisas sobre todos los temas del estado actual de conocimiento? Aunque debiese ver a Descartes dar vuelta la cara cuando yo atraviese el Aqueronte, tomé partido, desde mi más tierna edad, por abandonar a las brumas de mi memoria todo el dominio exacto y positivo para solo desarrollar el recuerdo de los lados sensibles de los seres y de las cosas. El ave no conoce el número de las ramas de su árbol, ni su especie, y lo reconocerá sin esfuerzo en todo el bosque. El color de los ojos de una mujer es para mí menos importante que el color de su sonrisa, y he perdido el hábito de hacerme la prueba por 9 de lo que alguna vez sentí.

La erudición trae muy rápidamente un bocio. Esto difícilmente se disimula y hace llevar la cabeza con pretensión. Quiera Dios que yo conserve por mucho tiempo esta "primacía" ante la cual Trissotin me hace y me hará el honor de sonreír. Solo ella me permite llorar cuando un niño me cuenta su pena, hablar con los árboles, nombrar el perfume de una sinfonía y bostezar ante la clasificación de las especies. ¡Oh!, tocar violín sobre las matemáticas, alterar los viejos muebles de la inteligencia humana, abrir las puertas, las ventanas, empujar las almas apergaminadas y reventar los techos, sí reventar los techos para vivir por fin a cielo abierto como los lobos o las estrellas.

Constato con mucha aprehensión que si bien mis ideas son más o menos estables la diferencia entre mis sentimientos de un día al otro es a menudo escandalosa.

He aquí mi gato sobre el borde de la ventana. Puede matarse; no tengo la menor veleidad de llamarlo. Ayer, en el mismo lugar, tenía temores y vértigos de niño al respecto.

En grande, mismas observaciones.

Al día siguiente, mi gato caía de mi quinto piso… ¡Ovillo!

Tratar mi Edgar Poe como un Hamlet moderno, con un orgullo indomable. El cristal de un alma única, muerta a las contingencias y al mundo exterior.

*Tema general.* La incomprensión del genio por la multitud y la envidia de los artistas oficiales frente a la mayor sensibilidad del Nuevo Mundo. ¡Los americanos están muy lejos de sospecharlo!

*Tema sentimental.* Edgar Poe pierde su Annabel Lee, su mujer a la que amaba y que luego atravesará todos sus poemas como una gaviota herida. Él va a buscar al fin del mundo una mujer que se asemeje a su amada muerta. Viaja tanto que no la encuentra, con el corazón al acecho. De Rusia trae una mujer igual a la primera. Su alegría es infinita. Pero el alma de esta segunda Ligeia es tan negra como blanca era la otra… Y el drama de lo real contra el recuerdo adquiere una agudeza y un relieve opresivos. No sé por qué, pero este tema me atrae y me hechiza. Debería elevar este drama sobre un nuevo plano psíquico. Intentar lograr lo que Vigny malogró no obstante con la ardiente sinceridad de Chatterton. Conservar siempre el retrato de Poe sobre mi mesa.

## Policroísmo

(Escrito mientras quemaba
un grabado de la *Melancolía* de Durero).

*La piedra filosofal es una búsqueda vana si no es el cerebro mismo que concibo tallado en facetas, tal como Fontenelle imagina el cielo y cada astro y cada mundo y todo el universo.*

*El cerebro es un cielo estrellado por encima del abismo del mar primordial que es el corazón. Los sentimientos, las mujeres, están en el fondo del agua salada...*

Carta de Blaise Cendrars a Abel Gance, 1918.

Se diría que mi fin resplandece más cuando brilla a través de mis lágrimas. Voy lentamente hacia él pues el cansancio y la enfermedad me tiran hacia atrás. Pero he aquí lo que quiero: Crear una nueva forma de arte para hacer elevar la cabeza a los hombres, puesto que ya no miran más que el suelo donde está el oro, el carbón y el féretro, para retemplar su coraje, estimular sus energías, ensanchar sus prisiones, y suprimir sus crepúsculos.

Es preciso encontrar el verdadero camino de la alegría, perdido desde la muerte de Pan, sorprender y apuñalar la fatiga y su hija la Muerte, es preciso mostrar que la inteligencia puede no solamente disciplinar la materia inerte sino también la vida misma, el dolor y la dicha. Es preciso cerrar las compuertas inútiles de la tristeza y del abatimiento, vigilar a todos los descargadores de la corriente vital que, vestidos de literatura, de medicina o de moral, frenan el alma en su ascenso desde hace siglos. Abrir las esclusas soleadas del Deseo, el único verdadero creador. Si el hombre sacrifica todos sus ayunos de conciencia a la Alegría de su virilidad, recobrará entonces ese Paraíso terrestre que no había perdido sino ahuyentado porque el Amor estaba proscrito de allí.

Nos hace falta crear una forma de Arte para volver todo esto una evidencia de cristal.

Tal vez podría escribir un libro de poemas sobre un plano "sublunar", poemas de otra vida, poemas que serían percibidos por otros sentidos que los nuestros y tales como debe aportarlos sin duda una evolución bien comprendida. No se trata evidentemente de poemas sobre el más allá o sobre las beatitudes celestes.

Apoyar a fondo sobre el acelerador de la imaginación creadora, crear nuevos ambientes intelectuales favorables a la eclosión de estos sentidos nuevos, *crear una realidad al cubo de la que vivimos*. Debo haber notado por otra parte que cualesquiera sean las divagaciones de un hombre en la embriaguez más loca, solo puede decir cosas posibles, o ya realizadas, o realizables.

¿Haré yo ese viaje inaudito que me permitiría ser un habitante del sonido, de la luz, de las estrellas y de mundos aun más lejanos abandonando completamente el recuerdo de la Tierra? Solo la poesía, esta filosofía de la fuerza, posee antenas lo suficientemente sutiles para captar estos nuevos mensajes. ¿Seré yo uno de los primeros en enseñarlas a los hombres? Y además, como escribía Corneille en su prefacio de Polyeucto:

> La dignidad de la materia es tan alta que la impotencia del artesano no la puede revocar.

El hombre ha llegado a tal complejidad en el servicio de sus vías cerebrales que ya no sabe realmente dónde dirigir los nuevos trenes que la vida moderna le aporta tras cada descubrimiento. Se producen errores de orientación, de allí catástrofes constantes. La sonrisa, igual, permanece sobre los rostros, pero el rail se quebró, cargado a menudo de magníficas promesas... El hombre es el final del pensamiento, es decir que es necesaria otra forma de gasto de la energética humana.

¿Trabajar el cuerpo? La euforia de los atletas respira simpleza; ni corporal, ni intelectual. El cuerpo y el cerebro están al final de su ascensión mientras que el corazón y el alma tienen todavía un inmenso camino por recorrer.

He aquí el problema planteado. ¿Hacia qué estación ir?

Bajo un duro cielo de lapislázuli (ese color me da no sé qué frío y lujurioso escalofrío) una mujer me mira, calibrando nuestras fuerzas respectivas, y su mirada ciñendo mi estatura. Tiene ojos de ocre y de esmeralda, labio de realeza y anaranjado, senos prestos a hacer eclosión, caderas duras, secretas como flancos de goleta, y muslos de Diana sensualmente triangulada... Ser Centauro...

Tensos deseos cambian de lugar el corazón. Cobertura coloreada de una novela de impotente. Literatura... Necesidad de beber estrellas, Humos, qué se yo... ¿Y por qué ese lapislázuli se instala en mí como en un baño turco?

# Divagaciones para una defensa del pensamiento sin soporte

El cuerpo es un efecto y no una causa; una causa ha precedido entonces su creación, ¡y sin idea de causa!

Clave de la vida: encontrar los mejores medios de defender esta idea, única boya posible.

Una creación del espíritu existe en suma en la única posibilidad de su creación, por el hecho de que ella es "en potencia". La realización es una simple prueba objetiva y concreta.

La cosa concreta realizada deberá retomar el camino opuesto a aquel desde donde ha partido para llegar al cerebro receptor. Este doble camino, este ir y venir, ¿es útil?

¿No escribimos por una suerte de avaricia espiritual, porque amamos ver relucir y vender las piezas de oro de nuestra inteligencia y los diamantes de nuestra sensibilidad? ¿No es suficiente el pensamiento cuando fue pensado? ¿No sería más grande nuestro silencio? ¿O no engendraría en el taciturno un gesto más potente que todas las palabras?

Todo lo que es pensado y no escrito, no exteriorizado, debe tener una influencia no tangible como la otra pero no menos potente. Y esto no es orgullo por la máquina humana, idealismo de poeta. Todo lo que se hace, *todo lo que se produce en el cerebro*, no tiene necesidad de ser fijado en el molde de una lengua o en las notas del músico. Por el hecho mismo de que algo es concebido, ese algo existe y ya no puede morir. Solo una potente intuitividad puede guiarme pues es difícil explicar cómo el cerebro del genio que *muere puede dejar irradiar tras de sí lo que no ha escrito*; y es no obstante lo que aseguro con severidad. La energía puede existir sin substancia. Liberada por la explosión, la energía del explosivo solo actúa a partir del segundo en que este virtualmente ya no existe. ¿No pueden las ondas psíquicas redondear su círculo tras la muerte sin otro soporte que la proyección de voluntad del difunto en el *Tiempo*? Algunas palabras de Novalis, y todo lo que él no me ha dicho explota en mi alma y la ilumina. Un silencio de Boehme entre dos frases, y yo recorrí todo Aristóteles.

*Nada se pierde, nada es inútil, la llama de afuera y la del adentro.* Un gran pensador podrá permanecer toda su vida con la boca clavada en el mismo lugar; la impresión y la grandeza de su pasaje ya no desaparecerán. No se hablará de él, pero habrá ayudado a aquellos que hablan.

Maeterlinck, en su capítulo sobre el silencio, me parece haber sido el que mejor sintió aquello que los grandes místicos habían comprendido tan bien. Esos frutos dorados del silencio que el tiempo recolecta para los hombres sin que estos se den cuenta.

En confirmación de lo que escribo, encuentro mucho más tarde en Baudelaire:

> Toda idea está dotada por sí misma de una vida inmortal, pues la forma es independiente de la materia y no son las moléculas las que constituyen la forma.

Esta idea me es cara. La cabeza de Victoria de Samotracia y las manos de la Venus de Milo actúan sobre mí tanto como lo que queda de dichas estatuas. Yo estoy casi seguro de que cuando un artista ha hecho su obra, aun si esta es destruida antes de llegar a los ojos y al oído de los hombres, no conserva menos por ello su indiscutible potencia oculta, invisible, misteriosa. Es lo que hace que ciertas grandes ideas estén "en el aire", como se dice en algunas épocas. Nadie las ha exteriorizado todavía, ellas viven dentro de los creadores, y ya actúan, de manera sorda.

# Divagaciones sobre un nuevo lenguaje

*...Sería preferible jugar a los dados / Pues las palabras son procedimientos / En los que uno muere rápidamente.*
Charles Cros

Los escritores se recomienzan perpetuamente, agitando el océano de las palabras con los mismos pobres remos tan cansados desde Homero. Y la balsa de nuestro espíritu traqueteada desde hace siglos busca en vano su tierra o su ancla.

Las palabras golpean en el vacío, por desgracia, la mayoría de las veces. Activan en nuestra imaginación una serie de clichés convencionales donde raramente la verdad del escritor se lee entera. No violentan lo suficiente la estupidez universal de cuerpo engrasado. Se me responderá que solo enunciándolo el pensamiento se vuelve bello, pues él se precisa. Es justamente lo que yo le reprocho: él se viste, corta sus comunicaciones con el alma para vivir su vida propia, ya no puede fecundar a nadie, *ha rozado el aire*. ¿Qué me importa la magnificencia de su prenda cuando jamás podré abrazarlo desnudo?

Las reglas musicales cada vez más estrechas han hecho caer a la música en el mismo defecto. La inspiración directa carece de lenguaje. Es lo que nos hace falta buscar en las fuentes vivas.

Ciertamente, los poetas se han aproximado muy cerca; ellos bordean la divinidad y comprenden la luz mejor que todos los físicos. Mucho antes de que la ciencia inventara los explosivos habían encontrado el lenguaje que de lejos hace abrir y estallar los corazones, pero aquí se trata de hacer estallar las almas, y en tanto me dirijo todavía a los poetas antes que a todos los otros, les digo: "Cambien de arma; la que poseen ya no basta."

¿Sería entonces importante callarse lo suficiente durante mucho tiempo para olvidar las viejas palabras y, dejando entrar en uno el aflujo enorme de las fuerzas y conocimientos modernos, encontrar el nuevo lenguaje?

¿Cómo? ¿Dónde? ¿Aliteraciones? ¿Filosofías? ¿Onomatopeyas? ¿Cuáles puertas se deben abrir ante lo inasible que sentimos en nosotros y que se ríe de toda nuestra verborrea, incluso la más elevada? Nuestras palabras que pasan por nuestros sentidos se deforman y adquieren un valor poético de *consentimiento* que mata su valor esencial. Aquí se trata no de una forma original de expresar lo que conocemos sino de la búsqueda de un nuevo instrumento más sutil, más filoso, más etéreo, más divino, con el cual podríamos por fin abrir las esclusas de lo desconocido, los reinos subconscientes que ocultamos y que difícilmente accesibles a nuestros sentidos no lo son más a nuestras palabras, huyendo su radioactividad desde que ocurre la menor tentativa de captura. Este es el drama. Las palabras no pueden abrir dichas esclusas, hagan lo que hagan y cualquiera sea el genio del hombre. Mi dolor o mi alegría en su apogeo tampoco pueden pero se aproximan más a ello, así como algunos raros paroxismos en Arte. ¿Dónde y cómo encontrar?... ¿Actos?... Realizados siempre con fines egoístas y utilitarios, están demasiado lejos de nuestra alma. Lo que busco no se ha pensado todavía. Es el lenguaje del silencio.

Aquello que llamamos música no es en general más que ruido organizado; lo que llamo silencio es la eterna y colosal vibración de toda la música del mundo, como la luz es la vibración de todos los colores del prisma.

Me haré comprender mejor diciendo:

La música, es silencio que se despierta.

El silencio, es luz que se duerme.

Por eso se sitúa justo por debajo de esta en la escala de las vibraciones y muy por encima de la música.[1]

¿Se comprenderá lo que anticipo cuando lamento que nuestro Cristo haya tenido necesidad de la palabra? Los dioses de Mahoma, de Buda, de Moisés, de Brahma, no hablaron de manera directa que yo sepa. Probablemente emplearon esta forma de vibración más potente que la electricidad e invisible para actuar sobre sus propios profetas a fin de traducir su dogma en lenguaje popular. Han callado; su fuerza no se vio disminuida por ello y dejan de este modo menos asidero a los ataques y críticas humanas.

...

Yo me repito sin cesar estas palabras de Schiller:

> Es una lástima que el pensamiento deba ante todo dividirse en letras muertas, el alma encarnarse en el sonido para aparecer al alma.

El alma busca prescindir de la palabra como la telegrafía busca prescindir del cable.

Los árboles hablan desde siempre a las fuentes, la luz habla a las aves, el océano habla al cielo, nuestras almas nos hablan, y sordos, ciegos, orgullosos, nosotros no escuchamos y no comprendemos nada.

Captemos estas conversaciones silenciosas. ¿Quién quiere ayudarme a colocar el micrófono sobre el verdadero corazón del mundo?

[1] Las vibraciones tomadas como punto de partida en el péndulo de segundo detienen el sonido para el oído humano a 32.768. A 1.073.741.854 comienzan las ondas eléctricas que se terminan a 34.369.730.368. Entre esta cifra y la de 35.184.572.088.832 vibraciones por segundo, donde comienzan las ondas luminosas para el ojo humano, sitúo el silencio particular del que se habla aquí, que solo existe allí donde hay atmósfera.

Las Artes pretendieron expresar de manera más espontánea, más profunda de lo que puede hacerlo la conversación corriente, estos misteriosos estados. La música incluso ha triunfado en cierta medida, pero eso no es nada al lado del instrumento que nos hace falta descubrir o aplicar.

Creo que algún día encontraré otro signo que la palabra, pero es una locura pretender buscarlo prematuramente. Antes es preciso tener la fuerza de desaprender todo, y es, si se me quiere creer, la cosa más difícil en el mundo.

El problema es vasto y difícil. Sin duda entrará allí alguna materia extraña, suerte de placa luminosa y sensible de los estados de alma, tal vez una fotografía de la sensibilidad... Excitación fisiológica del espíritu, de allí conversión de todo en imágenes, trances, para materializar hacia afuera, rayos X, cine... No sé, pero debería pasar largas horas desarrollando todo esto líricamente, intuitivamente, científicamente.

Marchemos un poco más lejos todavía. Siendo los viajes hacia las estrellas propiedad exclusiva de los poetas, son gratuitos.

No es necesario que haya ruido para que haya percepción auditiva, en el sentido moral. Ustedes recuerdan una canción y siguen su gráfico musical sin que intervenga la sonoridad; y allí puede haber fatiga en el mismo sentido que la fatiga positiva de oídos por mucho tiempo atentos a los mínimos ruidos.

Beethoven se volvió sordo por el exceso de fatiga *auditiva interna*, es decir los centros nerviosos afectados por el sentido auditivo se han fatigado antes que el oído se haya cansado, pero el resultado ha sido el mismo. Así para la vista y los demás sentidos. Insistí sobre el sonido como podía hacerlo por otra parte sobre el ojo, pues hay allí algo extraño, a saber, a mi modo de ver, que el exceso de visiones épicas o demasiado radioactivas, solo en el intelecto, puede provocar tanto la ceguera como la visión positiva de esos mismos cuadros. Tal como la fatiga sensual que repercute sobre el órgano tras la imaginación, mientras que el órgano sin imaginación es muy capaz de grandes resistencias.

A partir de Homero cuántos grandes visionarios pagaron este extraño tributo de fatiga del sentido interno.

Situándose las ondas eléctricas entre las ondas sonoras y las ondas luminosas, debe ser posible hacer surgir con ellas un arte que involucre los sentidos táctiles. Siendo el sentido del olfato el más simple puede ser contactado también mediante las armonías de perfumes, muy buscadas en las antiguas religiones de Egipto y de las Indias, pero de las que se ha tratado poco en tanto que arte, habiendo sido el perfume solo una suerte de golpe de gong para el olfato, sin ninguna ciencia de armonía propiamente dicha.

# Divagaciones sobre la luz

*La Estrella ha hablado al corazón de tus oídos.*
Rimbaud

Cuando cierro los ojos, ellos se abren hacia dentro y yo la veo mejor, ¡Ella...! ¿Quién, Ella? La luz.

La palabra, agonía de la música.
La música, agonía de la luz.
La luz, agonía de los dioses.

> El hombre que en la muerte teme una aniquilación absoluta no puede desdeñar la plena certidumbre de que el principio íntimo de su vida no tenga nada que temer de ella.

Meditando ese bello capítulo sobre la muerte, en Schopenhauer, me descubro en el borde de intuiciones formidables que no me animo a profundizar por temor al vértigo. Bajo su manto de carne al cual se aferra la melancolía de las pasiones, siento que el optimismo de las estrellas me habita cada vez más.

Y he aquí lo que me sugiere el arco iris, ese ángelus de la luz:

Axioma único: *La luz está viva.*

El más bello grado de evolución perceptible a nuestros sentidos es la luz.

Hay en la luz no solamente la alegría de iluminar sino también la alegría de ver más lejos gracias a su propia potencia, doble sentimiento de observación inteligente.

Pero para ser luz ya no hace falta gozar de nuestra vida.

Siendo la luz el único elemento sensible, puente entre los mundos, es a través de ella, de su observación minuciosa que podríamos conocer muchos secretos.

Como un obús que existe más allá del cañón que lo lanza, ella existe en el espacio más allá de su fuente apoyándose sobre el lecho del Tiempo ya que es visible hoy allí donde el astro que la produjo se ha apagado desde millares de años.

¿Cómo matar luz para examinarla en el microscopio? ¿Cómo aislarla?

Una gota de luz...

Una fragua de luz...

Las Iglesias de la luz...

Cuando una cosa es magnífica para pensar, ¿no sienten que es verdadera?

El segundo estadio del Arte del Porvenir: las sinfonías de la luz.

Hay que salir de uno mismo por la puerta de los ojos y ser lo suficientemente potente para rechazar la luz del día por la del alma. Desde entonces presta atención a la luz del día; ella se vuelve envidiosa. Homero, Edipo, Ossian, Milton, Haendel, Galileo... ya que la luz vive, yo lo siento, los ciegos también lo saben. Estate en guardia contra ella cuando la sobrepases.

Este problema de la vida de la luz me agita desde hace años. Me hace falta tratarla desde el punto de vista épico, única transmutación posible de un dominio metafísico sin salida en el estado actual de los espíritus que atañen a la ciencia.

Después de mi Victoria de Samotracia, tragedia que voy a comenzar, luego de mi pieza moderna "Callipyge" tres cuartos escrita, yo debería hacer Homero y terminar Merlín el encantador. Todo el mito griego al que le di la vuelta con Homero y Victoria, todo el mito medieval Brocelianda, Melusina y las sirenas... nunca desistir de esos proyectos, aun en los momentos de duda o de cansancio más agudos. Habiendo estimado el valor poético tan desemejante de estas dos civilizaciones, puedo tocar así los dos polos de la poesía. Homero y Merlín, Orfeo y Arturo de Bretaña, Helena de Troya y Viviana, son para mí entidades dionisíacas grandiosas. Dos mitos, dos cielos, dos soles. Debo vivir cada vez más con esos héroes; que mis sueños se nutran de sus sombras y mis vigilias de su luz; que impulsado por sus carros brillantes ya solo pueda sentir las estúpidas realidades cotidianas como un acicate hacia la conquista de esos semi-dioses.

...

*Dios cuyo arco es de plata, dios de Claros*[1], *escucha.*

...

Tendré que entregarme muy atentamente al estudio artístico de las vibraciones coloreadas. Es la música del porvenir, a la espera de aquellas que nos descubrirán las vibraciones infrarroja y ultra-violeta. ¿Pero con qué dinero, mi dios, haré ese teclado para tocar luz?

Creo estar casi seguro de que el fuego está vivo y que en el centro de nuestra tierra debe fomentarse una vida animal especial como en los soles.

El agua y el aire permiten vivir; ¿por qué el fuego no permitiría vivir también? Esta idea me llegó cuando comprendí que la Tierra respiraba al ver el alzamiento amplio y regular que hacen las mareas en su pecho.

[1] *Dieu dont l'arc est d'argent, dieu de Claros, écoute.* André Chénier (1762-1794), *L'Aveugle.* Claros era un importante santuario oracular dedicado a Apolo, sito en el territorio de la polis de Colofón, en Jonia. [N. de T.]

Leí mucho más tarde en Heráclito:

> La atmósfera terrestre se llena el día con el fuego viviente. Es ese fuego el que, sin ser creado de manera continua por ningún dios y por ningún hombre arde en las almas humanas despiertas y engendra en ellas la percepción semejante que es su mundo común.
>
> El adormecimiento de un alma individual en el sueño y en la muerte no extingue ese fuego que continúa alumbrando en los sobrevivientes la representación que constituye el mundo.

Y más tarde también en Novalis:

> Desde eternidades, todas las generaciones veneraron de manera ingenua la delicada Llama de mil formas, viendo en ella el ser más sublime del mundo.

...

A pesar de todo eso, ¿dónde cenaré esta noche?

...

El sol, tropezando en el atardecer, incendia
La cola del otoño, amplia y como cargada
De los púrpuras de un verano que no quiere morir...

...

¡Oh, si pudiera respirar mejor...! ¡Qué otoño en mí, que otoño en mi primavera!

...

¡*Hostinato rigore*! ¿Tendré por azar necesidad de mandarme para obedecerme?...

*Primer inicio*

Al morir, Orfeo devolvió la poesía a los dioses. Estos no habiendo visto jamás mujer tan bella la mantienen prisionera, y la tierra queda sin encanto puesto que los cantos, esas flores del alma, ya no se elevan. Homero se decide a robar la poesía. Su genio escala el Olimpo; libera a la cautiva que vuelve a descender sobre la tierra; pero a la manera de Prometeo pagará con sus ojos el robo divino que cometió. Y es ese pecado original el que reconduce sin cesar las lágrimas en todos los ojos de los poetas cuando se sirven del olímpico lenguaje.

*Segundo inicio*

La entidad poesía deviene la entidad luz. ¿Qué público comprenderá lo que voy a escribir?, ¡oh!, Atenas – Atenas vuelve a mí. ¿En qué se han convertido tus circos, focos de diez mil llamas vivientes?...

Homero habrá intentado *en vano* escribir sus poemas épicos en el lujo, en un ambiente admirable, y con la más bella compañía deseable (Helena). Él se preguntará por qué no llega a sus fines, es decir a elevar en su pensamiento un mundo más bello aún que aquel que lo rodea. Describir el mundo tal como es no le interesa, sino tal como presiente *que ha sido o que podría ser* (lo cual para mí remite a lo mismo si acepto el Eterno retorno nietzscheano). La leche de la poesía ha formado en su alma un universo tan grande que le parece poder hacer con sus propias manos un cinturón dorado para la tierra.

Su Helena es bella, pero él querría describirla aun mejor... las auroras son bellas sobre el mar Egeo, pero él las querría aun mejores. ¿De dónde proviene que no pueda hacerlo y que ya no oiga los sonidos cuando ascienda demasiado alto sobre su lira? ¿No sería la luz la que lo disuade de escribir sus poemas al maravillar sus ojos cada vez más?...

Bruscamente, es tomado por este pensamiento: ¿la luz estaría celosa, celosa del sueño interior del poeta? Y si es así, ¿no estaría por eso mismo viva?

El sentido esquileano del drama debe aparecer aquí.

Él observa y se confirma. Ahora está seguro de ello. La luz del cielo repudiada está celosa de la luz espiritual que él quería lanzar sobre las cosas. Si ella lo ha distraído de su tarea desde hace tanto tiempo presentándole cualquier materia bajo su aspecto más bello, si ha maravillado sus ojos físicos, es porque teme un rival. Pero Homero se aferra a su mundo interior. Una mañana va a intentar arrancar el secreto de la luz para poder prescindir de ella definitivamente. Siente que sin ese conocimiento su propio mundo puede extinguirse. Como Prometeo hurtando el fuego, quiere arrancar al sol el secreto de su luz y se pone a mirarlo largamente. Fija en él su mirada dos horas y a medida que la gran verdad de la *luz viviente* se devela ante él, sus ojos se consumen... Cuando parte, con el alma inundada de sol, sus ojos están muertos. Está ciego. Desde ese instante podrá construir su sueño más grande que la realidad. Podrá comenzar la Ilíada.

Y mientras que el ciego Edipo, bajo el azote de la Fatalidad, se aleja de Tebas en el último acto, alcanzando el paroxismo de la desesperanza humana, Homero ciego comienza bajo el látigo de su voluntad a lanzar al ruedo de los siglos las estrofas más admirables de alegría humana que ellos oirán.

"*Yo soy capaz de matar con la mano izquierda porque soy capaz de crear con la derecha más y mejor de lo que mato.*"

Un sol muerto, eso se reemplaza, si se sabe "fabricar luz".

(He llorado de alegría escribiendo todo esto, solo, frente al mar, en Gard, en Vendée... mientras acababa de comenzar con mi propia existencia el segundo acto de una indecible tragedia humana.)

Variantes y detalles para este segundo esbozo. Los trampolines épicos son sólidos. ¿Mi poesía rebotará como sería preciso? ¿No están mis alas fijadas también con cera?

...

Dominio epicúreo de Homero.

Su impotencia en coordinar sus sueños de poeta a causa de las delicias y de los placeres que le procura la luz. Adivina en sí mismo un mundo que puede devenir más luminoso que el real; siente sobre todo eso, a la noche, en sus insomnios donde los castillos de sus sueños y los personajes de sus dioses viven de manera tan magnífica. La luz que vuelve al despertar destruye esta vida verdadera del alma en favor de una existencia facticia de disfrutes completamente exteriores.

Su compañera Helena, no obstante una belleza, le parece todavía más bella cuando cierra los ojos o cuando se aleja de ella; pero ella lo llama, lo mira, lo besa, y su más bello sueño se desvanece al contacto con la Helena de carne.

Homero se da cuenta de que el mundo fue o será más divino de lo que es. Es así como quiere retratarlo; ¿pero quién le dará la fuerza y los medios para ello? Para eso sería preciso captar el secreto de la luz, pues es ella la que enseña a los artistas a transfigurar todas las cosas. ¿Cómo opera? Él la ve jugar sobre los muros, sobre las fuentes, sobre los cabellos de los niños, sobre los cuerpos de los adolescentes, sobre las armaduras de los guerreros. Solo ella tiene el pincel mágico de estas transmutaciones de las que él solo posee la potencia, sin poseer su instrumento. Ayudado por la música, lo tenemos examinando la luz obrando en su tarea de transfiguración. La hace entrar poco a poco en un lugar oscuro donde las cosas brillan y donde adquieren un valor que no tenían; sobre el cuerpo desnudo de Helena adormecida, la luz desliza su oro sutil con tal alegría cálida, tal voluptuosidad que bruscamente él comprende que está viva. ¿Cómo arrebatar el secreto de esta vida?

Homero mirará el sol, y como un águila curiosa, que descubre la montaña más elevada de la poesía humana, aprenderá lo que quería saber. Pero el sol no está habituado a que el hombre lo mire. Lo quiere humilde, con los ojos bajos; esa violación de un simple mortal lo exaspera. Y para vengarse de ser sorprendida de este modo, desnuda, la luz, hija del sol, ciega a Homero. Eso le da igual. Posee ahora el secreto para iluminar su gigantesco mundo interior.

Como Edipo, Homero parte de su hogar apoyado sobre sus hijos, y no pudiendo ya escribir dictará a ellos la Ilíada, a lo largo de los caminos en los que mendigará. Como Prometeo, como Cristo, como Hele de mi Victoria de Samotracia, Homero fue castigado cruelmente por la naturaleza por haberle arrancado un secreto, y esta no cederá.

A su regreso, semejante al rey Lear, no solamente todos los infortunios e injusticias humanas harán una montaña sobre su frente, ya que los hombres aman también crucificar a sus dioses, sino también que el sol que no ha cedido quemará todos los manuscritos. ¿Sucumbirá tal vez finalmente al incendio del tesoro que traía de su largo viaje interior? El sol alumbra ese día durante más tiempo la tierra a fin de asistir al desmoronamiento del ciego divino. Pero aquí tenemos el otro milagro, el del corazón tras el de la voluntad. Una vez más las fuerzas exteriores conjugadas para la destrucción serán vencidas por las fuerzas afectivas, las fuerzas interiores del alma. La luz no habrá tomado en consideración el corazón de los hijos de Homero, corazón y coro de los hombres que han comprendido al fin que la palabra solo existe si sobrepasa la vida. Ellos aprendieron las palabras maravillosas a medida que el viejo las dejaba caer como gotas de oro en sus alteradas almas. Ellos se las han grabado ahora, y la luz puede desaparecer, pero los hombres, de ojos cerrados, pueden cantar un sueño divino más grande que aquel que vivían, y legarse de edad en edad.

> Ya que la intimidad de mi corazón permanece fiel a la Noche y al Amor creador, su hija Luz, ¿puedes ofrecerme un corazón eternamente fiel? ¿Tiene tu sol una mirada amiga que me reconozca? ¿Captan tus estrellas mi mano alterada? ¿Me brindan un tierno apretón de mano, una palabra acariciante? ¿Eres tú quien has ataviado a la Noche de sus colores y de un ligero contorno, o es la Noche la que dio a tu adorno un sentido más elevado, más amado...? Yo vivo durante el día pleno de coraje y de fe y muero durante las noches en una hoguera santa.
>
> Novalis

Me quedan 53 francos por toda fortuna. No todo el mundo tiene su Luis II de Baviera.

Mientras lanzo en estos esbozos veloces “mi verdad lírica”, esta forma de transmutación del pesimismo universal bajo la batuta de la poesía, observo simultáneamente la realidad sin hacerla pasar en mi lirismo, y espantosamente clarividente, la veo desde toda eternidad tan pérfida y cruel como salva y magnífica quiero creerla. Comenzando con la belleza, se desgasta velozmente la gama de sus nervios, aquellos que provocan los apogeos, los delirios, los entusiasmos. Y esta usura mata ciertamente más rápido que ninguna otra. La Belleza es un brebaje mortal, bien lo saben los poetas que mueren jóvenes.

Concebimos muy bien que un aeronauta que intenta traspasar la región de nuestra atmósfera sea víctima de su temeridad y muera ahogado por haber salido de la presión de aire que nos rodea. Lo mismo sucede con el genio que intenta respirar por fuera de la norma. O es asesinado por la naturaleza, o él la disciplina y la curva por un tiempo a su antojo; pero tarde o temprano esta se vengará, es indiscutible, como lo dije en mi Homero. A menudo su rencor es solapado, y cuando un soldado ebrio mata a Arquímedes o un camión ciego aplasta a Curie, es porque estima que aquello que iban a decir corría el riesgo de dar a los hombres una ventaja de más sobre ella.

Nietzsche está trastornando los valores admitidos para crear lo "superhumano", allí reside la locura que lo fulmina y que va a permitir a sus enemigos discutir entonces la clarividencia de ese genio.

Sin hacer, en efecto, el menor esfuerzo mnemotécnico, si tomo al azar épocas, Homero, Milton, San Francisco de Asís, Galileo, ciegos – Ronsard, Beethoven, sordos – Esquilo, Arquímedes, Séneca, Sócrates, Shelley, Byron, Chénier, Lavoisier, Verhaeren, sorprendidos de muerte violenta, y si Villon, Spinoza, Pascal, Molière, Chatterton, Keats, Holderlin, Novalis, Chamfort, Chopin, Edgar Poe, Baudelaire, Mozart, Leopardi, Berlioz, Verlaine, Oscar Wilde, Gérard de Nerval, Laforgue, Manet, Van Gogh, se hunden en el sufrimiento, en la miseria o en la locura, no puedo impedirme creer que la vida se ha vengado cruelmente del hecho de que esos grandes espíritus le habían robado algunos de sus artificios y amenazaban con sacarle otros todavía más formidables.

En todas las vidas ilustres de Plutarco, hay solo una, la de Filopemen, "que termina bien", como dicen las muchachas frívolas; todo el resto es tragedia.

Y por eso, sobre los grandes inventores, sobre los grandes artistas, sobre los grandes filósofos, sobre los grandes conquistadores o legisladores, de Alejandro a Aníbal, de César a Enrique IV, de Juana de Arco a Helvétius, de Turenne a Marceau, a Desaix, a Hoche, de Lincoln a Jaurès, en el espíritu y contra la materia, parece ensañarse una mano hipócrita más temible que aquella que conduce con solicitud al común de los mortales hacia una dulce vejez.

Y no quiero silenciar a todos los grandes mártires de todas las grandes religiones, aplastados en la morsa de las creencias de su época.

Lo más difícil para un genio, no es ser un genio, es vivir, puesto que la muerte abre desde siempre más fácilmente sus trampas sobre Rafael y sobre Watteau que sobre Bonnat.

Decididamente la naturaleza no perdona a Prometeo. Ella sacrifica a Abel por Caín y premia a Herodes y Nerón. Hace asesinar a César mientras que colma a Calígula y a todos los viles emperadores romanos de todas las satisfacciones humanas. Quema a Juana de Arco mientras que corona a Atila. Enclava a Napoleón en Santa Elena y olvida a Fouché en Saint-Goud. Crucifica a Cristo y perdona a los Borgia.

Entablar duelo con ella no es cosa fácil, y no es demasiada compensación la Ilíada por la pérdida de los ojos de Homero.

Algunos meses después de haber escrito lo que precede, leía en Nietzsche las siguientes líneas:

> La punta de la sabiduría se da vuelta siempre contra el sabio; la sabiduría es un crimen contra la naturaleza. El poder subterráneo del gran genio, poder muy poco compensado incluso al precio de una desdicha, eterna, el áspero orgullo del artista, tal es el contenido del alma del poema esquileano.

Una vez más acababa de recordar lo que todavía no conocía.

En la época en la que escribía las divagaciones precedentes, no había leído estas resplandecientes palabras de Boehme.

> Aunque la palabra pueda aprender y hacer muchas cosas, su concepción solo reside en el verbo pronunciado,

> en la forma de las letras, y no comprende en nada al verbo pronunciante, puesto que ella ha nacido del exterior y no de la Madre Universal que no tiene fondo, ni comienzo, ni fin.
>
> ... Ahora bien aquel que se apega a la letra ha nacido en la forma del verbo pronunciado, camina según el yo y abandona el espíritu que ha realizado la forma.
>
> ...Semejante doctor es Babel... es solo un bronce sonante...
>
> (*De Signatura Rerum*)

Y yo no era más que eso.

Yo debo "captarme" y "reconquistarme". Siento la fuerza latente en mí que empuja sobre las puertas de mi espíritu. Si abro los diques y dejo pasar el primer oleaje, vería claro. Con mi Victoria, Homero y Merlín, he lanzado muy profundos sondeos en mí y no he tocado fondo. Puedo por tanto construir mis grandes navíos sin inquietud de naufragio. Los soportaré. Por mi parte yo también tengo mi lago de Silvaplana...

¿Tendré la fuerza de llevar adelante una profesión que me permita la mayor independencia de espíritu para la creación? ¿Qué haré? Ser actor me agota. ¿Cine? Hay allí una invención muy singular que merece más atención de la que se le concede...

Examinar esto muy de cerca y también este otro problema, que me quedan 16 francos por toda fortuna. Pero sobre todo, me suplico esto, seguir siendo dramaturgo y poeta. Fabricar sueño, pensando siempre en esta palabra de Cervantes:

> He aquí la vida, mi amigo, con la diferencia de que no es igual a la que vemos en el teatro.

# Divagaciones sobre el arte

La primera verdad consiste en saber que no la hay.

La segunda verdad consiste en crear una.

La tercera verdad consiste en creer ciegamente en aquella que se ha creado.

¡Y el Arte comienza ahí!

Si la naturaleza, amante de la paradoja, hace crecer las flores tanto más perfumadas cuanto más corrompido está el estiércol, ¿no llegará a suplicarnos que creamos que "lo que pensamos" llega justamente ahí, en el instante propicio, como un puente para hacernos evitar el abismo y el terror de la nada?

¿No sería el pensamiento con todos sus divinos artificios y sus creaciones deslumbrantes solo un reflejo subconsciente de la Voluntad, para ocultar *lo que sabemos* y lo que uno se obstina desde hace milenios en no querer conocer? ¿Un músculo defensivo del cerebro contra la aniquilación total, una flor surgida del estiércol de las cosas? ¿Es por eso que los dioses mismos son melancólicos...? No recuerdo haber oído reír a Jesús.

Desde entonces el Arte deviene un refugio. "El pesimismo nos empuja a él como en un último atrincheramiento."

Y qué primer gesto haremos en este lugar nuevo si no es lanzar sobre todas las cosas que vemos demasiado bien un velo tornasolado o mirarlas a través de un prisma.

La ingenuidad del artista es un adorable telón que él mismo ha tejido y que desciende voluntariamente frente al teatro de la espantosa realidad humana. Detrás de la risa de Villon, la bonhomía de La Fontaine, los suspiros de Watteau, la sonrisa de Mozart, qué dramas. Pero el dolor es necesario a la creación del genio y cuando este se engrandece, poco a poco, ocurre al artista mismo consagrarse a su propia creación. Como Merlín el Encantador, deviene el vivo anfitrión de su palacio de nube. De moral, la transfiguración pasa a ser fisiológica, por consiguiente verdadera, y el artista gana de este modo su propio paraíso sobre la tierra puesto que puede deshacer a voluntad las cabelleras de las diosas y hablar con los centauros. El artista no es ingenuo, pero ríe porque sabe la alegría que tendrá de serlo. Baco no estaba ebrio de vino. Reía porque sabía lo que era la ebriedad del vino.

En este estadio, que solamente alcanzan los genios muy grandes, la fuerza, la salud tienen necesidad para desarrollarse de hacer retroceder de manera continua las barreras psicológicas y fisiológicas, necesidad de exaltación, de exhuberancia, necesidad de delirio dionisíaco, en una palabra de aquello que más temían: necesidad de Tragedia, para poder medir mejor su potencia.

En cambio, la debilidad, el cansancio de los instintos, buscan por el contrario en la ponderación, en el orden, una concepción optimista de la vida. Para apoyar esta concepción, única salvaguarda contra la intuición pesimista de los instintos cansados, les es forzoso construir las ciencias, erigir sistemas de moral e inventar religiones. Luchan contra el pesimismo *desde afuera*. El gran Arte no podría encontrar su alimento sobre las estepas. Tiene necesidad de euforia originaria y pretende triunfar sobre el dolor *desde adentro*. Destila la vida para hacer de ella su alcohol, para fabricar el vino del espíritu, y no para colorear de granadina el brebaje anémico de las almas cansadas.

La concepción intuitiva ha sido siempre el acto generador a través del cual toda verdadera obra de arte, toda idea inmortal, recibió la chispa de vida.

*Todo pensamiento original procede por imágenes.*

El genio es ante todo la fuerza y la salud, ¡mírame!, dice el roble.

– ¡Bien! ¿Y yo?, dice la orquídea.

– ¿Y yo?, dice la luciérnaga.

– ¿Y yo?, dice Watteau.

Pienso que es indispensable para el artista tener en el fondo del alma un fuego siempre mantenido en el cual puedan echarse todos los mitos, todas las leyendas, todas las canciones populares, toda la madera muerta de esos gigantescos bosques de poesía que han proliferado en otras épocas y que ahora devienen el alimento más precioso para conservar su fuego interior.

De Homero a Ossian, de las canciones de gesta a Wagner y a Hugo, el proceso es el mismo. El artista que rechaza ese alimento no podrá calentar su crisol hasta el final y no podrá verter él mismo el acero de su obra. El tiempo podrá rápidamente con su trabajo.

Un filósofo científico, un biólogo de gafas, no comprenderán que en el color de una flor, en la forma de situar un ala, en el encaje de una nube, el conjunto de las cosas buenas, enamoradas de la Vida, convergen y triunfan, y que solo el artista siente ese éxito y lo celebra.

El mecanismo de la inspiración:

Se descubre su belleza en sí como una mujer desnuda, y se la viola.

Hay artistas que la prostituyen.

Si como dice Nietzsche la música es mujer, yo aseguro que la poesía es andrógina.

Encuentro en su frecuentación satisfacciones dobles que el Hermafrodita Borghèse me envidiaría.

El Arte tiene necesidad de prisión. Solo puede vivir a la espera de una evasión. Devuélvanle su libertad, déjenlo sin convención, sin reglas precisas, sin dificultades a vencer, prívenlo de sus hábitos de prisionero, y se volverá loco o morirá.

Existe en el universo la poesía que creamos y la que ya existe y que nos la apropiamos para embellecer la nuestra. Hay por tanto dos tipos de artistas: los que registran, poetas, músicos, pintores, etc. (podría citar nombres al infinito) y aquellos que crean de manera directa, filósofos, poetas, pintores, etc. (rápidamente habré citado todos los nombres); aquellos que se sirven con sensibilidad de las fuerzas adquiridas, estos que crean las nuevas fuerzas.

El creador presenta esta característica, la de tener menos necesidad que cualquier otro de aquello que crea.

Uno se cansa de su propia belleza tanto como de las bellezas exteriores. Por eso hace falta siempre buscar algo mejor que esta y aquella.

Cuando una obra de arte solo impresiona el espíritu a través de la inteligencia, es porque no es lo suficientemente deslumbrante. Tiene necesidad de esta lupa, el cerebro, que pasea sobre el mundo nuestra sensibilidad cansada.

He aquí, como me lo pides, mi muy querido T'Serstevens, lo que escribiría al margen de los estudios que me señalas.

De un capítulo de Plutarco intitulado:
*Si los atenienses han sido más excelentes en armas que en letras.*

> Puesto que si usted quita los bellos hechos de armas, ya no habrá necesidad de aquellos que los repiten por escrito.

Pienso bastante, siguiendo a Plutarco, que la utilidad del historiador descriptivo es discutible. ¿Pero a eso se limita su rol? ¿No tiene, en la calma del gabinete, al abrigo del ruido y del detalle que despliegan el espíritu, la misión de clarificar y de mostrar los acontecimientos bajo una luz que los ilumine, extrayendo deducciones que incluso los grandes jefes jamás han sospechado y que, por consiguiente, servirán de enseñanza a otros jefes?

¿El diario de ruta de un jefe tiene algo más que un valor de acta? ¿Se desprende de allí una síntesis? No es el hombre que más pasiones ha sufrido quien mejor sabrá retratarlas y sobre todo juzgarlas. En absoluto es necesario estar enfermo para saber curar. Si ya no se realizan bellos hechos armados, aquellos que los repiten por escrito inventarán otros más bellos aún; la imaginación estará así satisfecha y habrá habido en alguna parte menos sufrimientos y muertes.

> Eufránor retrataba el combate de Mantinea. Demostración del menor interés de la tela al lado de la realidad.

Ante todo para mí, dos ejércitos que se pelean es una serpiente que menoscaba, y no veo allí ni el interés de la realidad ni el interés de la tela.

Luego, Eufránor no tuvo sin duda necesidad del combate de Martinea para hacer una bella obra. Aun cuando tuviese esa necesidad que podía inmortalizar tanto por la tela como por el fuego. La estatua de Victoria mutilada es para nosotros inestimable de otro modo que el recuerdo de la batalla en la isla de Samotracia que inspira la estatuaria.

Las obras de arte, esos empalmes entre los siglos y que los sueldan tan estrechamente entre sí, jamás se sirven de la vida más que como de un trampolín, para sobrepasarla.

> Cómo no hubiese temido ese hombre el choque y el ruido de las armas, o el choque de dos ejércitos, visto que él temía chocar una vocal con otra y proferir una cláusula donde hubiese defectuosidad de una mera sílaba.

Pero mi querido Plutarco, ¿qué pretendías probarnos?, ¿que ganando Cabrias la batalla de Naxos, que liberando Timoteo la isla de Eubea, que masacrando Ifícrates un regimiento de lacedemonios, eran mucho más interesantes y dignos de alabanzas que Isócrates o Demóstenes pasando meses en escribir un discurso?

Te responderé ingenuamente que no veo muy bien hoy el resultado de las grandes empresas de esos guerreros cuyos nombres sin ti no ornarían mi memoria, que desde entonces, mil flujos de acontecimientos han aniquilado sus trabajos los cuales serían por otra parte completamente olvidados sin esos mismos historiadores cuya utilidad discutes. En cuanto a lo que sucede con los grandes oradores que citas, las generaciones experimentan sin cesar una renaciente alegría en leerlos, en meditarlos, y se dejan influenciar todavía por el puro comercio de su lenguaje.

Yo estoy casi seguro, de otra parte, que las sabias marchas de los grandes jefes que nombras no podrían ser de gran auxilio a nuestros jefes de hoy, mientras que nadie discutirá que a pesar de su lejanía en el tiempo el mundo extrae de Homero o de Sófocles algunas brillantes lecciones de grandeza y de coraje.

> Un sabio hace olvidar a un sabio, un guerrero hace olvidar a un guerrero, un poeta no hace olvidar a un poeta.
>
> Victor Hugo

Observen ahora la desproporción de los instrumentos empleados. Solo sería por relación al mayor ruido y al mayor resultado momentáneo de una victoria que se pueda asociar en una misma apoteosis al guerrero y al poeta. Este último, en efecto, con su temor a hacer chocar una vocal con otra estaría realmente mal preparado para exigir el mismo laurel. Por tal motivo deja al tiempo el cuidado de coronarlo, no preocupándose por violentar los cuerpos para obligarlos a obedecerle. Y no veo realmente por qué aquel que no ha matado ni hace matar tendría los mismos derechos al reconocimiento de los hombres.

En resumen, Plutarco, si nos estuviera permitido hacer revivir a los héroes que nos gustan, no sé quién se disputaría la primacía entre Homero o Alejandro, entre Orfeo o Marte, entre Esquilo o Darío, entre Virgilio o Aníbal, y entre Plutarco o Timoteo.

¿No es ante todo el Arte una garantía de inmortalidad?

El fruto más bello del Deseo es la Voluntad. Sin deseo, no hay verdadera voluntad. Una vez creada esta, es la catapulta cerebral hecha para vencer sobre todas las presas que codicia el hombre: mujeres, ideas, gloria, fortuna; pero si usted se aferra a ese tipo de victorias, solo se sirve del Arte como grillete; él sobrepasa siempre su fin cuando no se pierde en las estrellas.

El artista es demasiado liviano en uno de los platillos de la balanza de la Vida si no tiene pies de plomo. El peso de su sueño es demasiado volátil: la fría realidad resulta muy pesada al lado suyo. Muy a menudo hay ruptura de equilibrio... Nietzsche, Rimbaud, Lautréamont, Laforgue, Rilke.

Sí... ruptura de equilibrio: la vida llora completamente sola y triste allá lejos detrás de los pegasos... los artistas no miran lo suficiente detrás de sí. Ascienden demasiado rápido. Deberían inclinarse más a menudo. Un día ya no se produce la chispa entre ellos y el suelo. La distancia sobrepasó la fuerza del voltaje, y es la indiferencia de la multitud para con el avión desaparecido por mucho tiempo en el cielo.

Después de todo esto, qué puedo darme como consejo si no es el de plegar mi vida a la semejanza con una obra de Arte, hacer de ella un momento artístico en el tiempo, darle su máximo de apariencia perfecta, vista desde adentro y desde afuera. Y para ello intentar copiar sobre las más "sublimes apariencias" que nos legaron los artistas. La vida solo es soportable para mí en tanto responda a un fenómeno estético de ese orden. ¿Pero no soy ya desde hace tiempo el principal actor de mi Tragedia?

Pagando la vida con mi Arte y la tierra con mi cuerpo, podría partir sin deudas.

Cendrars me lee Moravagine. La impresión es extraordinariamente nueva y potente. Una de las obras modernas que dejará una huella indeleble pero que no será comprendida antes de quince años. La clarividencia, las antenas filosóficas y poéticas están en su apogeo. El color de la obra es escarlata. Su ritmo es muy nítido, en dos tiempos.[1]

[1] Cendrars solo debía publicar esta obra ocho años después de esta primera lectura.

El primer libro de la Jungla es una de las más bellas obras de nuestro siglo. Me gustaría mucho conocer el parecer de La Fontaine sobre esto.

Tengo esta tarde, sobre mi mesa, tres azares desgarradores, tres libros que sangran en todas sus páginas y cuyas significaciones se tropiezan bajo mis ojos: *La Vida de Nietzsche, las Poesías de Laforgue, Sobre el amor*, de Stendhal. Tres mártires. ¿Cuál sufrió más? Qué extraño e inteligente azar los reúne, tan pesados, sobre mi mesa. Desciendo sobre ellos como un gavilán, en ellos como una luz, tras ellos como un filósofo; miro, sopeso, examino su vida, su aliento, sus amores, su muerte, y remonto en mi vida actual con una lucidez mayor y una mayor decisión.

Jamás sabré explicarme lo suficiente por qué Leonardo da Vinci me atrae en este grado. Todo lo que le atañe reacciona profundamente sobre mi sensibilidad, hasta en los detalles fisiológicos de su vida...

Si no te colocas hábilmente bajo la mano de los sondeadores, ¿crees que ellos llegarán a descubrir el diamante en ti? El Arte ofrece esta posibilidad.

Todas las Revoluciones deben tener su Jean-Jacques y su Beaumarchais, puente entre la ley nueva y el viejo corazón.

Debería entregarme de manera muy atenta a un estudio profundo de las vibraciones coloreadas; es uno de los más puros compartimentos de la música del porvenir. La Iglesia bien lo sabe, quien con el órgano y los vitrales conserva todavía las dos fuentes más bellas de emociones auditiva y visual.

Las ondas eléctricas se sitúan entre las ondas sonoras y las ondas luminosas; debe ser posible hacer surgir un arte con ellas, que interese los sentidos táctiles.

Siendo el sentido del olfato el más abismado, ¿no puede ser despertado por sabias armonías de perfumes? Buscar esos acordes olfativos en las viejas civilizaciones egipcias e hindúes. Encuentro que el perfume no es considerado lo suficiente en tanto que arte. Uno solo se sirve de él como de una solicitación, pero debería modificarse de un minuto al otro, entremezclarse de esencias diversas, en una palabra, orquestarse con armonías preestablecidas y codificadas.

25 de octubre de 1913

Desgracia. ¿Ya pasó un año? Que poco he realizado. Los días pasan huecos, vacíos como mi pecho enfermo, y nada llega a coronar mis esfuerzos. Mis condiciones de vida son idénticas. Siempre la misma preocupación por el día siguiente. Tengo 23 años; esperaba algunos laureles a los 20. ¿Que han venido? Me encontrarán ahora tan fatigado… Mi memoria ya no es estable y se diluye en la melancolía; mis noches son interminables. Aunque la gloria llegara ahora no me levantaría ya para abrir la puerta. He dado la vuelta, a través del pensamiento, por aquello que se llama "nuestras alegrías humanas" y no vale el viaje… Respiro esta tarde con dificultad. Mi pecho debe ser demasiado estrecho para mi cabeza y mi alma demasiado ancha para mis hombros.

Para vivir sería preciso que no esté obligado a interpretar la comedia este invierno, pero es un dilema, "sin teatro, no hay pan". Tengo mucho miedo…

Y tal vez estaré obligado a partir sobre la Otra vertiente sin gritarle lo que me ahoga… mis palabras están en retardo respecto a mi corazón. Llegarán un poco más tarde, puede ser… No importa, si muero dejaré a los hombres, a fuerza de dulzura, de abnegación y de angustia silenciosa un campo de experiencia tan fértil que muchos amigos, cuando esté muerto, remontarán el curso de mi destino como buscadores de oro.

Con Canudo, Reboul y Kaplan hacemos una colecta desde hace algunas tardes para que Chagall pueda cenar.

# Nietzsche

El pensamiento de Nietzsche procede del fuego. Calienta o quema. Aquellos que no lo saben se asustarán como los arrianos frente a Prometeo.

Nietzsche es uno de los primeros, por no decir el primero, en haber cargado nuestro siglo negativo de electricidad positiva. Él ha amontonado grandes nubes sobre nuestras cabezas. A medida que las encontramos, no les asombren sus relámpagos. La tormenta apenas comienza.

En ocasiones algunas lágrimas tiemblan a los bordes de sus frases, llevadas por esa incesante angustia de que los hombres son demasiado lo que son; tiemblan a los bordes de las frases que se oscurecen como ojos, luego sentimos que el hombre se ha reconquistado, la lágrima no cae y no empaña la línea pura del pensamiento. Cae hacia dentro, y la frase continúa, marmórea.

Nietzsche es actualmente para mí una de las más vivas, de las más sagaces y de las más generosas inteligencias que se puedan concebir. Ninguna flojedad, ninguna concesión, ninguna astucia, ninguna hipocresía; un ojo triple, abierto sobre el porvenir y que refleja como un lago la grandeza de los mundos que él *intenta* construir y de los que solo vemos el reflejo invertido.

Sus profecías de psicólogo son extraordinarias. Vuélvase a leer el capítulo "Del nihilismo europeo" donde prevé casi en el tiempo exacto el estado actual de Europa.

A Jacob Boehme, a Spinoza, a Novalis, a Lamarck y a Nietzsche, debo ciertamente las más altas emociones intelectuales de mi vida.

Comprender a Nietzsche es curar la anemia del alma. Él enseña cómo se puede crear, con manos vacías, las ciudades de luz que deberíamos ya habitar. La materia trepa, aspirando al espíritu; se agacha y se eleva en la escala de los valores para franquear más velozmente las etapas.

Hace surgir el orgullo del hombre como un yunque y golpea sobre él con su voluntad para crear lo sobrehumano. Los dioses lo evitan pues él les habla un rudo lenguaje, y es a pesar de ello, de su risa dionisíaca, el más desdichado de los hombres.

Examinemos ahora el otro lado del prisma.

El culto de la voluntad en Nietzsche gira hacia una religión protestante. Él se arrodilla ante ella, tiene por ella el mismo amor, la misma fe ciega. El orgullo lo deslumbra un poco demasiado.

No ha sabido sobrepasar la filosofía del "yo", y por eso su enseñanza es inferior a la de Cristo que sobrepasó la del "yo" por la del "*nosotros* los hombres", "mis hermanos", sin haber llegado sin embargo a esa filosofía trascendente que diría "Nosotros, estrellas…".

Además, tiene su rebelión violenta contra los prejuicios. Quiere ser sereno pero se inflama e incendia, y es en la luz roja de lo que hace arder que se elevan muy tarde o muy temprano sus palabras de mañana, de rocío y de esmeralda. Hay *protestantismo* en él, innegablemente por atavismo, protestantismo en las costumbres y en la lucha dialéctica que dirige contra él. Eso no quiere decir que sea menos grande, sino que es demasiado humano sobre sus cimas y no lo suficiente en el valle. Hay también en Nietzsche todo lo que desborda de la copa demasiado llena del maravilloso brebaje. Y lo que cae es lo único que ven sus enemigos: el hombre de 1889 que siente la disgregación cerebral… que olvida las alturas de las que viene, que se desanima… Ese "lamma sabacthani" del genio que le hace prestar su flanco a la lanza de la crítica... ¡El rencor ante la grandeza!

"*¡Humano, demasiado humano!*" Qué magnífica confesión.

Él es demasiado poeta, demasiado músico, demasiado psicólogo. De otra parte sus tendencias pedagógicas, su rigor y esa forma singular de protestantismo incluso a contramano, no compensan una afectividad desproporcionada. Él sufre demasiado a pesar de lo que ostenta; eso se ve de muy lejos, y cuando hincha la voz es para enmascarar los sollozos. Es lo que le impide convencernos absolutamente.

Las lágrimas me suben a los ojos cuando canta. Él arranca su alegría sangrante aún a su corazón herido, y cuando lo eleva por encima de su cabeza riendo, se lo ve desfallecer, víctima de su sacrificio.

Si los judíos crucificaron a Jesús, Pascal y Nietzsche en las dos antípodas del espíritu humano se crucificaron ellos mismos. Los dioses griegos no habrían comprendido nada de esta forma de exaltación religiosa, tan mórbida en la alegría como en la tristeza, extremadamente patética pero poco constructiva. Y de hecho, Pascal y Nietzsche han destruido, minado, ridiculizado más de lo que han edificado real y prácticamente. Nietzsche aniquila admirables pensamientos a través de otros más admirables aún que llegan al encuentro. Aquí defiende el evolucionismo de Lamarck, allí lo contradice con el Eterno Retorno; es una suerte de Hugo de la filosofía que irrita y cansa pero fuerza a respirar de manera más ancha. Nietzsche no salía lo suficiente del Hombre por la Gran Obra, por ese cambio de molécula del que habla tan magníficamente Maxwell.

La dinamita de la voluntad de potencia de Nietzsche fue mojada por sus lágrimas; no pudo frente a sí mismo, demasiado enfermo sin duda, "quitar la corporeidad" tanto como lo deseaba, y como yo lo escribía hace un momento, provocará todavía grandes tormentas, pero no ese cataclismo moral que, haciendo bruscamente tabula rasa de nuestra sensibilidad, modificará completamente al hombre del Porvenir.

Mi pobreza es indecente. No tengo en mi jaula de ardilla más que conchillas vacías. Hoy comprendo cómo el hambre puede ser el mejor general de las revoluciones.

Para nutrirme el espíritu, ese vientre a su manera, releo el *De profundis* de Oscar Wilde y experimento frente a esta obra una desilusión bastante extraña. En efecto, al costado de anotaciones que se inscriben en camafeo en la cera de nuestras sensibilidades y que se conservarán eternas, se sitúa el temperamento incierto, femenino, paradójico del poeta que busca vanamente en sí mismo el fondo de su individualidad. Fruto de un dolor moral muy intenso, su comprensión de Cristo es notable, y me edifica respecto a esto en numerosos puntos. Pero su libro no proviene realmente de una fuente clara, de una mina. Es un reflejo de nervios demasiado distendidos; es un grito que se escucha, es un sollozo que se contempla. La plenitud del recogimiento no es completa. Se siente todo el artificio de una humildad que cuenta con servirse de sí misma para dar un gran golpe. ¿No es la mejor prueba de ello la existencia del poeta tras este escrito?... Ya se siente allí la debilidad y la ruina, y el látigo del dolor solo le hace lanzar un último grito, no sin grandeza, antes de que el hombre se desplome, andrajo inerte al capricho de las viejas pasiones que regresan.

Ofrezco en meditación a los críticos los comentarios de Voltaire sobre las tragedias de Corneille. No conozco nada a la vez más cómico, más vacío y más triste filosóficamente que esta cirugía sobre una de las más bellas saludes de nuestra poesía.

Un ejemplo entre los menos típicos:

...Toute votre félicité
Sujette à l'instabilité
En moins de rien tombe par terre,
Et comme elle a l'éclat du verre
Elle en a la fragilité[1].

(*Estanzas de Polyeucte*)

[1] Toda vuestra felicidad
Sujeta a la inestabilidad
Cae por tierra en poco tiempo
Y así como tiene el brillo del cristal
Tiene su fragilidad.

Quien, una vez en su vida, ha escuchado a Mounet-Sully decir esos versos, en particular los dos últimos, sabe lo que la música de la palabra justa puede aportar de eterno a un pensamiento elevado.

Ahora bien he aquí lo que dice Voltaire:

> "Cae por tierra" está siempre mal; la razón es que "por tierra" es inútil y no es noble. Esta manera de hablar pertenece a la conversación familiar: ha caído en tierra.
>
> *Et comme elle a l'éclat du verre*
> *Elle en a la fragilité.*
>
> Este es uno de esos concetti, una de esas falsificaciones brillantes que están tan a la moda. No es el brillo el que hace la fragilidad; los diamantes que brillan mucho más son muy sólidos.
>
> *Et mes yeux éclairés des celestes lumières,*
> *Ne trouvent plus aux siens leurs grâces coutumières.*[2]
>
> Es una pena que esta última palabra ya no esté en uso en el burlesco.
>
> *Seul vous exécutez tout ce que j'ai rêvé.* [3]
>
> Ya dijimos que las palabras soñar, fantasear, tener un sueño, una ensoñación, no pertenecen al estilo de la tragedia.

¡Y así un asesinato de 20.000 versos por una de las inteligencias más brillantes del mundo!

> Post-scriptum:
>
> Es aproximadamente esto lo que he transmitido a M. d'Alembert; y les ruego obtener de él la gracia que le pido;

[2] Y mis ojos iluminados de celestes luces,
Ya no encuentran en los suyos sus habituales gracias.

[3] Solo tú realizas todo lo que soñé.

> tras lo cual podré, tras una reflexión calma, realizar un examen más extendido del Teatro Francés y de la feria de Londres. Sé bien que Corneille tiene grandes defectos, lo he dicho de manera suficiente; pero son los defectos de un gran hombre, y Rymer tuvo mucha razón en decir que Shakespeare no era más que un mono feo.
>
> Adiós, mi querido amigo; termino, pues estoy demasiado enojado.
>
> Voltaire

¡Y entonces yo!

El hombre que mejor me parece haber hablado de las mujeres, a mi humilde parecer, es luego de Stendhal, Chamfort cuyo estilo sale de un estilete.

Mis seis pintores:
Rembrandt,
Brueghel el Viejo,
Durero,
Claude Le Lorrain,
Watteau,
Leonardo da Vinci.

Para darse cuenta del genio de Brueghel, hay dos telas sobrecogedoras: *La torre de Babel*, y *Cristo cargando la cruz*. Esta última que estuvo a punto de acarrearle los rigores de la Inquisición es de un origen y de una filosofía asombrosa para la época. Ese Cristo perdido en medio de la tela, del cual uno apenas se ocupa porque este tipo de suplicios es probablemente un hábito de los domingos, concentra sobre él la atención por antítesis, paradójicamente. El cielo y el molino bajo el cielo son inauditos. Es uno de los tipos de una obra maestra.

...

Chagall, Canudo, Reboul y Kaplan hacen una colecta desde hace algunos días para que yo pueda cenar. La Fatalidad es ciega, El Azar es tuerto, La Providencia posee tres ojos. Y yo no soy actualmente más que el perro ante la sibila de la Fatalidad.

¿Les sorprende mi risa en este momento? No siempre lloro con mis ojos.

Junio 1914

De Max ha entregado ayer estas palabras por mí:

*"Madame Sarah*[4]*, el joven poeta Abel Gance me pide unas palabras para usted. Su* Victoria de Samotracia *es una admirable obra. Léala y crea respecto a esto a vuestro viejo fiel amigo que te da las gracias. De Max"*

He ido a llevarle mi pieza ayer a la tarde, a su teatro. Ella interpretaba *La Dama de las Camelias*. Podría escribir un libro sobre esta entrevista de treinta segundos. Fuegos de Bengala bajo el arco sombrío de mi vida cuando me dijo:

*"Esté seguro, Señor, que leeré."*

Sobre la plaza del Châtelet estuve a punto de desmayarme de alegría. ¿Pero había comido los tres últimos días...?

Lancé mi revólver en el Sena, en el Puente de las Artes y sé que en ese momento no pude distinguir si lloraba o reía.

El suicidio es una batalla que se pierde contra uno mismo.

Nadie, nadie sabrá jamás cuánto he podido sufrir escribiendo mis tragedias.

El sufrimiento es lo que toca más de cerca a la muerte.

La muerte es sufrimiento que se fija.

La vida es ya verdad que se fija.

¡La Tierra no tiene por tanto corazón...!

[4] Se trata de Sarah Bernhardt, célebre actriz de teatro y cine francesa. [N. de T.]

La verdad es lo que debemos y podemos crear, por encima de la vida, y que no puede fijarse.

La palabra no es nada, es el grito que está en la palabra, el único acento dramático que cuenta.

Así como lo reclama el cuerpo, también el espíritu quiere a diario su agua corriente para sus abluciones. ¿Qué se la dará en general? Hipócritas y sempiternos preceptos de moral, frías leyes gastadas, costumbres anticuadas. Cargado de esos bagajes vacíos, el hombre moderno se dirige al deporte con un empeño que no tiene igual más que en la ingenuidad de su inconciencia. Su sensibilidad poco a poco se obstruye por la inacción, su inteligencia que no se lava todas las mañanas en su propia fuente se marchita en su habitación oscura, y su conciencia que respira mal atrapa rápidamente todas las enfermedades morales del siglo. ¿Por qué teme la limpieza de su alma en proporción de aquella que busca para el cuerpo? ¿No es el miedo al vacío de todos los porqués de la inteligencia el que lo conduce al culto corporal puesto que ya no ve en él más que la noche?

El gran error que en general se comete es escribir con el pensamiento de estar al alcance de todos, de expresarse como todos. ¡Ser del gusto actual! Devenir miope a causa de los miopes. Qué esfuerzos vanos para ello. El error está ahí. La personalidad debe imponerse de otra manera. El estilo debe ser forjado directamente por la sensibilidad, y el escritor debe ser el primero que se sorprende de su proyección de chispas. Cada una de sus ideas expresadas debe arrebatarlo como bellas mujeres desconocidas solícitas y soberanamente ahí. Es solo a través de la emoción directa que sentirá él mismo que podrá juzgar la del lector ideal para el cual trabaja.

Creo que por desgracia el reino del alejandrino se termina. Ese altavoz de la sensibilidad poética tiene para mí tales encantos que tengo la impresión de que nos encontraremos más tarde bajo su cabecera.

Por el momento, la acción toma la delantera sobre el sueño. Ya no queremos oír un relato sino verlo.

¿Era del Cinematógrafo? Sin dudas.

El espíritu especulativo tiene su apogeo en el dominio de las realizaciones. Si esto es así, ¿qué nuevo sentido vamos a crear? Examinar el arte de mañana bajo esa relación. ¿Dónde voy a encontrarme con mi subjetivismo y mi abstracción perpetuas, yo que estoy en las antípodas de la pintura que tanto admiro?

Las palabras, en nuestra sociedad contemporánea, ya no envuelven su verdad. Los prejuicios, la moral, las contingencias, las taras fisiológicas, han amputado a las palabras pronunciadas su verdadera significación. Es lo más hábil y ya no lo más verdadero lo que mejor se expresa con palabras, y por otra parte se llega con ello a creer menos en las palabras que en los silencios. Solamente los actos están todavía lo suficientemente en acuerdo con nuestra psicología de superficie. Solo raramente empujamos nuestra hipocresía a desnaturalizar su sentido. Nuestros actos reflejan claramente nuestra psicología de superficie. Sintetizando sus actos, analizando los gestos y suprimiendo la palabra, el cinematógrafo pone la verdad y la severidad de los actos a disposición de los nuevos psicólogos, y no es ese el menor de sus triunfos.

Los cerebrales, los auténticos, aquellos que activan de modo potente las combustiones intelectuales, no pueden ser bellos corporalmente según la norma puesto que sus esfuerzos tienden a someter la carne, a no hacer de ella un fin, en beneficio exclusivo del espíritu y de la pura sensibilidad. El atractivo exterior del macho, seductor entre los animales (plumaje, pelaje, colorido, canto, etc.) muestra qué milagros realiza la naturaleza cuando quiere seducir el ojo y los sentidos. El artista por el contrario interioriza, y ese duelo que entabla contra el hábito, si bien no lo vuelve absolutamente feo como Esopo o Miguel Ángel, le da una belleza casi monstruosa. Por otra parte todas las figuras de los grandes hombres, más allá de algunas excepciones, se graban en el espíritu por algunos rasgos singulares que respiran el constante combate del que hablo. Es inconcebible que Ronsard, Dante, Spinoza, Nietzsche, Cervantes, Pascal, Shakespeare, Montaigne, Bach, Rabelais, Molière, Newton, Emerson, Beethoven, Mozart, se aproximen a Antinoos.

Tomen al azar Mirabeau, Danton, Robespierre (Goethe y Saint-Just son extraordinarias excepciones), Balzac, Wagner, Remy de Gourmont, d'Annunzio.

(Corrigiendo las pruebas, 14 años después de haber escrito esto, leo en el *Diario de un filósofo* de Keyserling casi lo mismo, pero redactado con una persuasión infinitamente mayor; me disculpo de este encuentro).

Todo lo que no escribo esta tarde se me aparece sobre el árbol que madura, y observo esos frutos próximos con un ojo de envidia.

Si los espejos no existieran, mi ambición sería menos temerosa.

# Incidencias

Muy fácilmente nos figuramos que nadie puede juzgar sanamente una cosa si la observa bajo un ángulo diferente del nuestro. Las personas aproximadamente se parecen, las cosas también. ¿Entonces? Incidencia de prisma.

Sobre tres, entrega dos, conserva uno, y tendrás todavía tres.

Todo problema que no es considerado básicamente y ante todo más allá del bien y del mal está mal presentado. No tiene más que tres dimensiones. Por eso la justicia humana es cosa tan frágil.

Siempre se pone en la cuenta del amor propio los desaciertos de la vanidad.

Los placeres se suman, los dolores se multiplican.

Entre aquello que creemos lo mejor de nosotros mismos en nuestros buenos momentos: idealismo, elevación de pensamiento, fuerza física o moral, etc., y aquello que, de otra parte, suponemos de nosotros en las eventualidades opuestas: enfermedades, penas, accidentes, etc., se establece una justa medida en ese auténtico barómetro que es nuestra vida. Hace falta equilibrar nuestra personalidad entre esas dos variaciones constantes. Lea con exactitud en dicho barómetro, y hará con la vida lo que quiera, pues sabrá cómo vestir vuestra alma para el día siguiente.

La bondad y la virtud son necesarias para aquellos que no pudiendo dar nada ni añadir nada a la naturaleza tienen necesidad de poseer cualidades pasivas para hacerse perdonar su existencia.

Lo más bello de la mujer está en el hombre.

Los consejos son al amor lo que el derecho es a la guerra.

El pudor, ese hábito que nos viene de los países fríos, habita tan cerca de la lujuria que uno a menudo solo se da cuenta después de que se ha equivocado de puerta.

Hablando de un hombre se dice:
"Yo conocí su vida, su carácter, sus amores."

¿Por qué no, por desgracia, su amor?

Qué rápido se confunde rápidamente un sentimiento enfermo con un sentimiento difunto.

Uno se cura de un sentimiento por la enfermedad de otro.

El corazón tiene peor carácter que el espíritu.

El amor que se quiere arruina el que se tiene.

¿No amas todavía mis defectos y dices que me amas?

La alegría es animada, la felicidad es melancólica, pues en la felicidad tenemos el lamento de no haberla tenido siempre y el presentimiento de no poder estrecharla siempre contra uno. La felicidad jamás es tan grande como para que no pueda contenerla el ánfora de la vida a contrapelo del dolor que tan a menudo la quiebra.

La felicidad trata el placer como extraño. No hablan por otra parte la misma lengua. Cuando por azar se sientan a la misma mesa, sus miradas se estorban mutuamente, y sé de las horas de placer forzado donde la felicidad tiene lágrimas en los ojos.

No se puede ser feliz cuando uno es joven; solo se puede ser alegre.

Para el trabajo del pensamiento es más provechoso apoyarse sobre su tristeza que sobre su alegría.

Los defectos de un pueblo conducen necesariamente a los representantes excepcionales a poseer las cualidades que se oponen completamente a los defectos de la multitud.

¿Quién castigará alguna vez a los seres del mal que tienen la idea de hacerlo y a quienes solo las circunstancias les impiden realizarlo? La ley ha previsto: Premeditación –pero solamente cuando hay crimen; temo efectivamente que de otro modo ella se vea obligada a detener a la humanidad entera.

…

¿Y entonces, castigo? ¿Por qué? Como si aquel que quiere herir no sufriera tanto como aquel al que hará sufrir.

Cuando uno llega a interrogarse, y es muy raro, uno se responde a sí mismo con más hipocresía que a los otros.

¿Cómo quieres entonces que uno no mienta a los demás cuando aprecia tanto mentirse a sí mismo?

No es posible matar los defectos atacándolos de manera brusca. Hace falta depurarlos progresivamente privándolos poco a poco de su alimento. Su silencio se asemeja a su ausencia. Desconfíate.

El recuerdo de un vicio dominado es infinitamente más agradable que el de una virtud austera satisfecha.

El odio, como la Fatalidad, es una rueda; la bondad, como la Providencia, es una hélice.

Los movimientos del alma que tienen por móviles la venganza, el odio o la maldad, crean en el hombre una dureza moral detrás de la cual todo el atavismo y los malos instintos de fondo se parapetan y retoman sus derechos.

El orgullo cierra el horizonte de la ambición mejor que cualquier otra debilidad.

El orgullo es una pasión (una afección, diría Spinoza) para con uno mismo al igual que un amor violento por un ser. Esta pasión abraza y admira de manera confusa sin poder desembrollar los defectos y las cualidades de su propietario. Es la miopía del orgullo la que constituye su peligro.

El orgullo humano es inconmensurable; da una sensación de vértigo y de infinito y mata la fuerza estrellada que desconocemos en nosotros. En tanto sea tan gigantesco, nada bueno saldrá de esta máquina de carne. La mejor fuerza del catolicismo y por otra parte de las religiones en general ha sido la de rebajar el orgullo humano.

> Deja de contar con el hombre que solo tiene un aliento en sus narinas, ¿pues qué se puede esperar de él?
>
> Isaías, II.

Las afecciones me parecen tanto más grandes cuanto más grande es el egoísmo. Los movimientos de odio o de amor tienen en efecto una marea más grande entre los seres que intentan reducir todo a ellos mismos.

El egoísmo, esa forma de onanismo moral, detiene las cualidades en el momento en que iban a manifestarse. Algunos egoístas habrían podido devenir hombres muy grandes. No saben distinguir entre lo que deben a su egoísmo y lo que deben al universo. Tal abandono comporta muchas bellas resultantes.

¿Ya ha notado usted cuán triste es una luz alumbrada por una fuente luminosa más potente que ella? Una vela cerca de una lámpara eléctrica, un farol de gas en pleno día. Reduzcan: el talento junto al genio –y no sé qué más.

No se cede el fruto que se tiene en la mano por el recuerdo de aquel que se ha comido en la víspera.

Los hombres superiores solo mienten frente a personas que no son capaces de elevarse a la altura de su verdad.

La opinión, es la barricada de la conciencia.

Desconfiando la razón de los perpetuos combates necesarios para superar los peligros en los cuales se agota la mejor de nuestras fuerzas fisiológicas, llega a evitarlos completamente, a menos de buscarlos de manera voluntaria con ese exceso de potencia que permite superarlos por nada, por placer, por deporte.

Uno solo posee realmente las cualidades de sus defectos, y este aforismo en mí no está lejos de ser definitivo. Por tal motivo, solo se avanza en la medida en que en otra parte se retrocede, María Magdalena solo puede ascender porque había descendido…

No realizar algo es un acto al igual que su realización. Algunas veces es más difícil en la sociedad moderna no actuar, en el sentido positivo del término, que obedecer a los grandes engranajes que arrastran y constriñen a la acción. Las grandes especulaciones filosóficas se resuelven mediante actos típicos muy raros en el curso del destino de los filósofos. Solo cuenta el valor de esos actos.

El azar no ama los secretos.

...

Cuanto más deslumbrante es una victoria, más enormes son las sombras que proyecta. ¡Qué muertes en las sombras del sol de Austerlitz!

Lápiz: cuando esa mujer fea y coqueta se mira en su espejo, ella se atrapa –y cuando se desviste se suicida.

Lo que constituye la superioridad del instinto, es que a contramano de la inteligencia, jamás tiene necesidad de alimento.

Los buenos solo entregan en general aquello que podría molestarlos ante su conciencia, raramente más.

...Y en toda bondad extrema, hay casi siempre una expiación disimulada.

Cuando uno quiere superarse, se abandona. Cuando uno quiere recuperarse, se pierde. Ser o querer ser frente o detrás de uno mismo, es sustraerse algo a sí mismo, tomarse en cambio de la mano, hablarse dulcemente, exhortarse al coraje, ser uno mismo su amigo, su único amigo, y esperar la noche.

Si no posees bien tus ideas, si no las conoces hasta el extremo de su acción posible, presta atención de no ser poseído por ellas. Te convertirás en un fanático. El hombre no debe ser el contenido de las ideas, sino el continente.

La psicología es un espejo. "¿Cómo va mi espíritu esta mañana?" Es malo mirarse demasiado en él. Por otra parte jamás un cristal ha embellecido a nadie.

¡Oh, estos pensamientos que comienzan en bronce y terminan en tela...! ¡Oh, el ruido moderno, el dinero, las vanidades, los pulmones tristes y pequeños, las estrellas entrevistas pero que ya no crecen hacia los poetas ya que tienen miedo del hálito negro de la tierra vomitada por las chimeneas de las fábricas...! ¡Oh, mis brazos que incluso ya no tienen la fuerza de permanecer cruzados!

# Explosivos

*El pensamiento y la ciencia contemporánea están atestados de nociones parceladas y de nociones muertas. Son llaves que tal vez abran algunas puertas bajas de lo real; no abren ningún horizonte sobre la vida.*
Nietzsche

*Aquellos que fueran los polos de las ciencias, y brillaban como faros en la asamblea de los sabios, no han sabido encontrar su camino en la noche sombría. Cada uno de ellos ha balbuceado un cuento, luego se ha dormido…*
Omar Kayyham

Nosotros no podemos tener otras concepciones que aquellas que puede entregarnos nuestro cerebro. Es esa nuestra debilidad puesto que el conjunto de nuestros sentidos y de nuestro conocimiento nos demuestra a cada segundo nuevos errores de evaluación, la verdad científica de hoy destruyendo a la de ayer y a menudo cubriéndola de ridículo.

Solo el alma, fragmento del alma del mundo, siente la inanidad de la mayoría de nuestros conceptos, pues ella vive, se mueve en la cuarta dimensión, y sonríe ante el cerebro que se encierra a sí mismo en las otras tres.

El corazón, ese único amigo del alma, entiende bien esto y aconseja al espíritu, pero hablen entonces del corazón a la mayor parte de los científicos, y les responderán: "órgano esponjoso, etc. …"

Apelar, en esta situación, a una nueva ley de la relatividad, no es resolver el problema, es retrasarlo. ¿No es en efecto bajo una forma enmascarada apelar a nosotros: unidad? ¿No es nuevamente reducir todo a la línea de horizonte del observador y a las comparaciones y clasificaciones a recomenzar?

Las ciencias solo estaban basadas estrictamente en observaciones de los sentidos. ¿Qué valen esos sentidos, lo repito, en una filosofía? Aproximadamente lo que vale la descripción de una puesta de sol por Lamartine para un químico.

La línea recta es una concepción completamente visual y es geometría a la deriva.

Un poeta puede expresar sin ojos y sin orejas (Homero, Beethoven), un científico no puede porque está obligado a "aprender el mundo", no pudiendo, como el poeta, "sentirlo". Y si lo sintiera encontraría entonces, lo que yo busco, esta conciliación entre la ciencia y el arte, entre la poesía y las matemáticas, la única que daría los resultados esperados de los que Aristóteles, Francis Bacon, Raymond Lulle, Leonardo da Vinci, fueron raros ejemplos.

Pero realmente me doy cuenta de que el ser humano no es ciertamente más interesante de seguir filosóficamente que el vegetal e incluso más que el mineral. El orgullo, la escisión artificial del cartesianismo entre el instinto y el pensamiento, y esos dos giros amenazantes, el Tiempo y el Espacio, entre los cuales ustedes se debaten, han falseado a mi modo de ver el sentido filosófico.

Qué vacíos me parecen en consecuencia la psicología y la moral, y qué pobre dominio aquel en el que se agitan nuestros pequeños combates pasionales, al lado de aquel del átomo en la operación de la cristalización, por ejemplo.

Los hechos, aun cuando fuesen de la más excepcional gravedad, solo pueden tomar importancia para el poeta en razón de la luz que le aportan en la comprensión de las grandes leyes y de la armonía del universo. Y por eso las vidas íntimas de los poetas, de Ossian a Chatterton o de Villon a Rimbaud, son tan desconcertantes para "el hombre formal".

> Por otra parte Schopenhauer define de manera tajante como siendo el signo distintivo de la aptitud filosófica, la facultad que poseen algunos de representarse a veces

> a los hombres y a todas las cosas cualesquiera sean como puros fantasmas, imágenes de sueño.

Si esto es así yo soy ciertamente un verdadero filósofo, pues no puedo conceder una mayor importancia en mi imaginación a este hombre o esta fuente, a este linaje de pueblo o a esta línea de montañas, a ese río de pasión o a ese océano marino.

Y ahí tal vez mi excusa para divertirme deslizando y haciendo girar frente a la línea recta y frente a la cifra un prisma de cristal corrector de mis malos hábitos seculares.

# Algunas divagaciones caleidoscópicas sobre las leyes científicas elementales

Pasajes extremadamente opacos. Ya nada del arco iris. Son franjas de interferencia y nadie ignora que colocadas entre los colores del prisma estas se revelan misteriosamente negras en la descomposición del espectro solar.

En el momento en que exhumo las notas que van a seguir, cerca de veinte años después de su entierro, leo simultáneamente una página de *Magia Negra* de Morand y una página de ese *Yo adoro* de Desbordes que fue publicado a iniciativa de Cocteau. Aturdido por esas píldoras de poesía "moderna" para sensibilidad en descompostura, tengo, tras esos dopajes, la impresión de tener en mí un espejo Brot, y eso me produce un singular efecto como de volver a descender a mi metafísica.

Si Descartes fuera más de mi amistad, le pediría que me enseñe cómo se pueden establecer demarcaciones o al menos jalones entre los elementos heteróclitos que voy a combinar o a degollar más adelante, salvajemente, en las narices de todas las teorías admitidas.

Aquí un sentimiento fulmina a una idea. Allí una intuición viola una certeza, y en todas partes la pasión muele a palos a la lógica.

Me pregunto muy precisamente qué genio maléfico me ha impulsado a este delirio en espiral de atribuir siempre a los efectos puramente mecánicos, físicos o químicos de nuestra tierra, causas en cierto modo sentimentales donde lo Bueno y lo Malo juegan el rol de Principio rector. Esta transposición de dramaturgo no es en mí el más grave de los peligros, o bien, por el contrario, el fruto de una intuición exacerbada que deja a mi alma leer en el corazón antes de que mi cerebro haya tenido el tiempo de meter sus lentes.

Pero quién me asegura que una lágrima no es todavía el mejor de los telescopios para comprender las estrellas. No dije "para examinarlas". Los científicos no sufren lo suficiente.

Si al observar una crisálida ustedes no ven al mismo tiempo con una simultaneidad absoluta el gusano y el delicado color de las alas de la mariposa, si el péndulo del Tiempo está en ustedes y fracciona vuestras sensaciones ya que no pueden sintetizarlas, entonces no me sigan más, jamás comprenderán lo que es un milagro, y cómo la vida es en todo segundo uno de ellos, permanecerán incrédulos y fariseos.

Entrego los extractos que van a seguir para mostrar que solamente la intuición puede descubrir verdades que la ciencia controla; habiéndoseme revelado la mayoría de las confirmaciones de las ideas, extraídas de los grandes filósofos, varios años después. Ruego por tanto que me excusen por la ingenuidad de forma; yo tenía entre diecisiete y dieciocho años cuando escribí lo que va a seguir.

> Gran cuadrado no tiene ángulos,
> Gran círculo no tiene centro,
> Gran trueno no tiene sonido.
>
> Filosofía china (siglo VIII a.c.)

No todos los hombres han ganado ese maravilloso derecho de *pensar*. La lógica y una inteligencia abierta son impotentes para representarse los profundos problemas de la intuitividad y del amor. Es solo por un hábito de desdicha, por una sucesión de dolorosos reflejos sobre la esencia espiritual, que poco a poco las capas profundas del entendimiento se descubren y que aparece la poesía de las cosas y de los mundos.

Leyendo a Jacob Boehme, a Spinoza o a Nietzsche, no es posible que alguien que no haya sufrido y sentido mucho los comprenda. Reflexionado no quiere decir sentido. La reflexión proviene de la lógica; el sentimiento viene de la intuición. Y que no se olvide: *la intuición, es la memoria del porvenir.*

Allí donde esta ciencia anticipada, ciencia prevista por el corazón, no se equivoca, supera de lejos a todas las fuerzas conocidas o desconocidas puesto que nos permite conversar con el porvenir como con un amigo; allí donde se equivoca, se transforma siempre y a pesar de todo en poesía, esa alquimia de la ciencia, que nos salva tan a menudo del desespero.

A falta de *microscopio*, Leibniz se detenía en la mónada, los físicos del siglo XIX en el átomo, y ahora uno se detiene en el electrón. ¿No está él mismo compuesto de millones de agregados que nuestras lentes todavía no ven?

Es la falta de imaginación, a fin de cuenta, y el espíritu positivista los que pretenden de manera absoluta un comienzo y un fin de todas las cosas.

Los científicos pierden más rápidamente que cualquier otro esta única brújula interior que podría dirigirlos hacia el Norte que ansían, y son humildes marinos de nuestro tipo los que, en las graves crisis de la vida del mundo, cuando el capitán ha perdido su compás, encuentran siempre en su intuición esa ruta hacia América allí donde la ciencia sitúa las Indias.

Toda filosofía que apoye su arquitectura sobre los cimientos de las ideas matemáticas de Tiempo y de Espacio, está muerta para mí y la encuentro tan peligrosa como la escolástica de la Edad media.

Que no se nos cargue tras esto de finalismo mecánico y de racionalismo materialista puesto que está probado que mediante las leyes de la evolución creadora el mundo puede transformarse a nuestro antojo, sirviéndose por otra parte de los admirables instrumentos que nos forjan las ciencias exactas para dichos combates.

Y que se puje contra lo que adelanto: "si las matemáticas han salido por entero del espíritu, uno podría entonces preguntar cómo ocurre para que ellas brinden un servicio tan grande en las ciencias experimentales y se presten de una forma tan notable para traducir los resultados de la experiencia y para preverlos mediante el cálculo".

Responderé que siendo la meta de las ciencias trabajar en las necesidades de los cuerpos como la de la filosofía trabajar en las necesidades de las almas, es difícil entenderse con las mismas palabras puesto que hay aquí una oreja de carne cerrada a las explicaciones silenciosas de la intuición; pero sin embargo haré notar esto:

Mientras que desde la más alta antigüedad hasta la Edad media la alquimia y la astrología entre otras ciencias ofrecían a los hombres un alimento suficiente a su espíritu y a su cuerpo, llegó un período en el que la química y la astronomía se constituyeron lentamente y con humildad con aquello que descuidadamente dejaban caer las dos ciencias soberanas. Hoy el fenómeno se invierte, y son las ciencias exactas las que abren nuevamente las esclusas místicas que habían cerrado. En efecto ya no ofrecen a la curiosidad del alma los alimentos con los que esta debió conformarse a partir del Renacimiento, a causa de la alegría que el cuerpo encontró allí que ya no le basta. Y podría ser que en la sombra de la ciencia oficial se prepare alguna nueva y misteriosa alquimia del pensamiento que hará desplomar de manera súbita el edificio científico bajo el peso de una luz incontrolable que los ojos de la experiencia no hubieran podido revelar.

Las franjas de interferencia, los electrones... las coloidales... Qué extrañas palabras. Qué será de ellas en mil años, como así también de todas las entidades científicas que mueren y se comen unas a otras como los dioses, a medida que los telescopios y los microscopios agrandan su campo de acción.

Y el diablo dice:

> Soy yo el que introdujo en el mundo el lujo, el exceso,
> los juegos de azar y la química.
>
> Lesage (*Le Diable Boiteax*)

El espíritu científico, ese protestantismo de la poesía, jamás dará a los hombres las claves de la emancipación filosófica ya que se ha encerrado él mismo en las dos fronteras de su dominio, el Espacio y el Tiempo, que abrazan los contornos de su suficiencia, y puesto que ya no puede liberarlo, a causa de su obesidad, más que desde afuera.

Ahora bien es con el Tiempo y el Espacio, esas dos únicas letras del alfabeto, que se pretende escribir la filosofía...

Las matemáticas son incapaces de crear y retardan la evolución. Deberían servir a la metafísica y no hacer depender a esta de ellas. Las matemáticas tienen necesidad de una evidencia para arrancar; la poesía no. La creación jamás proviene de un cerebro estrictamente matemático. Si Pitágoras se dio cuenta de esto a tiempo, Copérnico, Laplace y Henri Poincaré se percataron de ello demasiado tarde.

La indigestión de la cifra produce una enfermedad. Ellos no han podido montar la quimera que va de estrella en estrella de modo más veloz y cierto que las ecuaciones. Con cifras se construye, a condición de que la poesía les haya entregado los planos, pero no se crean los materiales para construir.

Para que se me comprenda bien, es claro que considero por ejemplo como poeta a un hombre como Paracelso o como Lamarck: Lamarck, el mejor de los puentes que existe entre la ciencia y la filosofía.

¿Por qué los conceptos matemáticos caducan de una generación a la otra? No solamente porque la unidad, la línea recta y el punto no existen –hemos visto que solo pueden existir en tanto relaciones y vínculos– sino también porque el número no se transforma, y sin embargo debería transformarse si admiten la idea de Tiempo, y si no admiten dicha idea, él no debería existir. Ahora bien la cifra que admite el tiempo no evoluciona ni se mueve mientras que aquello que representa evoluciona. La cifra habla entonces más a menudo de algo que ya no es, como las estrellas cuya luz nos llega siglos después de su desaparición.

No obstante las matemáticas se vuelven cada vez más el modelo democrático de la filosofía.

Esto igual a esto es una utopía completamente falsa como la de la medida o del peso.

Este "segundo" contemplado desde el punto de vista matemático no tiene la misma duración para esta hormiga y para este diamante. Si para aquella un minuto deviene un año, para este un siglo no es más que un minuto; y ambos, relativamente, tienen razón.

La abstracción del segundo matemático ya no significa nada; es solo objetiva; pretende reducir todo al concepto Tiempo que mi intuición le niega.

Pero, me dirán ustedes, una medida del tiempo se hace para representar un fragmento durante el cual algo pasa. Vimos en efecto con Bergson que nada puede pasar. Pero esta medida debería ser en cierto modo individual y cambiar de duración según las naturalezas o los móviles. Para nuestras comodidades y el agrado de nuestras facilidades, de acuerdo, pero no hagan de vuestras medidas del tiempo y de la distancia el eje frío de esas teorías mecánicas finalistas que congelan todavía más una humanidad que se enfría, como la tierra, por dentro.

Mucho tiempo después, sumo aquí este pensamiento que descubro en Henri Poincaré:

> La experiencia podría enseñarnos que la proposición que se trata de demostrar es verdadera en una porción más o menos larga, pero siempre limitada, de la serie indefinida de los términos que consideramos, pero nunca podría agotar esta serie indefinida. Esta regla, inaccesible a la demostración analítica y a la experiencia, es el auténtico tipo del juicio sintético a priori.

…

El comunismo de la cifra, que suprime toda relatividad metafísica, impedirá siempre al número jugar sobre el corazón de los hombres el rol que logra tener la palabra. Es indudable que 100 francos para un hambriento, y 100 francos para Morgan no tienen en absoluto el mismo valor según para quien sea la cifra –y que 10 kilómetros para un peatón o para un automóvil no representan el mismo recorrido.

El tiempo solo debería ser considerado en función de lo que puede pasar mientras que el observador considera. ¿Dónde, sin eso, la aristocracia, la jerarquía, que deberían existir tanto en las relatividades matemáticas como en la naturaleza?

Yo escribía esto mucho antes de conocer estas conclusiones de Henri Poincaré que certifican al final de su vida que la noción matemática es una convención del espíritu, que no tiene en sí mismo nada de real ni de necesario. Po tal motivo, insiste sobre el rol de la hipótesis en matemáticas, puesto que para él *toda proposición matemática es una creación arbitraria del espíritu*. Y yo no había leído a Jean Labadié, del cual extraigo este pasaje:

> Pues todo el mal del que sufre la ciencia moderna proviene del orgullo de los matemáticos que han pretendido prescindir de una crítica metafísica de su propio concepto: número, espacio, tiempo.
>
> Esos atletas de la razón pura que hacen malabares con muy ligeros y puros símbolos tienen luego la pretensión de sopesar la realidad. Esos ovilladores de ecuaciones y amontonadores de scores deberían recordar que Pitágoras y Platón, Descartes y Leibniz, fueron simultáneamente metafísicos y físicos, es decir matemáticos realistas.
>
> He aquí por qué los descubrimientos técnicos del cálculo integral, de la geometría analítica, de los irracionales e incluso de la famosa tabla de multiplicación, están ligados para quien sabe ver con una concepción metafísica: “Monada”, “Extensión”, “Ideas”, realidad física del número.

Un profesor de aritmética o de álgebra difícilmente comprenderá lo que representa de elevación la inquietante conclusión de ese bello libro sobre las hipótesis matemáticas, esa confesión crepuscular en la selva de las cifras y que se reúne con Montaigne por otro camino.

...Y una vez más, como escribe Bergson:

> O bien la filosofía no tiene nada que ver aquí, o bien su rol comienza allí donde termina el de la ciencia.

En primer lugar y en la base de lo que pienso, está la admirable proposición de Aristóteles:

> Las cosas forman por otra parte una jerarquía en la cual el ser inferior es siempre considerado como materia por relación al ser superior, hacia la forma del cual tiende.

Volviendo a pasar en revista la filosofía griega rápidamente, encuentro filósofos que, en el concurso de nuestra ciencia, llegan aproximadamente a las mismas conclusiones metafísicas que nuestros filósofos de hoy, es decir que no distinguen materia inanimada, ni materia viviente, ni principio espiritual, sea que consideren que la materia es un elemento único que produce por sus propias fuerzas las diferentes formas animadas (Anaxímenes, Anaximandro) sea que la consideren como un conjunto de elementos desigualmente animados (Empédocles, Leucipo, Heráclito y tal vez Anaxágoras).

En la filosofía socrática y platónica, toda actividad, toda existencia real proviene de las Ideas que son de naturaleza espiritual. La materia deriva de ellas y solo tiene una existencia prestada; es un reflejo confuso y por eso mismo un principio de imperfección pasivo e inerte por sí mismo.

La materia más humilde tiende a ser o a devenir otra. (La geología nos proporciona las pruebas de esta evolución). Para hacer esto adopta a veces la apariencia exterior de aquello que llamamos "vida" pues la vida no es en suma más que una apariencia exterior. No hay materia que propiamente hablando no viva, pues es preciso admitir la existencia y el hecho de la espiritualización en todo lo que existe.

Llego con ello al espiritualismo idealista, si no me equivoco, quien pretende que la materia mineral no es en suma más que una suerte de espíritu de cualidad inferior *cuya evolución es demasiado lenta para que podamos, con la falsa idea del tiempo que nos hacemos, distinguir en ella algún rasgo de vida.*

Puesto que por otra parte es probado e indiscutible que la función crea el órgano, consecuentemente el espíritu crea la función, y por eso mismo la materia que debe servir a dicha función, y por simple encadenamiento el órgano. En resumen, el espíritu crea su materia inconscientemente para estar más seguro de perpetuarse y la abandona por causas de las que hablaré.

La materia no obedece ciegamente. Parece discernir y solo se entrega a la inteligencia que le es superior, en bondad o en maldad. Intenten una fuerza sin razón ni lógica contra ella y la verán rebelarse.

La materia evoluciona entonces tanto como nuestro espíritu hacia un fin que ya solo podemos concebir al infinito. Quien posea la idea del infinito no morirá. Nosotros obedecemos a las leyes de la evolución tanto como la materia, con esta única diferencia, que cuanto menos parece vivir ella más tiempo parece insumir en evolucionar.

¿Cómo pudimos tardar tanto en darnos cuenta de que la materia mineral e inorgánica es viviente? No solamente es viviente, sino que es el reservorio de una energía colosal, fuente segura de la mayor parte de las fuerzas universales. ¿No guarda ella la huella de todo lo que le adviene? (Histéresis magnética, temple y recocido del acero). ¿No es sensible a las influencias, a los contactos, a los climas? Resiste a menudo a las deformaciones que se le quieren infligir, no por inercia sino mediante reacciones de defensa, reacciones activas en sentido inverso de la deformación intentada.

¿No podemos claramente ver ahí fenómenos de hábito y de adaptación? Las aleaciones posibles por ejemplo no son ni más ni menos que fusiones voluntarias de minerales que no se repelen. Sucede lo mismo con numerosos irrealizables debido a esas mismas leyes del hábito y de la adaptación.

Leí en un gran místico:

> Quien fabrique Tierra disociando el agua de mar podrá reconstituir mundos.

Llamado a los químicos. Temo que solo los poetas respondan.

Ciertamente la materia muere, y los átomos de todos los cuerpos no son eternos, pero disociándose en su muerte la materia produce fuerzas diferentes, luz, calor, electricidad, que no se desvanecen en el éter sino que se transforman de manera de poder recrear materia bajo nuevas reacciones físico-químicas.

Si debiera arriesgar una ley sobre este terreno moviente donde el pensamiento aletea tan veloz, diría: La energía sin sustancia, posee el poder de recrearse eternamente a sí misma, tomando para llegar a sus fines todos los soportes que llamamos materia.

Invocando a Aristóteles hace un momento, me pongo ahora a la sombra de Spinoza donde, debo confesarlo, me siento en el paraíso.

Hace falta una causa para que algo exista o no exista, dice él.

Lo que yo traduzco por: lo que no existe, existe en potencia puesto que una causa engendra efectos positivos o negativos y puesto que sin eso no sería causa.

Algo que no existe, existe puesto que llena el vacío y puesto que su frontera es el límite de lo que existe.

Intentemos aclarar mejor mi punto de vista. ¿No es el vacío empleado por otra parte como una de las grandes fuerzas de la naturaleza mucho antes de los hemisferios de Magdeburgo?

Sucede así con todo aquello que la imaginación o los sentidos no pueden captar. Hemos dicho muy rápidamente: que no existe... El hecho de que algo que no existe esté en potencia de ser, hace que exista en la cuarta dimensión.

¿No son todos los cuerpos vibraciones más o menos fuertes, a semejanza de la luz, de la electricidad, del sonido?

Una hélice en velocidad traza un verdadero círculo. La vista constata el círculo, también el tacto, pues cuanto más grande sea la velocidad más la hélice será percibida en todos los lugares en el mismo segundo. Algunas vibraciones de una velocidad infinita deben por tanto dar al tacto un cuerpo sólido.

No sentimos lo suficiente las influencias magnéticas maléficas o benéficas de los cuerpos sólidos, por ejemplo de los minerales, que solamente al tacto deben producir efectos sorprendentes que se neutralizan por nuestra ignorancia y nuestro desconocimiento de sus verdaderas propiedades vibratorias.

Además, las variaciones del éter obedecerán como a un auténtico círculo en movimiento. La hélice se detiene. Una forma palpable y visible acaba entonces por desaparecer para reaparecer bajo la acción del movimiento que engendra la vibración.

El radio, reservorio de energía en sí mismo, perdiendo su fuerza con el tiempo, me sugiere la siguiente hipótesis:

Cuantas más dificultades haya tenido la materia en tiempo y en padecimiento para formarse tal como es, oro, diamante, radio, etc., más tiempo tardará en disociarse transmutando alrededor suyo, devolviendo, como diría Jacob Boehme, dicha por padecimiento, efectuando maravillas y conservando una fuerza beneficiosa o dañina según la cualidad de su evolución.

> Todo esto conduce a pensar de manera irresistible que la inercia de todas las partes constituyentes de los átomos, es decir de toda la materia, es exclusivamente de origen electromagnético. Ya no hay materia, solo hay energía que, a través de las reacciones que el medio ambiente ejerce sobre ella, nos hace creer falazmente en la existencia de ese algo sustancial y masivo que las generaciones acostumbraron llamar materia.
>
> Nordmann

Resulta a mi modo de ver que *la masa y la energía* son la misma cosa, o si se quiere, las dos caras de una misma fuerza.

Evidentemente yo no había leído a Einstein en ese momento, y tuve algún placer en ver corroborar mis vagidos intuitivos por ese gran matemático.

Para explicar la caída de los cuerpos, Galileo dice que no hay necesidad de suponer tendencias en la materia o fines a los cuales aspira.

¿Por qué? ¿Un objeto cae si no está colocado en condiciones de suspensión o de equilibrio preestablecidas? Rompan la idea, el pensamiento motriz en un hombre, y él también caerá. Arranquen un fruto, es decir quiebren su principio invisible que lo hace elevarse por sí mismo en el aire, y caerá. Una hoja seca cae; una hoja verde no cae si una fuerza superior no llega a arrancarla de su suspensión voluntaria. ¿Eso impedirá el fin de la tendencia? Tal brote arrancado, ¿no se habría convertido en hoja? La ley de la caída de los cuerpos depende de una potencia más fuerte que la que poseía ese cuerpo para permanecer en el espacio: *la Potencia que nos hace morir*. El sentido de la vida es ir contra las leyes de la atracción universal. La tierra nos llama a cada segundo. No escuchemos; vayamos como el árbol y el ave hacia el cielo, cada vez más. La idea de la muerte nos pone ya un brazo en la tumba. Matemos esta idea para liberar nuestra fuerza de expansión.

El hombre que encuentre el medio de aniquilar las leyes de la gravedad mediante un gasto de energía proporcional a la fuerza de inercia será el amo del mundo.

No debo olvidar que Descartes, Galileo, etc., llegan en el fondo a las mismas deducciones puesto que acaban afirmando esto:

Quiten el principio invisible a la materia, a esta hoja, a este fruto, etc., *se volverá materia inerte*, por tanto separada de toda espiritualidad y por consiguiente concluyen que la materia se opone a los principios espirituales cualesquiera sean, únicos activos y capaces de tender hacia fines determinados.

Debo dedicarme a filosofar sobre los aerolitos, masas minerales, residuos planetarios atraídos por fenómeno gravitacional y que caen sobre nuestro suelo. Deducir de allí una ley.

Si se admite una potencia de deflagración capaz de impulsar un cuerpo más allá de nuestra capa atmosférica, rodará en otros mundos, escapando entonces momentáneamente, pues será tomado muy pronto en el círculo de una nueva atracción y de una nueva fatalidad, por esa potente ley de gravitación que parece ser una ley de *conversación* y de *egoísmo*, que pretende reconducir todo a ella. Por eso es preciso admitir una potencia superior a la ley de atracción. El pensamiento es una de esas potencias así como la luz.

## *Clave de las leyes de gravitación y de atracción*

La llama va a la llama, y lo que aún no es llama tiende a ir hacia ella. El espíritu de conservación, el miedo a la metamorfosis retiene al átomo que de una parte aspira a la llama y que de otra teme su destrucción. Por eso, como quiere sacar provecho de ella sin morir, se aproxima tanto como es posible, y para tener la plenitud de los efectos de calor necesarios a su euforia, gira alrededor de la llama justo lo suficientemente cerca para obtener su beneficio y no ser su víctima, como la mosca alrededor de la lámpara, a la vez ebria de alegría y aterrorizada.

Así con los mundos alrededor de los soles, así con estos alrededor de soles más potentes, así el pensamiento alrededor de un pensamiento más radiante, así con nuestras costumbres que nos hacen buscar los climas templados, etc.

Después de haber alzado los hombros, me preguntarán cómo explicaré la elipse que hace la tierra alrededor del sol.

La llama lleva su alegría a desplegarse sobre una perpendicular a sí misma, quemando siempre más arriba, de allí una idea geométrica de llama en línea recta. La llama no cae, asciende. Ahora bien la llama que va hacia la llama aspira a aproximarse a esta línea recta, centro del foco, partiendo de su perpendicular, de donde resulta el triángulo (lengua de Satán).

No invento nada llamando la atención sobre la forma triangular de la llama.

Ahora bien, el átomo gravita con menos peligro en los planos paralelos a esta línea recta, y se curva por encima de la llama para volver a descender; por debajo de la llama describe su órbita más próxima de la fuente de calor donde corre menos riesgo.

Y es la elipse de los mundos y de los soles.

Si otro sol pasa más cerca de nosotros que aquel que nos ilumina, o, lo que remite a lo mismo, si su fuerza de atracción es más grande que la nuestra, la tierra será inmediatamente arrollada por ese deseo de rozarse más con el nuevo conquistador. Es la ley del Amor Universal que hace que todo ser se bata perpetuamente entre el instinto de conservación y el deseo de entregarse a lo que está por encima de él.

Releo esta teoría quince años después. No la desapruebo. Qué hice desde entonces, por desgracia, si no retirarme de la llama por temor a la destrucción por mi propia luz, y giro lejos de mí, casi desconocido de mí mismo, como una tierra muerta todavía muy feliz de decirse: de todos modos me parece que ese sol no me es extraño...

Morimos a causa de la ley de atracción que nos atrae de manera irrefutable hacia el suelo. Cuanto más disminuye la fuerza de vuelo de un individuo, más él sufre esta ley. El viejo y el enfermo se curvan hacia la tierra, atraídos por la ley de atracción que hace converger las fuerzas inútiles para disolverlas y dejan en cambio divergir y derramarse, por impotencia para llevarlas hacia sí, las fuerzas luminosas y calóricas. La llama asciende y queda siempre derecha, escapando a esta ley. El frío cae. El calor asciende. Si el aire se congela, él mismo caerá. El pensamiento padece esta ley y cae. En la medida en que escapa a las leyes de atracción, es inmortal.

La esencia espiritual es una fuerza por así decir paralela a la esencia física de los seres. Al igual que esta última ella nace de una esencia espiritual anterior, se desarrolla como la esencia física, según los cuidados de los que se rodea; alcanza como esta su paroxismo, y luego parece morir como esta última, pero así como la muerte no es la muerte (en el sentido de que los átomos moleculares del difunto van a servir para engendrar vida) la esencia espiritual no morirá. Perderá su entidad para volver a formarse tanto más bella cuanto más bella ya haya sido. Y por eso hemos obtenido físicamente después de millares de años el admirable resultado físico del cuerpo humano, el admirable resultado espiritual de la inteligencia.

Millares de años nos aportaron desde luego otros sentidos y por consiguiente otras estimaciones cada vez más vastas de la felicidad. La filosofía de esto es gozar del instante desarrollando hasta su paroxismo fuerza física y fuerza espiritual.

Todo lo que no consiente en vivir está condenado a desaparecer espiritualmente.

Debo preguntarme ahora si la luz no es de una esencia espiritual más elevada aun que aquella que nos produce nuestra vida orgánica. ¿No es ella una emanación inteligente de una especie de fuerza física condenada a enfriarse, los soles?, ¿pero no habrá dado nacimiento durante el tiempo de su influencia luminosa a fuerzas que llegarán a prescindir de ella, pues la espiritualidad tiende a desprenderse de la materia y por consiguiente a comenzar otra vida, creando a su vez una nueva esfera de influencia?

He llegado al "movimiento circular de Nietzsche", todas cosas indefinidamente repetidas, pero intentaré ir más lejos: al girar siempre, resultará que los soles cambiarán de luz, que los sonidos se harán cada vez más divinos y que el ser espiritual se hará cada vez más perfecto; y esto no según las leyes del círculo, sino según las leyes de la espiral, esta rueda que avanza por su centro, ese tifón magnético de las energías contrarias.

En apoyo de esta tesis sobre el paralelismo del desarrollo de la materia orgánica y de la esencia espiritual:

> Hace falta admitir entonces que el germen viviente es capaz de llevar consigo el germen de ciertos hábitos, la memoria orgánica de ciertos recuerdos, y que por consiguiente es difícilmente separable de la esencia espiritual que vive en estrecho paralelismo con él.
>
> Rey

Para remontar en los orígenes del universo, en tanto que la palabra origen pueda aplicarse a un punto muy bajo en el movimiento espiraliforme de nuestro planeta, habría que salir de las facultades mentales del hombre quien solo puede ver con sus ojos y comprender con su cerebro desarrollado especialmente para mantener su vitalidad y en consecuencia su fe, habría que imaginarse lo que pensarían de Dios seres más perfectos sobre otros planetas, *que pueden ser desde ya superiores a nuestra concepción de Dios.*

Nuestro infinito es limitado por nuestra inteligencia.

*La fuerza es una causa de la vida.* No sabemos realmente si la vida es *causa de fuerza.* Puede haber por otra parte algo distinto a la vida que no caiga bajo nuestros sentidos. La "nada" en tanto que es un contrario de la vida *existe,* o si se quiere, como dice Spinoza, *tiene una razón* para no existir.

La idea que hallamos es solo un horizonte que se retrasa, pero no hay más que horizontes.

La inteligencia, el espíritu, el alma, el corazón, las ideas, las sensaciones, los sentimientos, sí, sí, pero todavía hay tantas otras cosas, tantas otras formas de considerar, tantos otros mundos en el mundo y tantos mundos en cada uno de ellos.

La substancia cerebral en los vertebrados superiores no es necesariamente un punto terminal de la evolución biológica, y pienso que toda la metafísica por ejemplo tendrá algún día sus órganos propios, cerebro del cerebro.

Saquen al hombre de la materia, del pensamiento, de sus sentidos, de la vida y de la muerte, y semejante a un loco ni siquiera los mirará. Conserva aún el recuerdo de su prisión y se engulle a sí mismo, pero *Él* reirá tan fuerte que durante siglos todos los hombres reirán detrás de esa risa. Lo que hay que imaginar es un hombre a caballo sobre un aerolito, y que toma la suficiente inspiración como para brincar sobre nuestras esferas de atracción intelectuales e ir a bostezar extrañamente como un pez carpa en la superficie azul de nuestro éter.

Qué millares de cosas se nos escapan en el dominio de la representación, y cuántas fuerzas prodigiosas, de fluidos, de formas, de figuras, de ángeles circulan quizá alrededor de nosotros, en el vacío de los físicos.

Algunos años después, me confirmé en esta divagación leyendo en Spinoza:

> Materia o extensión y pensamiento no son más que aspectos paralelos, conocimientos parciales de la sustancia única, fondo último de toda realidad y que nos es imposible abrazar en su infinidad, precisamente porque es infinita, absoluta, más allá de toda determinación de la humana razón. De ella solo percibimos dos atributos, la materia y el pensamiento, la vemos solo bajo esas dos caras, pensamiento y materia, aunque pueda tener infinitas otras.

Encontré en Robinet, al que no conocía entonces, estas profundas palabras escritas en 1768:

> Toda materia, cualquiera sea, está viva y compuesta de gérmenes de donde provienen todas las cosas. La generación no tiene otro fin que situar cierto número de dichos gérmenes en condiciones favorables de desarrollo.
>
> La tierra, el sol, los astros, son otros tantos animales inmensos cuya naturaleza se nos escapa en razón de su extensión misma y de la forma bajo la cual el ser se ha realizado aquí. En este reino y siempre en virtud de la ley de continuidad, solo pueden existir individuos. "La especie" de los naturalistas es solo una ilusión debida a la debilidad de nuestros órganos.
>
> Puede haber fuerzas más sutiles, potencias más activas que las que componen al hombre. La Fuerza podría incluso deshacerse insensiblemente de toda materialidad para comenzar un nuevo mundo.

Me represento la tierra como un grano de arena perdido en medio de millares de granos de arena amontonándose por encima, por debajo y alrededor. Ese grano de arena está compuesto de miríadas de elementos ciertamente vivos; el hombre se me aparece como uno de esos elementos. ¿Qué piensa él? Que detrás de las estrellas hay estrellas y siempre estrellas. Como si detrás de la arena, debiera haber arena y siempre arena.

¿Qué diría este elemento de arena si percibiera las estrellas? Debe existir detrás de las miríadas de estrellas otra cosa que estrellas; luces desconocidas, más bellas que las de los soles, y eso progresando sin cesar, puesto que la evolución no permite la detención. Si me detengo en lo que dice la ciencia, ¿qué aprendería yo que no haya dicho?

Nuestro sol pertenece a una familia de estrellas cuyo número se estima en *30 millones*. Pero hay otras familias estelares en el espacio.

Si se admite que el número de las estrellas es limitado, tendríamos para el número probable una cifra formada por 2 seguido de 24 ceros.

El mismo número de granos de arena cubriría Francia con una capa de varios cientos de metros de espesor.

Siendo curvo un rayo de luz vuelve forzosamente a su punto de partida. Se estima que tardaría cien millones de años en hacer ese viaje.

Ven que estamos en plena poesía y que no tengo necesidad de cifras; harían más pesado mi vuelo.

Puesto que con ciertas fuerzas: electricidad, rayos X, ultra-violeta, infra-rojo, etc. que no presentan la composición molecular de la materia, está en nuestro poder modificar no solamente el curso de la evolución de la materia, sino también la materia misma, no estamos lejos de deducir que ciertas fuerzas todavía insospechadas nos permitirán crear la materia según nuestra voluntad.

¿Qué hará el hombre frente a las gigantescas fuentes de energía utilizable que encontrará un día disociando los cuerpos simples? Y amo del trueno, ¿no se servirá de él una vez más como Satán, contra Dios?

## Arpèges

Écoutez la chanson profonde…
Elle pleure en venant au monde
Comme l'enfant ou l'astre d'or…

Écoutez la plainte étouffée
Qui pourrait arrêter Orphée
Si la musique était encor...

...Écoutez la chanson profonde.

Larme blanche qui monte ailée
Afin de trembler constellée
Comme lumière sur le monde...

Cri vermeil ne retombant pas
Sur les archets des opéras
Pour rebondir, grave rengaine.

Tu peux aspirer à guérir.
Ton vagissement de martyr
Sourit à la douleur humaine...

Si j'avais su parler plus tôt
J'aurais, secouant le grelot
De ma songeuse hypocrisie

Fait choir mes rires sur les fleurs
Mes sanglots sur les faux malheurs
Et ma vanité sur ma vie...

Je suis heureux de n'avoir su...
Mon ciel d'ignorance a vécu.
Plus pénétrant que la lumière

Mon oeil s'est agrandi soudain,
Il voit mieux que le clair matin,
Il voit au dedans des paupières...

Écoutez la chanson profonde
Qui peut vous ameuter aussi
Comme agneaux quand le ciel noircit...

Sans rien oser, font le coeur moite
Ces rimes feintes, maladroites
Comme prières au bon Dieu...

Je mentirais... il faut me taire.
Quant à mon âme elle s'avère
À ses mains jointes dans le bleu...

Escortant la bergeronnette,
Son frisson fait le tour du monde
Bien mieux que la ceinture blonde
Des croyants à la rime d'or...

Écoutez la chanson muette...

Enero 1913.

## Arpegios

Escucha la canción profunda…
Ella llora al venir al mundo
Como el niño o el astro de oro…

Escucha el quejido sofocado
que podría detener a Orfeo
Si la música aún estuviera…

…Escucha la canción profunda.

Lágrima blanca que asciende alada
A fin de temblar constelada
Como luz sobre el mundo…

Grito bermejo que no recae
Sobre los arcos de las óperas
Para rebotar, seria cantinela.

Tú puedes aspirar a curar.
Tu vagido de mártir
Sonríe con el dolor humano…

Si hubiera sabido hablar más temprano
Lo tendría, sacudiendo el cascabel
De mi soñadora hipocresía

Has caer mis risas sobre las flores
Mis sollozos sobre las falsas desdichas
Y mi vanidad sobre mi vida…

Soy feliz de no haber sabido…
Mi cielo de ignorancia ha vivido.
Más penetrante que la luz

Mi ojo se agranda a menudo,
Ve mejor que la clara mañana,
Ve por dentro de los párpados…

Escucha la canción profunda
Que puede también alborotarlos
Como corderos cuando el cielo oscurece…

Sin animarse a nada, hacen el corazón húmedo
Esas rimas fingidas, torpes
Como ruegos al buen Dios…

Yo mentiría… hace falta que me calle.
En cuanto a mi alma ella se revela
Con sus manos juntas en el azul…

Escoltando a la joven pastora,
Su escalofrío da la vuelta al mundo
Mucho mejor que el cinturón rubio
De los creyentes en la rima de oro…

Escucha la canción muda…

# Divagaciones sobre la evolución

*La luz creaba la melodía, la melodía engendraba la luz, los colores eran luz y melodía, el movimiento era un número dotado de palabra; en fin todo allí era a la vez sonoro, diáfano, móvil; de manera tal que cada cosa se penetraba una a la otra... Reconocieron la puerilidad de las ciencias humanas de las cuales se les había hablado.*

Balzac (*Serafita*)

La vida es para mí una jaula cuyos barrotes me esfuerzo en ensanchar. Alguien me da de comer todos los días; yo le debo algunas acciones de gracia por eso y lo llamo mi Dios; pero quiero ver lo que hay *más allá de esta jaula*, y noten bien aquí para aquellos, raros, que me escuchen, que no hablo de la muerte.

Uno es lo que será más tiempo que lo que es. La proyección hacia delante, en subconciencia, es eso lo que se llama la vida.

Reencontrarse de vez en cuando pero "desde arriba" de la espiral, y ver su punto de partida desde un balcón, ¡qué alegría profunda!

El espíritu no puede morir. La muerte solo existe como representación exterior y simple fase de una evolución.

Cuanto menos obedezca el hombre a sus sentidos más rápida podrá ser su evolución.

Aquellos que están adelantados en tanto espíritu sobre su época, en el único sentido de la evolución, son los dioses.

La pluralidad de los dioses puede explicarse así a causa de las diferencias étnicas que no colocan a los pueblos en el mismo estadio de evolución. La adoración de los dioses es útil a los hombres hasta la hora en que su intelecto sobrepasa el horizonte que dios les mostraba. Los dioses jamás son expulsados sino por más grandes.

Nos servimos del amor material para crear porque todavía no tenemos la fuerza de crear *directamente con el espíritu*, lo cual será posible algún día. El espíritu solo tendrá las mayores probabilidades de dicha perfecta hasta la hora en que produciéndose una nueva evolución el espíritu ya solo será ante su nueva esencia una suerte de envoltura como nuestro cuerpo lo es de nuestro espíritu.

El espíritu arrastra el cuerpo tras él. Desarrollar los sentidos, afinar, desarrollar la espiritualidad de los pueblos y de los individuos. El bien no proviene sino de lo mejor y lo mejor del esfuerzo. Hagan que los precursores, los "poetas", creen mundos nuevos donde *vuestros deseos aspirarán*, y vuestros cuerpos irán con los siglos a reunirse con vuestros espíritus adelantados.

*Si tal es nuestro fin*:

Quizá podamos un día cambiar de estrella a nuestro antojo. La Tierra es algo que, tras el hombre, debe ser superado.

La imaginación busca nuevas sensaciones allí donde los sentidos fatigados o satisfechos se las niegan. La imaginación es dueña del cuerpo; deseará así durante milenios la llegada de nuevos sentidos para superar la felicidad de aquellos que ya no estima. Estos se atrofiarán físicamente mientras que aquellos se precisarán poco a poco en primer lugar en espíritu. Luego como el disfrute físico debe completar el disfrute moral, lo físico se modelará poco a poco sobre la creación imaginativa y aparecerá el sentido orgánico.

La herencia se extiende al objeto del instinto. Produce un organismo que será ya mejor satisfecho sexualmente por dicho objeto.

La telepatía, el magnetismo, la voluntad bajo todas sus formas, esa radioactividad mental mal conocida, confirman mi decir precedente, a saber que algún día nos será posible crear sin el auxilio de nuestro cuerpo. Ese día, habiéndose vuelto inútil nuestra envoltura material, desaparecerá. La atrofia de algunos de nuestros órganos poco a poco lo probará.

Según la ley de Serres, el individuo en su desarrollo atraviesa de una forma inmensamente acelerada todos los estadios sucesivos por los cuales pasa la especie a la cual pertenece.

Según su suelo, su cultura y su esfuerzo, el mismo hombre puede evolucionar más en una hora que en cincuenta años de su vida. Los enemigos de la evolución rápida son la herencia y el hábito. Sus amigos, la fe, el entusiasmo, la admiración, el sufrimiento.

Las mariposas tardan veinte minutos en pasar del estado de larva al estado de mariposa.
Despejar de esto el lado fisiológico, biológico y filosófico por relación al hombre. La fuerza en su momento extremo. Posibilidad de la *extraordinaria* rapidez de una evolución cuando esta es largamente preparada.

Lo vuelvo a decir, nuestros sentidos se desarrollan y se agudizan por la necesidad o por la espiritualidad, luego hastiados y embotados, tras haber agotado en cierto modo la gama de todas las satisfacciones posibles, parecen poco a poco condenados a la inutilidad. En ese momento la imaginación suple las satisfacciones orgánicas que ya no puede procurar, se crea nuevas necesidades e inventa nuevos disfrutes. Estos disfrutes espirituales que vuelven sin cesar llegan poco a poco a crear una necesidad mediante la idea de lo mejor, es decir la voluntad de sobrepasar su estado actual, y esa necesidad creará insensiblemente el órgano que permitirá físicamente al cuerpo gozar de los placeres solo concebidos primitivamente por la imaginación.

Solo ofrezco estas notas a título de curiosidad. Creía ingenuamente a los 17 años (ellas llevan en efecto la fecha de enero de 1907) haber descubierto algunas profundas verdades. Yo no había leído aún "biósofos", me animaré a escribirlo, ni Robinet, ni Geoffroy Saint-Hilaire, ni sobre todo el gran Lamarck, pobre genio desconocido, que murió sin hacerse oír. ¡Oh! ¿Por qué solo se comprende a Aristóteles a través de Tomás de Aquino?

No olvidar que la imaginación es creadora, en la generación, y las excepciones a los deseos de los padres (manchas de vino, antojos, estigmas) engendrados por desviaciones de imaginación sin control, no hacen más que confirmar la regla.

A propósito del embarazo nervioso donde se notan supresión de las menstruaciones, desarrollo progresivo del hipogastrio, modificación de los senos, calores, vómitos, etc., el doctor Sejerine piensa conmigo que algunas modificaciones orgánicas pueden producirse directamente bajo la influencia de una representación mental persistente.

Pienso cada vez más que toda influencia espiritual sobre un niño cuyo atavismo es demasiado fuerte debe no solamente resultar vana sino también producir lo contrario del efecto esperado, haciendo de un simple de espíritu un "malévolo inteligente", malévolo en el sentido "cobarde y pérfido", solo desarrollándose la inteligencia sobre la pendiente del atavismo.

Es preciso entonces ascender más alto. Preconizo una suerte de eugenismo espiritual que consistiría en someter a la mujer preñada, de cualquier condición, a una influencia continua durante la gestación. Esta influencia espiritual distribuida según el grado de inteligibilidad de la madre, actuaría progresivamente sobre el estado moral del niño que transportaría toda su vida los felices frutos de esa influencia.

De momento y con el actual curso de revolución, la más grande, la más importante y fundamental de las leyes biológicas será la de la adaptación más perfecta al medio hasta el mimetismo más absoluto, en tanto que el hombre no tenga el control y la dirección de los elementos de los cuales por el momento solo posee un ínfimo conocimiento.

Leo en Jacob Boehme estas palabras admirables, escritas hacia 1595.

> La enfermedad es un hambre que solo quiere comer lo que le es semejante. La raíz de la vida de este hambre es la cualidad que recibió en la alegría, en su creación; la enfermedad es solo una combustión exagerada que ha destruido su armonía; así la raíz desea la armonía que la combustión le hizo perder; si esta combustión es más fuerte que la naturaleza, es preciso apagarla entregándole su semejante.

¿Es otra cosa la vacunación?

Erasmo Darwin, precursor sorprendente de Charles, abuelo del autor del *Origen de las especies*, pretende que nuestras facultades intelectuales son el efecto necesario de nuestras facultades físicas. Es una secreción de la sangre masculina, la extremidad de un nervio. Este punto de entidad es un filamento viviente que obtiene del padre cierta susceptibilidad de irritación e incluso algunos hábitos particulares. El fluido circundante en el cual ese filamento primitivo es recibido en la madre lo hace replegarse sobre sí mismo en un anillo que deviene así el comienzo de un tubo. Este tubo aumenta, por nutrición, de magnitud y de volumen, pero dentro de límites bastante estrechos. Darwin rechaza la hipótesis de los gérmenes encajados y que se desarrollan por la mera distensión de sus partes hasta las más grandes proporciones del animal perfecto. Según él, es por adquisición de nuevas partes, por adición de nuevos órganos, que se forma el animal superior. El filamento primitivo de Erasmo Darwin es efectivamente el ancestro de la célula primordial de Charles Darwin.

No es por tanto imposible, dice Erasmo Darwin en la *Zoonomía*, que la totalidad de las especies proceda de un pequeño número de órdenes naturales multiplicados y diversificados por la cruza; por ejemplo no es imposible que todos los animales de sangre caliente, comprendido allí el hombre, no tengan sino un mismo origen.

Más tarde tira abajo esa frágil barrera y atribuye a todos indistintamente el mismo origen en un primer y único filamento. Darwin hace todavía más: los vegetales no son más que animales inferiores que tienen su sexo y sus amores.

Es la gran causa primera la que ha dado a luz el filamento primitivo de la animalidad. Son las diversas circunstancias, los movimientos de su irritabilidad los que lo modificaron, a él y a sus infinitos retoños, y han perfeccionado gradualmente su posterioridad vegetal y animal.

*Nota sobre Erasmo Darwin*

La escalera es buena pero descansa sobre arena movediza y se apoya sobre viento. Solo hace falta examinar los escalones uno por uno; allí, la información es grande, como en el nieto por otra parte, pero su espíritu de síntesis es nulo.

En la exposición de las ideas de Darwin, entra esta discusión en la que él prueba que a la inversa de la escalera que va del organismo simple al organismo compuesto, existe la escalera desde el organismo compuesto al organismo simple. Así las aves que tienen muñones y se han desacostumbrado a volar, las aves ciegas de las cavernas insondables, que ya no tienen necesidad de sus ojos, etc.

A meditar. En efecto esto iría en contra de todas las leyes de progreso, si el egoísmo humano, que busca cada vez más la realización de su base de satisfacción orgánica, llegara a despreciar los esfuerzos hechos en vista de extender el campo de sus sensaciones. Se reduciría entonces poco a poco y los dioses budistas de cien brazos, o los dioses egipcios de cien ojos, no serían quizá simples creaciones del espíritu. ¿Los atlantes, los centauros?... ¿Degeneraríamos?

Nuestro sentido olfativo en particular está aboliéndose. ¿El pensamiento mismo ha evolucionado mucho desde Aristóteles? Y la biblioteca de Alejandría, ¿no contenía enseñanzas más elevadas que aquellas que penosamente extraemos de nuestras ciencias y de nuestras matemáticas?

Reflexiono sobre el caso de un quiste canceroso que se agranda desmesuradamente y yo explico así su causa: *célula anarquista* que ya no encuentra en la colectividad los elementos de felicidad que le hacen falta y que pretende crearse de otra forma, llevando una vida independiente y predicando la revuelta alrededor suyo.

Extenderé más aún esta observación diciendo que la enfermedad cualquiera sea, no es más que un desinterés parcial de las moléculas entre sí y que la muerte es un desinterés total, acabando los órganos como viejas personas que viven sin armonía y que ya no se preocupan de sus vecinos.

Por otra parte en las naturalezas admirables y sanas, no encontrarán esas revueltas cancerosas y otras; ellas son rápidamente domadas por la fuerza y la potente regularidad de la sangre. Aproximo esto al individuo anarquista en la sociedad, quien preconiza cualquier destrucción creyendo encontrar luego allí una satisfacción propia, y no dándose cuenta que él es una de las primeras víctimas de sus principios, por el mínimo de fuerza que representa.

Como para los pensadores precedentes, no habría apuntado aquí esta reflexión si no hubiera leído algunos años después, bajo la firma del cirujano Carrel, estas palabras que casi textualmente, confirman mi intuición:

> El cáncer está simplemente formado por células anarquistas que se desinteresan de la acción común que es el cuerpo humano. Ellas devienen, según un término cuyas consecuencias sociales son infinitas para el filósofo: indiferentes.

Según Paul Becquerel, la vida no es otra cosa que el funcionamiento físico-químico extremadamente complejo del protoplasma causado por continuos intercambios con los diversos elementos de la materia.

Cuando estos intercambios se detienen, la vida se suspende y puede esperar años el momento favorable para retomar su curso. ¿En qué condiciones ese momento favorable se ve retardado indefinidamente?

¿Qué es en suma la muerte? Con los resultados adquiridos a propósito de la vida latente, el problema se plantea, magnífico.

Debería examinar filosóficamente este fenómeno: la vida que se mantiene únicamente a través del sueño, en ciertas clases de animales, las serpientes, las tortugas, las marmotas, etc.

Si acepto la idea de Becquerel, ¿no sería entonces la conciencia una suerte de desdoblamiento prestigioso de la vida orgánica en provecho de las células sensibles que tienden a la conservación de la especie y que, instintivamente, disciernen el bien del mal?

Noto con sorpresa que en la vida científica moderna el órgano está sobrepasando la necesidad, y la ley biológica que dice: "la necesidad crea el órgano" se halla invertida. Telefonía sin hilo, radiofonía, cine.

Por otra parte, la ciencia misma podría aportar curiosos cambios a nuestra fisiología sin el proceso de la imaginación.

Por ejemplo, el estómago podría ser en algunos siglos perfectamente inútil, pudiendo los métodos hipodérmicos subvenir progresivamente a las necesidades vitales. Por consiguiente habría nuevas funciones de eliminación en las que el intestino ya casi no cumpliría rol. La vida ganaría en pulcritud. ¿Qué nos retarda? El espíritu de hábito y el temor a las aventuras. El cuerpo es una máquina que puede adaptarse a todo si encuentra en ello una economía y un provecho; pero la ciencia no posee todavía la suficiente sensibilidad como para saber sacar provecho de su imperio.

*Notas sobre Charles Robert Darwin*

> Todas las especies animales y vegetales, pasadas y actuales, descienden por vía de sucesivas transformaciones, de tres o cuatro tipos originales, y probablemente de un arquetipo primitivo único.

El nieto de Erasmo, Charles Robert Darwin, recomienza con esta conclusión todas sus teorías, plantando su admirable escalera sobre la misma arena que el abuelo. El arquetipo primitivo único no explica nada. Lo que hay que retener, a mi modo de ver, es esto:

Si el hombre ya ha encontrado esta admirable superioridad sobre el animal de volver su vida agradable desde hace miles de años, gracias a la convención del lenguaje, reproduciendo ante todo los gritos de sus instintos, despertando luego poco a poco el pensamiento como un espejo despierta la coquetería, si ha llegado de este modo a adormecer su sufrimiento con las bellas canciones que ha compuesto para enmascarar el vacío de lo desconocido que está frente y detrás suyo, si se ha puesto de pie luego de haber pasado milenios en cuatro patas dentro de las cavernas, si poco a poco se ha despojado de los pelos y de las características de la bestia mediante mejores golpes de suerte de su voluntad, el hombre operará una definitiva transubstanciación desembarazándose de esta forma híbrida que sostiene del cuerpo y del alma, como la crisálida del gusano y de la mariposa, para ya no ser más que una espiritualidad cada vez más modelable al gusto de los creadores.

¿Por qué la mitad de mi existencia se pasa en rumiar cuestiones metafísicas que tienen tan poca relación con la vida positiva de mi época? Porque yo quiero *ir más lejos que los demás.* Como tengo esa enfermedad, camino hasta los límites del día y me doy cuenta, al cabo de algunos meses, que he vuelto al mismo lugar tras haber dado la vuelta a la tierra.

Habiendo hecho este viaje con mil sufrimientos y mil decepciones para volver a dirigirme cansado y frustrado hacia el mismo lugar, comienzo el viaje en la otra bola (la mía), pero con la experiencia de la primera. Sé por desgracia que me hará falta volver todavía al mismo punto. Entonces, practico, intento hacer el camino lo más cómodo posible. Habiendo sufrido "físicamente" el viaje, me "cuido" moralmente y me distraigo colocando de vez en cuando sobre mi camino fuegos de bengala que me alumbren las cosas con una luz que los demás no conocen…

Mis virtudes son mis hijas. Las amo a causa de eso. Las he criado enteramente y las dejo jugar, desnudas, alrededor de mí. No son como las frías y gesticulantes hipocresías con ese nombre que la moral y la religión aplican como máscaras sobre la figura, y que por eso los espíritus pequeños las toman de lejos por vicios o locuras.

El cine realmente me interesa. Por lo demás se puede ganar dinero con él.

Acabo de vender a la Sociedad G., mediante intermediario, dos guiones intitulados uno: *Paganini* por 40 francos, y el otro: *Un clair de lune sous Richelieu* por 150 francos.

Julio 1914.

Sarah me ha telegrafiado desde Belle-Isle su entusiasmo y quiere verme a fin de mes. El batiente de la vida se abre y yo me tambaleo bajo el peso de una luz desconocida.

Mi alegría es tan profunda que ya no experimento ningún placer. Es casi una majestuosa tristeza la que me inunda. Camino sobre una ruta tras la tormenta. Los manzanos todavía lloran mientras dejan filtrar pájaros y sol, y sin embargo mis hombros se doblan de cansancio. La dicha es para mí demasiado pesada de llevar.

P. R. me dice que mis poemas son muy bellos y que va a hacérmelos publicar, que tendrán una repercusión enorme, etc…

Mi corazón está al acecho.

> Vaya amigos. Es muy sorprendente que mi destino
> cambie así de golpe. Apenas me fío de ello.

Esta frase de Chatterton me obsesiona.

Lo esencial para mí sería no intentar ganar dinero con mi literatura sino con algo bien diferente, el cine por ejemplo, esperando que se convierta a su vez en un arte, para que pueda concebir y escribir mis obras sin temer preocupaciones materiales; sin lo cual, obligado a doblegarme ante las exigencias, perdería el poco talento del que todavía dispongo.

¡Oh!, sobre todo, más coraje. Es por fin estúpido malgastar la vida en sentir, sin dejar al menos la marca de sus pasos sobre las nieves del espíritu.

Si mi salud resiste, tengo un imperio en mis manos.

Abandónate. Sal de ti, siempre y completamente para estar alrededor de todo, en todas partes, sobre todo, en el corazón de todo, en el mismo segundo. La individualización mata, la exteriorización crea. Tú solo mueres por no dar lo suficiente. Es la gran ley de los soles. Mátate para ellos a fin de ya no morir...

No me gusta apoyarme mucho sobre la ciencia en mi locura, pero leo los bellos trabajos de Ch. Henry, y sus investigaciones fisiológicas establecen que los gestos de expansión son dinamógenos y que los gestos de concentración son inhibitorios.

Qué admirable lección dionisíaca del gasto considerado de la energía.

Decididamente todo se aclara... Mi *Victoria* será interpretada, voy a terminar mis otras piezas, *Callipyge* para Guitry. Voy a publicar mis poemas y mis estudios sobre el ciclo arturiano, voy a poder trabajar finalmente las bases de las religiones, cristalizar más en mí ese metal que siento...

Debo trabajar con más lucidez aún y discernimiento en reservarme todos los favores, todas las dichas inesperadas, todos los consuelos y todas las fuerzas del *Buen Azar*: aquel que uno mismo realiza, que uno dirige, y del que uno puede responder casi con seguridad por anticipado. Es raro que uno no sepa más o menos con exactitud en qué va a convertirse, y es en suma por eso que frente a los acontecimientos de la vida nos encontramos en el fondo tan preparados. Paso por alto las reacciones físicas inesperadas, provocadas por la ruptura de los hábitos y que exigen un nuevo tiempo de adaptación, pero en subconciencia todo estaba previsto.

Pero en subconciencia todo estaba previsto, escribía ayer – sí, todo estaba previsto, salvo la guerra.

2 de agosto de 1914.

He recibido tu melancólica carta, mi querido T'Serstevens. Tienes razón: "*¡hoy es la Guerra de Troya y los poetas solo tienen que callarse!*"

Pero no creía que debiera costar tal esfuerzo no hablar.

Todas las banderas se ocultan…

Amapolas, margaritas, acianos, ¿en qué se convertirán?...

Las cruces movientes de los aviones se inscriben en los cementerios del cielo…

¡Oh!, mi país…

Retomo mis apuntes en noviembre de 1918.

Los cementerios niegan al mundo todas las tardes. Primer acto: ruinas. Segundo acto: ruinas. Tercer acto: ruinas... Como se parece, la desdicha... y cómo querría que todos los muertos de la guerra se restablezcan una noche y vuelvan a su país, a sus casas, para saber si su sacrificio sirvió para algo. La guerra se detendría por sí misma, estrangulada por la inmensidad del terror.

Hasta 1914 solo había sufrido por mí. Desde hace dos años he sufrido por los otros y he olvidado mi propio desaliento. No sabía que eso podía ser tan terrible... y solo tengo mi cuerpo y mis ideas hacinadas e inútiles... todas las ideas están en campos de concentración.

Hablarles... gritarles... cantarles... Qué voz puede ser escuchada en este tifón... mis arterias hacen rodar la sabia de la indignación y mis venas conducen la piedad a mi corazón...

Pasearse desnudo entre dos trincheras, y hacerlos dudar de tirar de un lado y de otro por temor a matar a uno de sus... porque lo que se mata en la guerra, no son hombres, son uniformes... y puesto que Dios se calla, tanto desde el cielo como desde Roma, crear durante algunos instantes una tregua del Hombre, todas las noches cuando, espectro de las trincheras, yo pase...

No sé... Los trenes se desbocan en descenso vertiginoso, y se activan las calderas para saber quién tocará primero el abismo. Una señal humana en todo este acero rojo, es una hoja en la tormenta.

...Mostrarles imágenes... imágenes de niño... Tal vez Saint-Sulpice haga también milagros.

...Ser muy rico, y por un colosal subterfugio, deberíamos entre varios abandonar nuestras existencias a ello para darle una apariencia de verdad, encontrar el medio de hacer creer a los beligerantes en una invasión de marcianos por ejemplo, con la ayuda de algunas complicidades científicas célebres darle bases de realidad cierta. Rápidamente se olvidaría la guerra de pueblo a pueblo para pensar en la otra que se prepara, ¿y no se mezclarían todos, amigos y enemigos, para defender la Tierra, la Vida? Cuando se conociese la gigantesca mistificación, sería demasiado tarde para continuar la batalla en la que uno se había quedado. Una lucha interrumpida no se retoma.

El esfuerzo común habría creado la simpatía, el amor, y la imaginación "en el amor" habría triunfado una vez más sobre la imaginación "en el odio".

...Pero los hombres solo aman las mentiras que les cuestan caro... y aquella sería demasiado fácil...

...Entonces, esperar... esperar... tener la vida en el extremo de la mano tendida como un fruto, hasta que alguien la examine para ver si vale la pena que se la lance en el horno...

¡Mi Victoria de Samotracia es a su turno decapitada!

...Anoto hoy mi octavo consejo de revisión. Jugamos al tenis con mi esqueleto.

¿Podría todavía volver a arrancar en la vida? Mi voluntad distendida se descansaba un poco, y he aquí que recomienzo a intentar vivir. Qué necedad taciturna sacrificar así los sementales y no liberarse por el contrario de los restos fisiológicos de la raza...

¿No he sacado lo más claro de mis cualidades de mi angustia? ¿No sacaré todavía nuevas?... En camino, viejo corazón escoltado de tumbas...

La locura, la tontería de los hombres, me hacen pensar en esas manadas de búfalos que corren, ciegos de ojos abiertos, pisoteándose, ceñidos, salvajes, porque uno de ellos se asustó de una hoja seca.

¿Dónde van con la cabeza gacha, con su locura colectiva? A la corrida. Dan vueltas como bestias, despellejándose como bestias, mientras que algunos toreros interesados blanden de vez en cuando estandartes donde se leen: Libertad... Justicia... hasta que los pueblos sean asesinados... Se aplaude en la plaza de toros, detrás, y los toreros se felicitan...

¿Por qué los pueblos no reconocen que se pelean por el dinero, por la preponderancia? La guerra económica: no hay otra palabra. Pero había otras armas.

Acabo de llorar realmente por la suerte de los hombres. Había en mis lágrimas la impotencia en poder explicarles a todos como una madre a sus niños su locura.

Para los cantos nuevos hace falta una lira nueva, dice Zaratustra, ¿y sería el cine esta nueva lira con cuerdas de luz?

¿El cine? Estoy detenido frente a él; lo sondeo y no veo el fondo. Tomado en su engranaje para poder vivir, lo miro con más inquietud que amor.

Ciertamente, las verdades entran por los ojos y se destruyen la mayoría de las veces por los oídos... Me parece que si uno supiese servirse de esta extraña máquina, las cosas se dirían de manera más exacta que ahora, mostrándolas tales como son, despojadas... Tal vez hable un día con ese misterioso silencio.

Pero como las personas son bestias... Los dramas que se les fabrican en el cine son para mí de una jocosidad irresistible. Me gustaría volver a verlos en diez años...

Quisiera precisar la forma que toma mi convicción de un mejor día traído por esta guerra. Los acontecimientos, quiérase o no, preparan el advenimiento de una nueva era: la República Europea. Nada podrá romper esta idea en camino.

Si la salud vuelve a mí, y digan lo que digan los médicos pretendo que me vuelva, me serviré de la ciencia y del cine para intentar fundar nuevas tablas de valor psicológicas. Se equivoca menos el ojo que el oído, y quizá algún día cercano las imágenes recomenzarán un nuevo alfabeto, una suerte de ideograma enigmático, que poco a poco agrandará de una forma inaudita el campo de nuestros intercambios intelectuales.

Es tan necesario imaginarse que un Arte nuevo ha nacido con la cinematografía que, aunque uno pudiera equivocarse, sería bueno concentrar todos nuestros esfuerzos jóvenes y nuevos hacia esa posibilidad. La *alquimia* del cine.

Para comer y para oír menos el ruido terrorífico que hace la vida en este momento, ejecuto los siguientes filmes sobre mis propios guiones: *El derecho a la vida, Mater Dolorosa, La décima sinfonía* y *La zona de la muerte*. Gano alrededor de dos mil francos con cada uno de esos filmes...[1]

...

Estoy asustado de mí; ya no me animo a mirarme de frente, y sin embargo esta confesión es aquí necesaria de cara a lo que imagino que es mi conciencia. Noto que estoy no solamente en un estado latente sino en regresión completa sobre mi mentalidad de 1911 por ejemplo, mucho más creadora y potente. ¿Es el cinematógrafo?

Las cosas han perdido para mí su relieve, su plan, su valor. Mis afecciones han perdido incluso su solidez, mis emociones su frescura, mis metas su elevación. Ya solo encuentro en mí sonidos apagados, apelmazados. Mis hombros son también débiles. La rueda del tiempo ha girado sin moler la cizaña de mi atavismo. Qué sensibilidad embotada, qué perspectivas olvidadas, qué jardín secreto mi pobre pensamiento que solo ha guardado de grande el recuerdo de sus flores posibles... Pues solo mi pretensión no se ha movido.

Apenas me reconozco, debatiéndome para poder vivir en la explicación confusa de un guión para conserje que absorbe una gran parte de mis fuerzas cuando sé fehacientemente "que otro tanto se lo lleva el viento".

El cine, ese alfabeto para ojos cansados de pensar, dilapida mi tesoro, estúpidamente, y el resultado moral es grave al punto de que no me animo a descender en mí más profundamente, por temor a una confesión más severa. Si no desconfío más del cine, estoy perdido, pues exige demasiado cuidado en una infancia tan difícil. Aquí hace falta improvisar

[1] *Le Droit à la vie, Mater Dolorosa* y *La zone de la mort*, las tres de 1917; *La Dixième Symphonie* de 1918 [N. de T.]

todo. No tengo instrumentos, ni financista, ni comprensión profunda. No estoy hecho para aprender a leer. ¿Voy a recobrar con más madurez mi audacia de constructor de alma? ¿Voy a intentar desembarrarme, adelantarme? ¿Y si desciendo más hacia la Tierra, hacia los hombres, podré más tarde remontar el camino hacia los dioses?...

¿Me salvaré? ¿Solo?

¡Oh! las raras pero profundas conversaciones sobre la ruta de Talmont. Bordeábamos una elevada hilera que los soles ponientes incendiaban todas las tardes con fuegos diferentes. Y pasábamos frente a un calvario discutiendo cosas serias y bellas, tan bellas... No queda de eso más que el polvo, y solo son auténticos esos llantos que me ahogan y que retengo en mi garganta y que me dicen:

> Todo muere, todo, todo, el arte mismo, como la voz de tu esposa, como tu propia voz cuando se estremece por una emoción que tú crees sagrada, como el sol, como esas flores, como ese perro que pasará brincando sobre tu tumba. Sí, otras vidas vendrán, pero observa la vanidad de nuestros esfuerzos, mira cómo los siglos que te preceden no han podido mediante su lección impedir la carnicería espantosa que haría temer a las bestias feroces.
>
> Tú querías cantar. Escucha el quejido humano, la marejada de agonía que sumerge tu voz; tú querías mostrar caminos. Oye los clamores imbéciles de odio y de injusticia de los ciegos voluntarios. Tú querías amar. Mira tus cercanas traiciones, tus cercanos hastíos, tus cercanas fatigas... ¡Oh! las estrellas, ¡Oh! en otra parte... en otra parte...

Epstein, joven Spinoza de visión curiosa y sólida. Sentido crítico penetrante. ¿Dónde está el corazón? No sé nada de ello, amalgamado al cerebro, supongo. Genio posible. Las más grandes esperanzas nos están permitidas. He visto esto en la lectura de uno de sus manuscritos que había quedado sobre la mesa de Cendrars.

El 27 de setiembre de 1917 se me ofrece la dirección artística del Film d'Art. No apuntaría este hecho en este cuaderno si no fuera a tomar una importancia tan grande para mi porvenir. ¿Voy a distraer lo que me queda de fuerzas intentando enseñar a todos una lengua que yo mismo solo sé balbucear?

Lo que me parece más juicioso, con mi estado de salud y las dificultades que encontraré en llevar adelante al mismo tiempo el cine y la literatura, es trabajar en ahorrar algunos miles de francos, partir luego un año hacia la montaña donde estudiaré las bases de las civilizaciones y religiones del globo, retomando así la salud que me hace completa falta. No debo disimularme mi estado que es grave. La palabra "perdido" se aplica a mi caso, visto desde afuera, pero eso solo depende en el fondo de mí mismo, y si estimo que la pequeña llama vale la pena perdurar, hallaré todavía el aceite necesario.

Leo con una exaltación inaudita el mensaje del Presidente Wilson al Senado americano. No esperaba eso desde allí. Ese mensaje me abre bruscamente el horizonte viniendo a confirmar las ideas que muchas veces habíamos agitado con ese gran hombre que se llama Charles Pathé. Sería tiempo, pienso, de hacer esa trilogía cinematográfica con la que sueño desde que tengo esta varita mágica entre los dedos: *Yo acuso*, para mostrar el horror de la guerra y condenar a la execración del tiempo a aquellos que son sus responsables. *Las cicatrices*, y la *Sociedad de las Naciones*[2], que se convertirá después de la guerra en el gran organismo moral, el relojero del mundo.

Ha llegado para mí la hora de intentar hacer en el cine la gran Epopeya popular que en un siglo será nuestra Chanson de Roland.

Novalic, el protagonista de *El reino de la tierra* y de *El fin del mundo*[3], nació en mi cerebro de una forma clásica. Si bien responde a una

[2] Abel Gance, *J'Accuse,* 1919. Las otras dos obras que componían el tríptico no llegaron a la pantalla.

[3] *Le Royaume de la Terre* es un guión que no llegó a ser filmado y fue publicado en 1959 por el propio Abel Gance y Nelly Kaplan. *La fin du monde* se estrenó en 1931. [N. de T.]

necesidad clásica de mi espíritu, vive en cambio bajo las influencias modernas. Ha decidido utilizar todas las ventajas modernas con menos desconfianza, amargura o exaltación que los demás, por no sé qué de prevenido en el fondo de sí mismo que le hace servirse de tales medios con una risa interior capaz de superar todos los fracasos posibles. Novalic adopta la máscara megáfono moderno de la pantalla para presentarse ante la mirada de los hombres, y la radiofonía para sus oídos. ¿Qué harán de él? ¿Un comediante, un hombre o un dios? Novalic sonríe; ya sabe como yo, pero nada dice; no se dice nada a sí mismo para no perder su fuerza.

Volver a mis grandes ideas primarias sobre la credulidad de los pueblos. Son las únicas exactas. No hacer una filosofía inaccesible que solo se pueda mirar desde abajo. La ingenuidad de la multitud tiene necesidad del cine; eso no impide en nada su grandeza posible.

*Ecce Homo*[4], *El reino de la tierra* y *El fin del mundo*, he aquí cuáles deberían ser mis grandes y únicas esperanzas cinematográficas para los dos años que vendrán.

Es necesario ver de forma lúcida la evolución social muy potente que va a surgir del caos de la guerra y cinematográficamente estar al menos en mi lugar con la vela ancha para el buen viento de las multitudes. Tal vez las conduciré donde quiero si logro hacer oír mi silencio.

Releo al día siguiente lo que precede con una melancolía tan pesada…

El progreso, Saint-Ouen, el humo, los tranvías amarillos de suburbio en la tarde húmeda, el accidente de taxi, los gasómetros, la guerra, los estúpidos trenes que miran pasar los soldados. Genova, Wilson… esos conmovedores esfuerzos para desatascar los tanques de la tontería universal de la tarde… de la tarde que cae más tiempo en los raros ojos que permanecían abiertos…

14 de junio de 1917

[4] *Ecce Homo* quedará como un proyecto inacabado [N. de T.]

La fábrica de gases asfixiantes del 8º de artillería de Aubervilliers. Jamás sentí una impresión de tristeza tan desgarradora. La Guyana y la muerte no son nada. Dante habría trazado allí el 8º círculo del infierno.

...

Hoja seca, y reenviado de una administración a otra, me ocupo de transportes automóviles.

...

Encallado como una chatarra en la Sección Cinematográfica del Ejército. Aprovecho mi oscura situación para preparar un informe que voy a copiar por triplicado para provecho de MM. Dalimier, Malvy y Painlevé. Hay allí todo un proyecto de organización y de administración de una producción que podría en este momento volver a Francia anhelante de servicios morales absolutamente inapreciables. Alemania intensifica desde hace dos años esta suerte de propaganda que financia el Banco Imperial.

El cine arma de guerra del mismo modo que la prensa, pero por primera vez me choco en Francia con una incomprensión de los servicios...

Y sin embargo, qué dinamita poseo entre las manos.

El nuevo año difiere poco materialmente del año anterior, presentando las mismas alegrías crepusculares y las mismas lagunas. Vivo al margen de la guerra, echado sobre la orilla cual hierba marina. Estoy más lejos de mí mismo de lo que jamás he estado y por así decirlo ya no me reconozco. Todos mis pensamientos, incluso mi obra, están perdidos en una bruma. Vivo perpetuamente fatigado con esta idea de hacer bien lo que hago en el momento, y nada más. Los días se enganchan unos con otros sin resultado moral y sin adquisiciones espirituales importantes; a lo sumo conozco mejor los hombres y las cosas, pero no más la belleza y la dicha posible, sino al contrario. Pienso que este año verá grandes y serias perturbaciones en mi vida, la base de mi fortuna cinematográfica, mi independencia sentimental y el comienzo del nuevo reino de mi pensamiento. Así lo quiero, *¿pero soy todavía lo suficientemente fuerte para vencerme*? ¿y no permaneceré largo tiempo aún sobre este linde entre la vida y la muerte?

Se puede amar largo tiempo sin saber que se ama, pero porque su sonrisa se detiene en el borde de sus ojos como una ninfa en el claro.

¿Una mirada puede fijar de este modo toda una desdicha futura...?

...

¡Oh, mi Dios, ten piedad de mi debilidad!

Tengo en los labios ese gusto de sal que se tiene al volver del mar. ¿Habré llorado sin saberlo?

...

Pasa en mis sentidos algo muy dulce como debe confabularse aquello en las raíces de los árboles en abril. Es la primavera de un amor, y tiemblo ya de dicha por las hojas antes de que hayan crecido.

He sido demasiado romántico con ella ayer, y hay demasiada pureza en el cielo de nuestras miradas para que no sea mortal para ella o para mí. Debería partir a cualquier lugar.

Como escala de afección.

En el orden ascendente, declaro: una bella mujer, un bello verso, un bello pensamiento, una mujer, un amigo, el silencio. "*Una amiga, el silencio, un hombre*", me ha dicho la ninfa en el claro.

Y luego, añadió al día siguiente: "*Quisiera que más a menudo vuestros bellos pensamientos no sean solamente el deseo de vuestros bellos pensamientos.*"

El cuerpo solo falla cuando el corazón le falta.

El corazón vuelve a partir: el cuerpo se sostendrá. ¿En cuanto a confesarle…? Silenciosamente quizá como el viento confiesa a las flores que lo perfuman…

…Recuerdo con emoción que mi pequeña flor de hierro de Vittel se llamaba también como ella. ¿Ese nombre imanta sobre nuestros sentidos?

…

Dejo a mi felicidad dormir junto a mí. No hago ruido para que no se despierte. Prefiero que duerma siempre. Tengo tanto miedo de que despierta esté triste… Dejo a mi felicidad dormir junto a mí. Jamás he visto sus ojos. Los adivino violetas… y cansados…

Línea a seguir. *La Zona* y otro film muy rápidamente ejecutado, tendré que partir para Suiza a trabajar en mis proyectos. Cerrar con llave el cajón donde duerme la *Victoria de Samotracia*; el tiempo la mutilará una segunda vez. Quemar mis poemas que no son lo suficientemente puros para besar los labios del porvenir.

Poner a punto mis proyectos de centralización de salas de espectáculo cinematográfico para controlar la producción en los años que vendrán, y poder hacer los Grandes Evangelios de Luz con el cine.

Trabajar en *Homero* y en *Ecce Homo*.

Terminar mis ensayos sobre Heráclito, Spinoza y Lamarck.

Pienso tener ahora una posesión más completa de mí mismo con un lirismo más dulce, más atenuado, más profundo, menos cantante pero más cantor. Pienso también que llegó la hora del germen de una obra sólida, concebida y ejecutada sin demasiado mal, sin investigaciones, sin alarde de saber. Mi infancia moral debe muy pronto nacer. Debo intentar avergonzar a los malos lados de la vida y crearme adeptos como un árbol se crea ramas. Los frutos vendrán luego. Debo lanzar un ojo más determinado sobre las cosas y ejercer mis grandes disposiciones intuitivas en concierto con los principios generosos del universo. Puesto que esta república de amor que soñaba para los hombres, la guerra la retrasa a cincuenta años más tarde, me hace falta crearme mi reino desde cero, y eso es más difícil que ser rey.

Una tarde tomaré mi bolsa donde he apiñado todos mis recuerdos, mi bastón, y como Francis Jammes, *iré* a la montaña.

Y luego, partiendo cueste lo que cueste, evitaré así el drama, el mayor drama de mi existencia que siento inminente…

… ¿La vida se pasa en elegir una orilla? Y cuando se la ha elegido, ¿por qué añorar los árboles y las aves de la otra ribera? Al psicólogo lo suficientemente dotado como para asegurarme que no se pueden tener dos grandes amores a la vez, responderé: la excepción confirma quizá la regla, y yo soy esa excepción…

…

Mes mots voudraient servir d'épine à ton amour.
En t'éloignant de moi, puisque l'heure est morose,
Mais ta main, à tâtons, se retient à la rose...
Et malgré ton sang pur qui dans cette ombre croît,
Tu laisses sur mon coeur la fraîcheur de ton doigt…[5]

Salir de los barrotes de oro de mi vida hacia otra vida… Para seguir ese otro yo que solloza hacia ti…

¡Oh! el sosiego de las tardes, el buen retorno, el arado que se oxidaba, el huerto donde crecía la hierba loca, ¡oh! volver a ver en el jardín nuestras dos tumbas preparadas lado a lado y desde hace tanto tiempo en nuestros corazones sellados... Morir dulcemente a mí mismo cerca de ti y sin que tú lo sepas para evitar tus lágrimas... Ya solo contar a las aves las esperanzas que había puesto en el amor...

…

[5] Mis palabras quisieran servir de espina a tu amor.
Alejándote de mí, puesto que la hora es sombría,
Pero tu mano, a tientas, se agarra a la rosa…
Y a pesar de tu sangre pura que crece en esta sombra,
Tú dejas en mi corazón la frescura de tu dedo…

Tenaza.

…

Y cuando te digo mis angustias entre estos dos hierros rojos que eres para mí, yo te suplico querida, ¡oh! mi nueva eternidad, no me llames con tu silencio…

Tomo la decisión de cambiar completamente mi vida sentimental. El riesgo es inmenso pero pequeño todavía al lado del precipicio hacia el que corre mi Pensamiento si resisto. Debo obedecerme como en una advertencia de mi sensibilidad a la agonía.

Acabo de asesinar un alma para liberar otra. Tengo sangre de estrella en las manos. Jamás cometeré un crimen tan grande... Lo pagaré caro algún día.

En medio de una frase de Wilde me detengo para gritarte mi amor, porque eso me es necesario tanto como respirar. No estás ahí y me ahogo... y las líneas que escribo me dan un poco de brisa... Siento que me asaltan oleajes de azul, y la puerta de mi alma detrás de la cual estoy acurrucado no resistirá al peso de tu sol...

Releer a menudo la página 368, *El penitente del espíritu.*[6]

Caigo en este terrible defecto de torturarme al punto de aniquilar todos mis esfuerzos. Un gran cansancio resulta de mis combates con mi inútil dolor. ¡Atención a las fuerzas desperdiciadas y a las batallas estériles a las que me entrego!

El 2 de junio de 1918, a las 11 horas de la mañana, la rueda de la bondad de las cosas se gira de mi lado. Vuelvo en efecto del entierro de mi más grande amor, ¿y qué encuentro al entrar con los ojos nublados todavía de lágrimas? Mi muerta, mi pequeña muerta viviente pero que

[6] Cfr. Friedrich Nietzsche, *Así habló Zaratustra*, Alianza, Madrid, 1995, Capítulo "El mago", p. 343.

me escribe como una mamá a su hijo que parte para un viaje lejano. No hay más que el amor que pueda producir tales milagros, y este es tan divino que yo siento en mí algo de bermejo que me abraza y me rebasa. La Alegría de la Vida que vuelve. Nos habíamos equivocado; hemos retomado nuestro verdadero camino, pero conservamos la amistad más grande que pueda existir entre dos seres, y es bueno pensar que en un rincón de la tierra tenemos una afección semejante. Voy a poder entregarme por entero a mi milagro, a mi descubrimiento, a mi pequeña niña de ojos húmedos.

Un latigazo de luz me azota; vuelvo a arrancar en la vida, dueño de mi destino.

Cuando se sopla sobre ceniza se la reaviva o se la dispersa. Es preferible dejarla piadosamente dormir en frente de uno. Las llamas del recuerdo son tanto más bellas que las otras.

Comienzo *Ecce Homo*, suerte de vasto prólogo al fresco gigantesco de *El reino de la tierra* y de *El fin del mundo*, pero me doy cuenta rápido que mi tema es demasiado elevado para todo lo que me rodea, incluso para mis actores que no liberan una suficiente radioactividad. Me mataré muy velozmente si continúo entregando este voltaje en pura pérdida. Detengo el film en el tercio de ejecución y vuelvo a mis filmes que atañen a la guerra y sus lecciones, ya que están más inmediatamente próximos de la mentalidad de los espectadores.

Ejecuto mi film *Yo acuso*. Estoy penetrado de una confianza irrefutable en mi potencia cinematográfica, potencia atemperada por la ceguera del público... y por mi salud que me deja semanas enteras de postración.

Acabo de terminar los exteriores de *Yo acuso*. Tiempo y circunstancias favorables. Observo con confianza este trabajo. Creo que la significación social de *Yo acuso* es profunda y que el film pasará con éxito por todas partes si nada traba su fin. Los "muertos que regresan" me parece que tienen que dar el resultado que buscaba: Hacer pensar en lo chorlito que siguen siendo los humanos. Sentimentalmente todo va muy bien. He tomado la dicha en mis manos, y herido todavía por el largo trayecto en los rosales, no he tenido aún el tiempo de mirarla de frente, pero sí el de vendar mis heridas. Mi alma parece despertarse. Soy siempre irregular en tanto individualidad y no veo todavía el medio de prejuzgar sobre mi porvenir. Ya no trabajo espiritualmente; temo por eso que mi evolución se resienta. Los frutos me impiden tener sed, y sin deseo los músculos cerebrales están muy distendidos. Es preciso que sustente mi energía creadora con cuidado, piadosamente, en el origen de mi sufrimiento y de mi sensibilidad, o si no puedo en el origen de mi dicha. Que esta última no sea negativa y egoísta. M. ha seguido siendo la mujer superior esperada. Su alma es grande y dorada en la tarde entre las flores. En cuanto a la ninfa en el claro, mis palabras caen de rodillas si quiero hablar de ella.

¡Oh! Silencio musical de mi amor...

Parezco realmente una piedra filosofal en el cinematógrafo. Todavía no vemos allí más que cobre. Paciencia. Algún día transmutaré. Por desgracia el arte puede edificarse sobre cualquier terreno, salvo sobre la arcilla comercial, y el cine solo adopta sus bases sobre esa arena movediza. Temo más adelante algunas grandes catástrofes si se compromete en esta vía en la que la Belleza solo es consagrada en razón directa de la relación con el dinero.

Le he leído *Ulalume* y *Annabel Lee*, y bruscamente ha llorado de manera indecible como si se reconociera en ese personaje de flor tempranamente cortada. Conservaré mi vida durante ese extraño impacto en el corazón.

Pienso en un roble en marcha: Francis Jammes. Me he refugiado en su sombra esta mañana y me encuentro más fuerte, más descansado.

Ella me ha dicho: *"Más tarde deberás componer tus dramas en escena y en el cine con su animación musical, tú mismo."*

Desde este invierno, aprenderé la gramática de la música puesto que ella encuentra que mi corazón sabe cantar.

¿El desespero?...
¿El amor?...
¿La belleza?...
¿La filosofía?...
¿La muerte?...
¿La vida?...
¿Qué responderte mi amada? Este verso de Segrais quizá:

Un viejo fauno reía de ello en su gruta salvaje...

*El Nuevo Reino*

Para mi trabajo sobre el *El reino de la tierra,* debo desembrollar la letra del espíritu en las grandes religiones; el brahmanismo, el budismo, el islamismo, el cristianismo. (Remontar el agua clara del paganismo griego y de las religiones egipcias e hindúes.)

¿De qué principios iniciales hablan? ¿No eclosionan solo cuando su necesidad se ha vuelto absolutamente evidente? ¿Son el fruto tanto de una individualidad como de las imprecisas aspiraciones populares? ¿Hasta qué punto el costado democrático de las religiones lleva a engaño? ¿El nuevo reino? ¿El lazo entre los hombres y los dioses?

Es entonces absolutamente necesario que pueda trabajar en estos estudios durante seis meses, estando asegurada mi vida por mis trabajos cinematográficos de los seis meses precedentes. Permanecer cada año encerrado dos meses en la Biblioteca Nacional para preparar los alimentos intelectuales de esta simbiosis.

Es la brisa que pasa, el peso de un ruiseñor, el sol que juega al escondite sobre su figura de Minerva enamorada... Mis ojos se difuminan. Podría ahora dormir extendido sobre la piel de pantera de mi alma... Me he matado para vivir por Ella...

Cada vez menos siento el cine capaz de defender auténticas obras, y retrocedo cada día frente a mis grandes temas. Los instrumentos son demasiado imperfectos para que pueda construir mis catedrales de luz. Arquitecto, albañil, sacerdote, me repliego bajo mis tempestades de sol... Un poco de noche para respirar... Ascendemos uno a uno los escalones. Busco algún motivo más melodramático y al mismo tiempo tema eterno que pueda utilizar un mundo hecho para el cine, el mundo de las locomotoras, de las vías, de los discos, de los vapores... y por contraste un mundo de nieve, de cimas, de soledad; una sinfonía blanca que suceda a una sinfonía negra. Hacer caminar a la par las catástrofes de los sentimientos y de las máquinas, tan grandes, tan elevadas como significación unas como las otras; mostrar la ubicuidad de todo lo que late: de un corazón y de un distribuidor de vapor. Siendo el drama creado por lo exterior, por los ambientes que van a soltar poco a poco a su protagonista, a la inversa del drama teatral, decido, el 30 de julio de 1912, en el parque del Caux Palace, tras una larga conversación con mi nueva muchachita, ejecutar *La Rueda*.[7]

Tengo en efecto con este film el verdadero lenguaje dramático de la pantalla, a saber lo patético en las cosas llevado al mismo plano que en los hombres. La materia está viva, dice mi metafísica, desde que tengo uso de razón. La prueba lírica está por hacerse.

Desde hace varias semanas estaba acosado por el quejido de las máquinas... Es preciso que conserve una simplicidad de tragedia antigua en la construcción.

He leído el *Rail* de Hamp[8], hace ya algún tiempo. Todo lo que puedo rememorar es que hay allí una admirable catástrofe de ferrocarril, con una real composición musical.

Debo trabajar en ese sentido pero de modo más amplio, sobre el plano humano, y reencontraré así tal vez sin que nadie lo sospeche, mis trabajos esotéricos. Solo la radioactividad quedará.

> Rueda: Es el movimiento de las siete formas que giran unas en otras.
>
> Jacob Boehme

[7] Abel Gance, *La roue*, 1923.

[8] Pierre Hamp, *La peine des hommes: Le Rail*, 1914.

¡A trabajar! Que esta rueda dragué el río de mis sufrimientos y me traiga las pepitas y los diamantes.

Mayo 1916 - Mayo 1917

Año de transición. ¿Acción o poesía? Y he aquí una vez más mi problema planteado. Todavía no he podido elegir. ¿Soñar con mi acción posible; ejecutar mis antiguos sueños? Superficialmente trato en esto de imitar a los pitagóricos. Cinco años sin leer ni escribir. Desde mi Victoria, ¿qué hice? Y sin embargo no me faltan los trampolines. Capaz, según creo, de erigir la obra de arte, me he interrogado cada vez demasiado sobre su densidad, su metal, su fin, su alcance, su necesidad, y nuevamente he concluido que la obra de arte de nuestra época ya no señalaba para nosotros el último estadio del esfuerzo humano hacia la conquista de uno de los polos de la felicidad.

Reflexionando en los otros medios que ponía a mi disposición la acción, he creído que el arco de mi voluntad no era lo suficientemente fuerte y que mi pensamiento era poco ordenado. ¿Sería mi personalidad demasiado débil para la envergadura de mis ideas? ¿No tengo espaldas para mi alma? Yo despilfarro en esa espera, no solamente mis frutos, sino también el árbol mismo y todas mis posibilidades de creación. Permanezco de este modo indeciso sobre uno y el otro camino, descuartizado en mi sensibilidad. ¿Ser centro de atracción alrededor de mí o girar yo mismo alrededor de algo? ¿Químico o Alquimista? ¿El derecho romano o la Kabala? ¿Napoleón o Pitágoras? ¿Me volveré grande para los hombres o para mí? Camino opuesto: los dos son incompatibles en la vida de un hombre. ¿Pero, en el fondo, no he elegido desde hace tiempo la Alquimia, la esmeralda y el Infra-rojo?

¿Tú quieres saber por qué he quemado todos esos poemas que amabas y que se debían publicar?

Corto mis ramas más bellas para que el árbol crezca todavía más...

Y solo quiero murmurarte el ruido que hace mi corazón que solo tu nombre oceaniza.

...

No, no soy salvaje, pero solo creo con aquello que mato en mí mismo.

Acabo de perder diez años de mi vida, de dilapidar, de prodigar, de lanzar al viento, tres mil jornadas donde mi fuerza era nueva...

Quería escribir, y es la vida la que ha escrito en mí; quería crear héroes teatrales, y he sido el actor de mis dramas, he sufrido más de lo que creía posible y me he cerrado poco a poco mis horizontes para no lamentar demasiado el no poder alcanzarlos jamás.

Tengo treinta años; eso suena terrible a mis oídos. Espero poder escuchar a menudo ese tañido para advertirme. Mi vida física es excesivamente delicada, vacilante y llena de incertidumbre. Me hace falta retomarla y volver a conectarla. Tomo el compromiso solemne de conservar piadosamente mi alma y de no hacer nada que pueda sonsacar su fuerza hacia un fin egoísta y negativo.

En cuanto a la dulce luz que a pesar de este espantoso huracán de la guerra ha querido vivir en mi espíritu, la santifico, y por el atardecer de mis treinta años le haré también solemnes promesas.

> Nadie puede modificar su propia individualidad, es decir su carácter moral, sus facultades intelectuales, su temperamento, su fisonomía.
>
> Schopenhauer

Mis treinta años responderán: Sí.

Puesto que las facultades intelectuales de las que habla, es una buena biblioteca de alma, bien rotulada, bien ordenada. Hay temblores de tierra o explosiones que alteran todo eso y que ponen a menudo flores sobre los estantes de libros, y un aerolito en fusión en la mano que sostenía la llave del hábito. En cuanto al carácter moral, se sabe cuánto eso se forja.

Yo he destrozado rosas, arrojado diamantes, he olvidado los escondrijos de mi fortuna, y me vuelvo a pensar hacia el atardecer de mi mañana. Mi verdadera jornada se eleva, y como estoy lo suficientemente saciado con las fuentes vivas del dolor y del placer, voy a intentar comenzar mi catedral.

Mi cualidad fundamental: la voluntad de la dicha por lo bello y lo más elevado a cualquier precio.

Acepto tras esto muchos defectos de un ojo sereno puesto que en el fondo resultan corregidos tarde o temprano, o fijados por la aplicación incesante del prisma de mi voluntad de dicha.

Fugaz, ligero, retorcido, inconstante, inconsistente, débil, facticio, temeroso, qué pueden todas esas muletas del alma cuando penetro en el agua lustral de mi elevación. Cada vez que quedo solo con mi debilidad se diría que mis defectos descienden celosos a lo largo de mis sienes y que mis vicios proscritos me escalan a lo largo de las piernas, y luego llega la hora de la fuerza, la hora en la que soy igual a aquello que existe de más noble sobre la tierra; el radio aparece; los miasmas se evaporan o se transmutan en la escalera de oro de los átomos; orquesto mis fuerzas y más tarde les diré la palabra.

¿No se borra el óleo pastel de mi retrato a medida que me extenúo en representármelo, y no nublaba mi espejo con mi aliento pues me miro de muy cerca, sea que me critique, sea que me abrace?

En tanto que la vida siga siendo para mí una materia maleable frente al yunque de mi voluntad, en tanto que tenga a mano el martillo de mi fuerza, forjaré riendo como Sigfrido, hasta que me duerma de cansancio.

La embriaguez y el amor ofrecen rápidamente el genio de las analogías. Todas las cosas apuntan a un mismo centro y llegan a él, tan ágiles, tan poéticas, que fuerzan al espíritu más frío a reconocer la identidad de todo lo que existe cuando debajo está la llama de la pasión.

Un día les hablaré de esos héroes griegos que, montados sobre el navío Argos, fueron a conquistar el vellocino de oro. Estaban allí, fustigando hacia la Cólquida, Jasón, Hércules, Orfeo, Cástor y Polideuco, Telamón, Peleo, 45 marinos, y yo, oculto bajo las tumbas. ¿Es por envidia o ignorancia que Apolonio de Rodas no hable de mí?...

Es indispensable, si quiero en algunos años no solamente haber atesorado sino también realizado, no dilapidar mi inteligencia en vanos esfuerzos de todo tipo. Los ejemplos son muy numerosos, y corro más que otro el riesgo de abrazar mal con mi debilidad física. Por consiguiente es absolutamente indispensable que como antaño me asigne una línea claramente fijada de ejecuciones posibles y que me ponga a trabajar sin dejarme desistir por las consideraciones generales y utópicas que puedan señalarme mi notoriedad o mi inteligencia.

He leído las estelas chinas transcritas por Segalen con una emoción increíble. Es el súmmum de la poesía impersonal. ¿Quién esculpirá en las palabras las estelas del Occidente? Rimbaud, Mallarmé, Valéry, estelas, tras ese navío viviente de las estelas chinas en marcha inmóvil hacia una eternidad que se adelanta... Desde ese día se fortifica en mí el pensamiento de dejar varias de mis obras en el anonimato. ¿Qué importa un nombre de autor? El verdadero autor es Dios. Si algún día se atreve a tocar los caramillos de mi pensamiento, ¿por qué no dejarle la única gloria por ello? Cómo quisiera colaborar en ese código poético occidental, estelas que se grabarían en la piedra y que señalarían en el recodo de las rutas, en el recodo de los mundos, los reposos en la Ciudad Futura, tras la agonía del nihilismo europeo que se extenderá hasta los alrededores de 1950. ¿Pero seré lo suficientemente sabio para evitar hablar directamente a los hombres? ¿Y no quebraré el cristal de mis palabras dando a beber a todos los adulterados?

Corazón de la Rosa de las rosas. Mi primer período a la sombra de Platón, de Antínoo y de Shakespeare ha pasado. Me reúno con el círculo en el mismo lugar pero más arriba, a causa de la espiral, y mi segundo período, el de Hermes Trimegisto, el de Cristo y el de los místicos ha comenzado.

...Próximo está el día en que las avispas que me ataquen se vuelvan abejas ebrias...

¿Qué es por tanto en mí ese delirio de lo bello en espiral ascendente, ese vértigo de cimas que no pueden alcanzar los ojos? ¿Cuál es esa fuerza risueña que me da el derecho de husmear alrededor y encima de todas las maravillas? ¿Cuál es esa piedra preciosa desconocida que no es diamante ni rubí y que deslumbra, a mí en primer lugar? Piedra filosofal de la filosofía. ¿Cuál es ese milagro de ascensión que me hace salir del centro de gravedad terrestre y aterrizar entre los astros? Pues solo eso es el secreto.

Nuestros cuerpos sometidos a las leyes físicas experimentan escasa dicha. Nuestras almas que escapan de allí en la medida en que nuestra voluntad contrabalancea las influencias fisiológicas, pueden arrastrarnos fuera de lo que es perecedero, y es quizá la explicación de la inmortalidad.

Para estar seguro de la inmortalidad, los cerebros han inventado las artes. ¿Era útil? Desde el momento en que hay victoria sobre el cuerpo, ¿hay inmortalidad? Y se haga lo que se haga o suceda lo que suceda, ¿no hay siempre algo admirable por encima de uno mismo?

...

Lo que se pierde de fuerza y bondad durante la vida, se lo gana siempre en la memoria de los hombres.

Es preciso vaciar el cuerpo de toda su vida y proyectar esta hacia afuera bajo todas sus formas. (Desde cierto punto de vista no quiero demasiado a Don Juan, era un expansivo). Es preciso que la muerte ya solo encuentre en nosotros un instrumento vacío, que ella sea robada, que la fuerza espiritual susceptible de rápida evolución en el Tiempo sea disociada de la materia. Llegará un día en que el espíritu regirá la materia; en la hora actual hay antagonismo y triunfo cada vez más difícil de la Muerte.

Inyectar la vida en las cosas inertes a través del amor, del pensamiento, de la bondad, ayudarlas a comenzar a vivir.

La resignación, el abatimiento, la fatiga, el pesimismo: muerte.

La lucha, la potencia, la resistencia, la fuerza, la preponderancia: vida.

Muy pronto el acero será transparente.

E incluso un poco más y será invisible. Pues los dioses en bata buscan por la noche en las fábricas...

Sé tu sol. Caliéntate a ti mismo. Ya no tomes. Busca en ti y alumbra y chamusca y alégralos. Y sobre todo no te quemes.

He debido interrumpir esta avalancha de azur en mi espíritu, porque el médico, en la pieza contigua, me ha dicho algo en voz baja observándola... He quedado aturdido, ciego, con unas ganas locas de reír, de gritar, de matarnos, de releer *El Enfermo Imaginario...*[9] Si se hubiera tratado de mí no hubiese tenido importancia. Diez veces el médico me ha inscrito en lo pasivo de la vida, pero de Ella, de Ella cuyo nombre negro y blanco: Ida, tiembla ya como un lirio hacia un cielo de tormenta.

...

> Y habiendo llegado al lugar llamado Gólgota, es decir "el lugar del Calvario"...
>
> San Mateo

Todos mis pensamientos dispersos aletean y se reúnen como patos salvajes antes de franquear el mar. En mí esto es el signo del peligro... Estoy listo.

Al día siguiente, tras una noche espantosa, esperaba como una hiena hipócrita, para enmascarar mi angustia, la llegada del análisis...

Me vuelvo a ver otra vez en mi pequeña mesa en ese gran hotel de Niza. Un mendigo canta la *Serenata* de Toselli. Ella me mira desde su lecho, inquieta de verme tan trágicamente animado... Y para mostrarle que no hay nada, que todo está bien de cerca, de lejos, me pongo a trabajar y escribo sobre una bella hoja blanca: *La Rueda*, tragedia de los tiempos modernos... Comienzo en efecto mi guión ese día. Ella tose... Yo escribo esmerándome en ello, intentando no oír que acaban de entrar en la oficina... y luego, no puedo; es preciso que vaya a ver. ¡Oh!, la mirada que me lanza cuando salgo... y cuando vuelvo a entrar, agitando triunfalmente un papel sobre el cual está escrito con grandes letras temblorosas: "Nada" y ella me abraza, mezclando sus lágrimas de alegría y de temor con mis lágrimas de loco: se acabó... Yo sé que está muerta, que mi vida está allí, rota, ante mí, y que la Rueda va a comen-

[9] Última comedia escrita por Molière, 1673. [N. de T.]

zar... pero me pregunto por qué yo mismo quito los clavos del féretro de mi memoria... Jamás podré releer todo lo que mi dolor fotografía cada día... mi pena es demasiado profunda.

Cuando el corazón está demasiado cargado, las nubes del espíritu son bajas, como al comienzo de una tormenta...

Acabo de pasar por la prueba de fuego. Sentir morir lo que se ama. La detención del corazón, detención de la alegría... la detención del corazón del mundo, el suplicio en la plaza de Gréve.

Acabo de soñar aterradoramente durante ocho días y retomo el hilo de la vida con tanta más fuerza que salgo de la tumba donde cada noche descendía contigo un poco más.

Ella me dijo sonriendo tristemente, y qué puedo hacer yo sino sollozar contra Dios: "La desgracia tiene también su herencia."

Es necesario, sea lo que sea que advenga, estar siempre por encima de la pena. Por más que se me azote para no reventar de sufrimiento, no puedo más.

Si abriera mi corazón, esta tarde a mi pensamiento, moriría de tristeza, de espanto, de inquietud. Pero tengo la fuerza de mantenerlo cerrado como tendré la fuerza de mantenerlo cerrado suceda lo que suceda.

Es tan pesado un corazón cerrado, es tan profundo, tan lleno de cosas que estaré siempre solo para conocer. ¡Oh! mi pequeña amada, si vieras mi corazón esta tarde, te preguntarías cómo puedo todavía llevarlo.

No he crecido lo suficiente. No me he elevado a la altura de mis esperanzas y por eso no puedo dominar mi desespero.

El más bello pensamiento no puede todavía vencer al más grande dolor. Y es la cosa más desesperante sobre la tierra.

Tengo tantas lágrimas en los ojos y sobre todo en el alma que sería incapaz de escribir hasta qué punto el sufrimiento puede atormentarme. Comprendo que pueda volver loco. Sufro como muy pocos han podido sufrir.

Mi pequeña... mi amada... mi amada...

La música es silencio que se despierta.

¿Pero cómo podía hablar de la música cuando no había oído cantar los grandes órganos y los ruiseñores de tu alma, a través de tu quejido de mártir?...

Dígame, doctor, ¿está muy seguro que Ella duerme?

Hay cada vez, en los ojos de aquellos que disfrutan demasiado de la vida, algo bello y bueno que los abandona para siempre. El diablo llega, el ángel levanta vuelo.

Me acuerdo de un día en el café Niel, estaba en la emoción de *Zaratustra* y la esperaba con fulguraciones inmensas en mi cabeza. Ella llegó, y le hablé de *El canto de la noche*. Ella me miraba y me escuchaba profundamente y no decía nada, como si la belleza más bella no fuera aún suficiente para Ella.

...Y yo no comprendía bien qué alegría debía extraer de esa luminosa fuente silenciosa. No comprendía...

¡Oh! mi dolorosa Esmeralda...

Debería, como distracción y para no dejarme hundir, escribir durante el montaje de *La Rueda* uno de mis dramas: ¿*La Muerte de Orfeo*?... ¿*La Resurrección de Lázaro...*? ¿Qué escoger?

Las obras dramáticas señalan en mí estaciones y no la meta.

La fiebre está entre 39 y 40 desde hace cerca de un año... No tengo el coraje de anotar el resto...

No destruyas una creencia sin tener algo más grande que poner en su lugar. Por eso debes respetar la Fe.

¡Fanfarrias! Siempre que eso no la despierte... A veces querría impedir a las aves cantar para ganar algunos segundos de sueño...

Fanfarrias, y he aquí que centenares de años de atavismo militar iluminan las pupilas de los ciudadanos. Ellos corren. Se desgañitan, miran el ruido. Su padre, su abuelo también corren en ellos, y por eso tienen esa emoción tan violenta que sobrepasa su habitual sensibilidad y que les hace creer en la elevación del sentimiento. Qué difícil que se produzca lo contrario. ¡Que un minuto de reflexión fría aniquile toda esta marea de bullicio!

En cuanto a mí, las fanfarrias a lo sumo me pasan por las piernas pero jamás por el cerebro.

¡Y por eso, a nosotros también, nos hacen falta cornetas del porvenir, las cornetas deslumbrantes de Dionisos que despertarán en ese ciudadano no las almas hojas-secas de sus ancestros sino las almas palpitantes y radiantes de sus nietos!

Desde hace un año he leído 150 volúmenes de medicina sobre el asunto. ¡Qué ignorancia generalizada! El detalle, el análisis, sí, pero la síntesis, el resumen, la enfermedad vista en cámara rápida para el estudio de su verdadera curva...

Mientras ruedo la muerte de Élie en *La Rueda*, el médico viene a buscarme para decirme con cien rodeos que haría bien en contar con algún desenlace fatal... Yo sonrío; he comprendido desde hace tanto tiempo...

Adoro el *Embarque para Citerea* de Mozart; la obertura de *La Flauta encantada*, de Watteau, *La Novena sinfonía*, de Shakespeare, y *El Rey Lear* de Beethoven.

Solo mi madre me impedirá quizá matarme. Intentemos vivir por anticipado todo este espanto...

Ella me ha llamado y me ha dicho: (Qué pobre adorable y miserable figurita): "*Soñé, ahora sueño todo el tiempo que estoy muerta, que asisto a mi entierro, que me ahogo en el ataúd y que mi féretro se deja caer en el panteón de Batignolles que vendrás muy pronto a ver... Y por eso le pido a la enfermera que me despierte; ya no quiero dormir; prefiero morir despierta..."*

...

Henri Heine, Dante, Edgar Poe...
¿Me mataré o pondré yo también mi pena en estrofas?

...Mi pequeña... mi pequeña amada Annabel Lee[10]. Ella me ha dicho: *"Estoy mejor, y para probártelo te hago notar que es la primera vez que te digo: Cuando esté curada, viviremos en una pequeña casa en los pinos, lejos de aquí, y donde tú solo estarás para mí y no para el cine del que me vuelvo celosa..."*

*¿Está seguro, doctor, que no se cura un caso sobre mil?*
*Él ha dicho: "Todo llega..." Yo lo abracé con una violencia increíble.*

Todavía quince días y habré terminado *La Rueda*. Podré devolver todo mi personal a París y ya solo vivir junto a mi amada. Respirando cerca de ella le daré de mi fuerza, lo he constatado.

Si ella cura... Luego de haber cabalgado las estrellas me unciría día y noche al gran mediodía. Releer muy atentamente la *Vida de Jesús*, los *Evangelios*, los *Vedas*, el *Koran*, el *Talmud*, etc. Hacer los nuevos mandamientos, pero psíquicos, con las antenas radioactivas para dirigir el pensamiento humano. Solo conservar de egoísmo personal lo que hace falta para vivir y el goce dulce y sereno a la sombra de la obra luminosa.

La naturaleza está más atenta a la conservación de la especie que a la del individuo. Por tanto todos los pequeños azares de la vida se vuelcan contra ella; el viento, la lluvia, el ruido, los *quid pro quo*; la vida la apuñala sonriendo a cada segundo... Por desgracia, en sus ojos tan grandes, la desdicha penetra mejor.

[10] Edgar Poe, *Annabel Lee*, 1849.

Se confunde demasiado las miserias que la naturaleza nos inflige con las que hemos provocado por nuestra incomprensión de ella.

La inteligencia y la moral se han elevado demasiado contra el instinto; el sentido de la meta hace falta cada vez más.

Mientras que mi pobre enferma ahogaba sus gritos en una pieza contigua para no alarmarme demasiado, yo intentaba en vano franquear las gigantescas fronteras de mi desesperación ennegreciendo hojas blancas. Vuelvo a encontrar una al azar, que apenas puedo releer en tanto que mi mano tiembla de desamparo:

¡Oh! Dormir...

¿Por qué desciendes de tu balcón de otoño, ¡oh! mi tristeza? ¿Por qué en un ruido apelmazado de hoja seca, con tus ojos de estanque negro, llegas a pegarte esta tarde tan cerca de mi aliento? Tú me miras y me reconoces. Nuestro último abrazo data de lejos, ¿te acuerdas?

¿Por qué lloras, ¡oh! mi tristeza? Mírame, yo te sonrío. Deja a mi orgullo secar tus lágrimas; eres más bella con tus ojos durmientes. Te suplico, no me hagas llorar, escucha para dormirte la lluvia de palabras sobre el cristal. Yo oigo crepitar las baldosas y no es la lluvia, son palabras que sacuden mi ventana. Ellas acuden a mi llamado... hay miles, millones. Se apuran, están tan atrasadas. Se sacuden, azul, oro, ópalo, violín. Giran y golpetean y caen con un ruido de élitro. Algunas vocales castañean, algunas consonantes hacen mariposas, muertas. Hay tantas que vienen del fondo violeta de mi vida reprochándome haberlas olvidado, despreciado, ignorado. La nube de palabras ha reventado, y ellas caen como estrellas, como saltamontes de esmeralda. Y mis lágrimas y mis sufrimientos retorcidos como cuellos de águila negra están también allí. Y también todas las burbujas tornasoladas de mis sueños, todo cae. Mi vida llora sobre el cristal, y tal vez no me quede ya nada tras este chaparrón.

Ellas parecían un poco en orden en la nube, y he aquí que bruscamente caen sin razón por esta tarde de febrero, ya que las esclusas de mi corazón estaban abiertas... los rubíes, los diamantes, están también allí. Lo aseguro, y también todas las pobres palabritas sentimentales que buscan la rima como colegialas enamoradas, *amour jour, rêve trêve, azur pur*. Están ahí, tristes y estúpidas, ellas que apuntaban a la prestancia. Cómo llueve. ¿El cristal no se romperá bajo esta ola romántica? Ellas esperaban una cita literaria, y se licuan sobre el vidrio... Viejas palabras, púrpuras lavadas, azules apagadas, fastuosas y huecas. Voy a despedirme entonces de ustedes sin hacer el desfile que esperaban.

¡Oh! las palabras, las palabras que traicionan y que agonizan mostrándome su forro verdigris, la música que traiciona porque es siempre mujer y porque una nota no hace más que prostituirse a la precedente, los perfumes que no permiten la evasión de su presente y que insisten, los colores que no giran lo suficientemente rápido y que fijan la luz descomponiéndola, ¡oh! todo, todo salvo Tú mi pequeña extendida con ojos abiertos de jade, todo me deja indiferente y me asquea...

Ella me ha dicho, descendiendo a cada frase un peldaño del sepulcro:

*"¿Crees en los milagros? Hay que creer en ellos y jamás decirse a causa de eso: el mañana será triste.*

*No es por pesadilla que uno se despierta.*

...

*No quiero ser tan injusta con la vida. Si los muertos guardaran rencor por los vivos no crecerían más flores sobre sus cadáveres."*

Y ella volvió a caer con estertores sobre la almohada.

Poner en exergo de mi próximo film, si hago *Don Quijote*:

> Por eso, como la risa es un privilegio concedido solamente al hombre y como hay causa suficiente de lágrimas con las libertades públicas sin contar los libros, he creído algo patriótico, extremo, publicar un drama gracioso para este tiempo en que el aburrimiento cae como una lluvia fina que moja.
>
> Balzac (Prefacio a los *Cuentos Droláticos*)[11]

[11] *Aussy, comme le rire est un privilègie octroyé seulement à l'homme et qu'il y ha cause suffisante de larmes avecques les libertez publiques sans en adiouxter par les*

Raramente he sufrido tanto como en el instante en que transcribí las líneas de aquí arriba.

Sus amigos me abandonan.

El eco de un gran dolor perturba a los hombres, los nervios se tensan demasiado cuando se oye gritar. Éramos tan dichosos en torno a la mesa... ¿Prestar auxilio... en esta tempestad...? No.

> ¿Hay, hay un bálsamo en Galaad? ¡Dime, dime, te lo imploro!...
> Y el cuervo dice: "Ya nunca más".
>
> Edgar Poe

Ciertamente, los ojos de los vivos se abren tanto más grandes cuanto que los ojos amados se cierran alrededor de nosotros para su último sueño.

Mi dolor tiene una pequeña figura de niño golpeado, de Gish en *Lirios rotos*[12]. ¿No puedo recobrarme? La muerte tira de un brazo, la vida tira del otro, y yo quedo como un títere entre ambas.

¿No debo continuar mi camino? ¿Qué manto de plomo pesa sobre mis hombros? En camino, corazón abierto, deja toda la sangre que quieras a tu paso, pero avanza para que al menos hayas hecho el Esfuerzo que solamente vale la pena de vivir, en el instante en que nadie podría hacerlo en tu lugar.

El coraje contra la adversidad es más a menudo la prueba de nuestro egoísmo y de nuestro espíritu de conservación que un sentimiento noble, tal como uno se complace en alabarlo.

Ya no puedo escribir nada aquí. Todas mis palabras se doblan de dolor; me parece que escribiría mil veces; mi amada, mi querida, mi

---

*livres, ai-je cru chouse patriotique, en diable, de publier un drachme de isyeulsetez par ce temps où l'ennuy tombe comme une pluie fine qui mouille...*

[12] D. Griffith, *Broken Blossoms*, 1919.

amada querida, mi pobre muchachita, mi cariño, mi amor, mi vida... mi pobre muchachita...

28 de marzo de 1921, a las 9 horas de la mañana

Ella dijo primero palabras sin continuación donde he comprendido... No... no... nada de médicos... se me arranca el corazón... Babinsky... Y luego manifestó un terror increíble como si algo trepará hacia ella y me señalaba ese fantasma suplicándome que lo detenga. Era un rayo de sol que se paseaba a través del follaje sobre su lecho. Cerré la cortina. Ella respiró, me miró, volvió desde lejos y me dijo, con una voz torturada de quejas y sollozos:

*"Ves... me vuelvo loca... pero en este momento mi mente es lúcida, más que nunca... voy, por última vez quizá..., escucha porque sabes bien que voy a morir... Acércate... Siento ahora... sé que tienes una gran tarea sobre la tierra, obra misteriosa y formidable que cumplir. Mi instinto, en el momento en el que voy a abandonarte, ya no me engaña. He visto claro demasiado tarde. Júrame que no morirás de mi muerte y que no te dejarás desalentar para poder cumplir lo que debes. Hubiera querido vivir para ayudarte en esta tarea, pero no era sin duda lo suficientemente fuerte, y mi muerte al contrario te servirá. Es preferible que muera, pues así enferma te impido desde hace dos años trabajar... Júrame que cumplirás esa tarea..."*

Yo juré.

...

> Al menos, que se me devuelva un amigo, un amigo que me grite Coraje que sea el amigo de mi coraje; ese sacerdote, un amigo, un pobre amigo...
>
> Paul Drouot

...

¿Hay que vivir entonces lo suficiente para agotar sus lágrimas...?

...

Ese trágico domingo 3 de abril en el que mi muchachita agoniza, me juro dedicar a su memoria todo lo mejor que haré sobre la tierra. Se lo he prometido solemnemente en vida, y los muertos se acuerdan muy bien de las promesas.

...

Si hoy se detuviera mi vida... uno tal vez se daría cuenta de que mi *Rueda* no era más que una cruz que giraba muy rápido...

...

Mi pequeña amada con ojos de fuente, sin duda vas a morir, y mientras te aferras todavía a la vida por un hilo de la Virgen, te escribo todo este amor que ya no podré probablemente decirte. Jamás habrías sido amada como lo has sido, y tu recuerdo jamás estará más vivo que en mi memoria. Te entregaré flores cada día pues las amas; te hablaré, trabajaré para ti, a la sombra de tu memoria, mi amada, mi amada. Pensaré que tus sufrimientos tuvieron fin, y si los míos continúan, serán un justo tributo para las faltas que pude cometer hacia ti durante tu vida. Te hablo, mi pequeña, y tú ya no me oyes; haría falta un nuevo milagro, y no se los puede ver reproducir impunemente. Tuviste todas las fatalidades del destino dirigidas contra tu bonita risa, y la desdicha entró insidiosamente en ti como un gusano, mientras yo reía negligente y estúpido a tu lado. Te hago el juramento de amarte siempre y por encima de todo, y de no ser infiel a tu memoria. Sé que es el mayor placer que puedo darte si, como es posible, tú todavía me miras del otro lado de la taciturna barrera. Te abrazo aquí por todos los días en los que ya no podré hacerlo.

> NO ES POR PESADILLA QUE UNO SE DESPIERTA.
>
> GANAR UNA ELEVACIÓN DE MIRAS, UNA PERSPECTIVA QUE TE HAGA COMPRENDER QUE TODO sucede verdaderamente como debía suceder.
>
> Nietzsche

Busco, mi Dios, ¿por qué...? qué barco más próximo debe partir hacia América... El "Lafayette", pasado mañana, y dibujo sin detención y sin darme cuenta ataúdes sobre el mantel de la mesa...

> ES CUANDO YA NO SE TIENE NADA QUE ESPERAR QUE NO HACE FALTA DESESPERAR DE NADA.
>
> Séneca

*18 de febrero de 1893*
*9 de abril de 1921*
*a la 1 de la tarde*

Cuarenta siglos de amor.

*9 de abril*: 4 de la tarde.
Termino el montaje de *La Rueda*...

*12 de abril:* Parto a New York para fugarme.

# Segunda parte

*Solo se posee eternamente lo que se ha perdido.*
Ibsen

*Hay mentiras tan bellas que la Verdad se tiende hacia ellas*
*como una diosa alterada.*
A. G.

El yo es tan poco odiable que es claramente un mal consejo darlo a un escritor, como también el de hurtarnos el suyo. ¿Quién no se ha quejado de que Racine no haya hablado un poco de sí mismo? ¿Qué buscamos en la Nueva Heloisa sino a Rousseau y solo a Rousseau? Al infernal vizconde una sirenita indestructible le reprocha todavía hoy no haberse dado a conocer demasiado, y, los mismos que le hacen ese reproche, ¿qué leen de él? Exclusivamente aquellas de sus obras donde se ha expuesto con la mayor complacencia: *René et les Mémoires*[1]. ¿Stendhal sería Stendhal si solo hubiera dejado sus novelas? ¿Qué releen de Tolstoi, *La guerra y la paz* o la *Confesión*? ¿Por qué *Colette Baudoche* y el *Jardin sur l'Oronte* nos parecen tan poco importantes, sino porque son los libros en los que Barrès no ha intervenido

[1] François René de Chateaubriand, *Memoires d'Outre-tombe.* [N. de T.]

en persona? Y en nuestros días un d'Annunzio que pierde su vejez escribiendo tragedias, un Clemenceau con las vidas de Manet y de Demóstenes, tenemos ganas de darles un empujón: "¡Tan ciegos están! ¡No han comprendido todavía que son ustedes los que nos interesan! ¡Un poco de 'yo' qué diablos! Cuéntennos lo que han hecho, visto, vuestros pensamientos, vuestros humores. Vuestro yo, es vuestro yo lo que queremos."

Decir "yo" cuando el yo es eminente o solamente extraordinario. Y decirlo todavía cuando no es eminente ni extraordinario. ¿Por qué inventan personajes, intrigas? ¿No les sucede entonces nada en vuestra vida? Entonces cuéntenme vuestro viaje alrededor de vuestra habitación. Basta que vuestros personajes hayan salido de vuestra imaginación para que se me vuelvan indiferentes.

Henri de Montherlant

Te he dejado en el camino mi bella pequeñita. ¿Por qué? Las palabras ya no sirven, las lágrimas ya no sirven, el corazón que late hasta quebrarse y que se sofoca ya no sirve. Mi dolor es todavía más profundo. ¿Cómo puedo sostener mi pluma ahora que estás muerta? ¿Cómo podré vivir todavía y respirar y sonreír? Mis lágrimas más bellas para ti ya jamás caerán; las derramaré solamente en mi hora última, en homenaje, en recuerdo, en holocausto. Mi pequeña amada dormida, te beso con un beso que comienza hoy y que solo se detendrá con mi último aliento.

Tu "pequeñito", como me has dicho ayer a la mañana, antes de morir.

A mi regreso a Francia hacer un pequeño altar para mi querida Ida con todos los objetos que le hayan pertenecido. Recobrar las últimas palabras que me ha escrito. Conservar preciosamente ese apunte y volver a copiar en otro todos los pensamientos especiales a la memoria de mi muchachita. Volver a pedir a Canudo los fetiches que ella le había dado. Conservar sus vestidos queridos.

Poner sobre mi mesa de oficina una foto sobre vidrio siempre iluminada noche y día. Ya solo servirme de su perfume. Qué dicha tener una escena de cine con ella. Nunca desde luego, nunca me animaré a mirarla, sino pensar que, de un segundo al otro, puedo así recobrarla en la pantalla, viva frente a mis ojos…

Su tumba con la mía, según el dibujo de Eleonora en la edición inglesa de Edgar Poe. En su nueva vida ella amará que su memoria descanse allí, ennoblecida por el mármol y las prímulas.

Hacer poner su cabeza en mi vitral, en lugar de la cabeza de Isolda.

> El hombre que en la muerte teme una aniquilación absoluta no puede desdeñar la plena certidumbre de que el principio íntimo de su vida no tiene nada que temer.

Me decía Schopenhauer con insistencia, durante tu agonía.

Estoy casi feliz hoy de sentir que ya no sufres.

Morir después de ti… ¿matarme? Pero es eso lo que sería cobarde. Correr el riesgo de ya no poder pensar en ti… ya no sufrir por ti, de ti, en ti, para ti.

… Por el contrario voy a comenzar a vivir, para redimir mi vida por mi sufrimiento…

La profundidad de la vida es inaudita. Por lejos que se descienda, siempre hay algo que les responde.

Siento, estoy seguro, que volveré a ver sobre la tierra y en una vida una muchachita, si mi alma se conserva digna de la suya. – 28 de abril de 1921.

La he vuelto a ver y ella está en mi vida, eso lo testifico. – Abril de 1928.

No habito el seno de la tierra sino la región del Érebo,
el cono de sombra entre la tierra y la luna. Me arremolino
en ese limbo llorando como tú.

Orfeo

Eurídice viva me hubiese dado la ebriedad de la dicha.
Eurídice muerta me hizo encontrar la verdad.

Orfeo

No, no, las palabras ya no me consuelan; han perdido
su oriente; y eso, sabes, es el signo de la más completa
desesperación. Las frases ya no son nada para mí.

Paul Drouot

Escribir sobre el barco, siguiendo a Annabel Lee: "Arpegios sobre mi última cuerda."

Mi muchachita tú me has *salvado* en vida a través de tu enfermedad, y desde tu muerte me parece que voy a perderme poco a poco. Mi fuerza moral decrece, por desgracia, y, a su vez, he leído todos los libros… ¿Seré lo suficientemente fuerte para recomenzar la lucha? Ayúdame, te lo suplico.

Uno puede ser crucificado sin tener por eso los brazos en cruz.

La vida solo tiene de bello lo que se le escapa.

24 de julio de 1922. Domingo tarde a la medianoche.

¡Oh! cómo quisiera que mi corazón reviente. Que reviente de una vez por todas, sin artificio ni literatura –en mí simplemente. Una embolia moral que acallaría por siempre mi sufrimiento… Y por fin podría vivir como todo el mundo sin ese peso rojo que me tiene fijado al dolor. Qué pena tengo. Quién podría conocer la extensión de mi pena. Qué manto sobre la existencia… Mis palabras llegan al extremo de mi pluma cansadas, jadeantes, deslucidas, abismadas por lágrimas –ellas tampoco tienen ya la fuerza de vivir– y aceptan ser confundidas con las miles de palabras semejantes que ya han servido miles de veces para expresar miles de tristezas ordinarias. – Pero sin embargo mi pena es tanto más grande, tan ancha – como un océano, como un espacio de estrella a estrella – como los ojos muertos de mi querida Ida – mi pena es tan pesada que creo que una Cruz es menos pesada de llevar… ¿Qué haré con esa tristeza, que me detiene herido en el cruce de los más bellos caminos? – La voluntad acepta volver a ponerme en marcha – pero no puede lograr que reviente el absceso de mi corazón. Y es una enfermedad grave de la que temo morir… Arrastro todas mis penas en todo segundo – y ayer es tan pesado – tan pesado que ya no me animo a voltear la cabeza hacia atrás en mi memoria por miedo de caer antes del sueño. Llueve violentamente, eso debe resonar sobre las losas y rezumar entre las placas de tu ataúd… mi pequeña de grandes ojos de jade apagado… ¿Cómo quieres que no me acueste a soñar cerca de ti y que no sufra del mismo frío infinito?… ¿Y en cuánto tormento se convierte cada uno de mis renacimientos a la vida?

En astrología, los astros predisponen pero no obligan: como sabiendo por Moricand la fatalidad que la acechaba ¿no he impedido ese ingreso de Saturno en la casa de Marte… al comienzo de abril?… Perdí mi radiación y mi fuerza de hipnosis para alejar el mal con el correr de febrero, a causa de la Fatiga, ese sirviente de la muerte… Si me hubiera mantenido firme, la muerte jamás habría entrado mientras viviera en nuestra casa… pero *sentí* claramente el segundo del día en que cedí por exceso de fatiga psicológica… Y sentí con ello una fuerza tal que no puedo discutir un segundo esta verdad… Los hombres, con ojos fijados en las cosas, no comprenden nada de esto.

Algo a poner continuamente frente a mí:

> Si puedes conservar la cabeza cuando a tu alrededor
> todos la pierden y te echan la culpa;
> Si puedes esperar y no cansarte de la espera, o siendo
> odiado no dar cabida al odio,

Si no obstante no pareces demasiado bueno, ni hablar con demasiada sabiduría...

Si puedes soñar y no dejar que los sueños te dominen;

Si puedes pensar y no hacer del pensamiento tu objetivo;

Si encontrándote con el triunfo y el desastre tratas a estos dos impostores de la misma manera;

Si puedes soportar el escuchar la verdad que has dicho, tergiversada por bribones para hacer una trampa para los necios,

Si puedes contemplar destrozadas las cosas a las que habías dedicado tu vida y agacharte y reconstruirlas con las herramientas desgastadas...

Si puedes hacer una pila con todos tus triunfos, y arriesgarlo todo de una vez a una sola carta, lanzar los dados, y perder, y comenzar de nuevo por el principio y no dejar escapar nunca una palabra sobre tu pérdida;

Si puedes obligar a tu corazón, a tus nervios y a tus músculos a servirte en tu camino mucho después de que hayan perdido su fuerza, y ya solo quede en ti la voluntad que dice al resto "¡Resiste!".

Si puedes hablar con la multitud y conservar la virtud o conversar con Reyes y conservar el sentido común,

Si ni los enemigos ni los buenos amigos pueden dañarte,

Si todos los hombres cuentan contigo pero ninguno demasiado;

Si puedes emplear el inexorable minuto recorriendo una distancia que valga los sesenta segundos...

Entonces tuya es la Tierra y todo lo que hay en ella, y lo que es más, serás un hombre, hijo mío.

Rudyard Kipling

Estas admirables palabras hijas de los Evangelios habían seducido en el más alto grado a mi pequeña niña. Moribunda, sin aliento, había querido leérmelas todavía, y su voz lejana, con hipo y dulce, había llegado hasta el final. El que sabe lo que una voz de agonizante posee de eterno para el corazón de los vivos, comprenderá que esas palabras me son doblemente queridas.

Desconfía de la melancolía de las pasiones.
Napoleón

Ida querida, desde luego te dedico *La Rueda* que ejecuté casi todos los días en sacrificio de tu martirio. Comenzada con tu primer día de enfermedad, la he terminado el día de tu muerte. Una vez más *la punta de la Sabiduría se ha vuelto contra el sabio*; es realmente asombroso ver esta coincidencia, esta transposición de la Fatalidad que yo sacaba de la nada, hacia mi propia fatalidad.

Cuando la violencia de mi tristeza haya transmutado un poco, tendré que hacer un apunte retrospectivo de todas las horas pasadas juntos para multiplicarlas al infinito en mi recuerdo, y todo el calvario: Niza, Saint-Gervais, Cambo, Arcachón. Pero todos los dramas se terminan. *Es preciso que los muertos renazcan; la vida se aburre en los ataúdes. Tú regresarás y yo te encontraré.*

Tendré que tomar el amor de mi amada gran muerta como tema y propulsión de mi más bella obra por venir, para mostrar a las multitudes que no es posible que un ser querido que muere desaparezca enteramente.

Pensemos en ese verso de Dante.

> … Muerte, te tengo por algo dulce, debes ser de ahora en más una cosa buena puesto que has estado en MI DAMA.

¡Oh!, ¿por qué no hay buzones en las tumbas?

Es preciso que te obligue a revivir por la imagen o la palabra, en todas las épocas. Era tu destino morir para devenir Inmortal y para darme esta gran tarea de aplicar mi porvenir a mi recuerdo de tu Pasado. Duermo tu frío sueño. Aprieto los dientes para no llorar y concentro mi potencia. Me has dicho, algunos días antes de tu fin: *Harás algún día una obra gigantesca*... e incluso añadías palabras referidas a un Destino tan alto que tengo vergüenza de escribirlas aquí. Como creías todo eso, es preciso entonces que eso llegue y que yo trabaje en la sombra de tu vida para justificar tu confianza. Estarás siempre cerca de mí, debes estar segura de ello, donde estés, y algún día, *desde luego algún día*, no desespero por volver a verte viva a mi lado, habiendo vuelto tu alma. Pero será preciso que te dejes reconocer bien. ¿Cuál será la señal? ¿Quieres hacérmela comprender poco a poco?

Beso tu recuerdo, mi amada, con toda mi alma tendida.

Las palabras, las imágenes, los sonidos, los colores, ya nada puede transmutar mi sufrimiento, él envuelve hasta tal punto todas mis posibilidades artísticas que las antenas de mi intuición buscan el medio de reventar el cielo de tinieblas que pesa sobre mí desde su Muerte. Yo sé, yo siento que encontraré la flecha que atravesará la bóveda, pero ella está todavía oculta a mis ojos. Tengo aún demasiadas debilidades que vencer en mí.

La imposibilidad de imaginar una felicidad distinta que la terrestre impide ciertamente la evolución de nuestros sentidos hacia la percepción de los mundos superiores.

La explicación de las estrellas siempre perturbó a Schopenhauer y puedo decir que esa interrogación planteada al final de su formidable trabajo del mundo como voluntad, arruina en un segundo toda su doctrina. La aspiración católica hacia el cielo es bella en su sentido estrictamente metafísico; el error es no captar que para merecer el cielo hace falta durante miles, quizá millones de años, sufrir los choques de las influencias de lo que nosotros llamamos azar, por desconocimiento de la lógica universal. Nuestra lógica es en efecto un pálido reflejo de la lógica de los astros que tiene desde luego razón contra la nuestra cuando intentamos encontrarle un origen o un fin pesimista. Lo que es quiere ser, y por eso es necesario que sea más y cada vez mejor. En verdad hay escalas de vibración que conducen hacia las estrellas, pero todavía hace falta que se dude un poco de ello. No reconocerlas bajo pretexto de que no se las ve con los ojos de la lógica, es casi lo mismo que negar la existencia de las ondas hertzianas porque no se ven con los ojos del cuerpo.

¿Cuál será la filosofía de un mono? Si vive feliz solo tendrá un deseo: recomenzar su destino cada vez, en cada nueva generación. Si tiene la chance de ser desdichado, tal vez una parte de su instinto le hará comprender que podría aspirar a una suerte mejor, y procreará con ese fin hasta volverse hombre. Con nosotros sucede igual: si la vida transcurre sin trastorno morimos en la plenitud de una labor acabada con el deseo de recomenzar. Por el contrario el dolor nos abre las puertas de la intuición, aspiramos a sobrepasar al hombre cuya fragilidad sentimos a través de la nuestra, prestamos incluso nuestro dolor al hombre dichoso, y vamos hacia el Superhombre, el cual a su vez se dirige hacia la estrella más próxima.

Escribí esta nota mientras se presenta mi film *Yo acuso* en el Ritz Carlton, frente a la "elite" de New York; pero el ruido de las banderas me es indiferente.

Conozco al escultor Georges Gray Barnard. Es un gran artista, con corazón de ángel. Veo su alma volar alrededor suyo, dichoso, y es tan raro aquí. Le pediré que haga la estatua de mi amada.

Ella me había entregado todo al punto en que no le quedaba siquiera la fuerza de vivir.

...

Y mientras ella respiraba en la sombra de mi vida, yo habré pensado, con un egoísmo indescriptible, en proyectos literarios, habré puesto mis ideas sobre estos apuntes, habré contemplado días de gloria sin detenerme sobre la Tragedia de la bella alma que tenía a mis lados. Mi gran herida lloraba silenciosamente todos los días, y mis ojos de loco no veían nada... Perdón mi pequeña amada, perdón por las penas que pude causarte; yo no era digno de ti, y me has abandonado, para que sufra al punto de devenir digno de tu recuerdo.

Pienso en mi muchachita sin parar, día y noche, cada vez más desde su muerte. Toda nuestra vida común vuelve progresivamente en mi memoria y en sus más íntimos pliegues. Quisiera tener su corazón en una urna y el moldeado de sus rasgos.

Odio tanto el mal como odio su exposición.

Henri IV

Este admirable pensamiento fue recortado en un diario por mi inolvidable muchachita en los últimos días del mes precedente al de su muerte. Todavía la veo tendiéndome el recorte diciéndome: *Vaya, un pensamiento que te gustará, para conservar contigo, cuando ya no esté.*

Uno entrega fácilmente su vida cuando siente que ella ya no tiene gran cosa para darle.

Y tú estás en la Tierra... la Tierra... ese gran alquimista que hace su elixir de vida con las rosas muertas de los rostros...

Mi muchachita, yo te amo todos los días más. Te amo con todo lo que la vida te ha robado. Jamás te he hablado tanto, rodeado tanto, estrechado tanto contra mi pequeña vida. Tú estás allí siempre, siempre. Qué alegría habrías tenido de saber todo esto por anticipado. Cuánto más dulce habría sido tu último mes. Mi pequeñita de los grandes ojos de cielo, tú volverás, reviviremos la misma exacta vida, pero yo tendré más profundidad, tú harás un poco menos el don de ti misma a cada segundo, y podremos envejecer un poco más de tiempo juntos. Te amo mi pequeña –no te has dado cuenta de ello en vida– con un amor raro, invencible, misterioso como la vida y como la misma muerte. Te amo tanto más de lo que pareces oírme y mi voz afligida me vuelve al corazón como si yo gritara solo en un pasillo de montañas. Me avergüenzo de hablarte así cuando tú no puedes responderme.

Pero las Ideas dejan huellas; mi amor, mi gran Amor no puede morir tampoco, y cuando yo mismo desaparezca mi Amor por ti permanecerá hasta que en la vida siguiente te encuentre victorioso. Te amo. Te amo... Hubiera querido, cuando tú moriste, mi bella amada, volverme loco diciendo sin descanso: Te amo querida, te amo querida, pues las meras contingencias me impiden decir esas palabras bien alto a cada segundo. Las pienso en mi pobre corazón desgarrado siempre, siempre… Annabel Lee, Ulalume. Tú sollozabas ese día de hace mucho tiempo, en el que te había leído esos poemas en una pequeña habitación de hotel. Tomada por una misteriosa intuición, llorabas por ti, sin duda, eso me había estremecido a mí mismo. Ese minuto fue para ti seguramente inaudito. Adivinabas la muerte aproximándose a grandes pasos; ¿por qué no oí el murmullo del Destino a tu oído demasiado fino? Dime, querida, ¿estás toda entera en tu ataúd con tus pobres ojos azules petrificados… pues nieva, mi pobrecita, nieva, hace frío, tanto frío...? ¿Di...? ¿Di...? Di… Mi amor… Estoy como un loco allí por besar tu Imagen que se agita a través de mis lágrimas.

No es con voluntad que pretendo vencer mi melancolía, es con fuerza. ¿Que me llegará de la luz?

*Divagaciones nacionalistas*

Por el momento existe todavía el Oriente, Asia, y existe el Occidente: Europa. No hay nada aparte de eso. Sin duda esto no durará. Se me ha hablado de otro continente que se llama América, que ha debido llamarse Vespucia… He ido allí. Qué digo, aún estoy allí, y no veo más que cigarros terminados por los hombres. ¿Es eso...?

Hay *quienes tienen* y que pueden hacer exteriormente cualquier trabajo bajo sin que su espíritu contemplativo vuelto hacia el interior sufra; los orientales, los árabes, los celtas, los latinos, los eslavos, los germanos…

Hay *quienes no tienen nada* y que pretenden tener a cualquier precio, creyendo que mediante el esfuerzo físico o mediante el dinero se adquiere de radio lo que milenios han vertido en las viejas razas occidentales y orientales. Aquellos que aún no tienen nada, los americanos del norte, son seguramente los nuevos bárbaros de mañana.

Mi nacionalismo puede encabritarse y pertenecer al mal Shaw; estoy obligado a confesar que New York me produce una impresión considerable... Qué juventud, qué abundancia de vida, qué sabia. La desproporción existe a causa de la aspiración demasiado grande a la elevación. El ojo ve grande, pero el espíritu ve pequeño. El equilibrio y el gusto faltan por tanto. Pero qué nervios, qué recursos. La tierra tiembla, agitada por estos bailarines. Si América destruyera el puritanismo y el principio del dinero amo, ese becerro de oro de las razas nuevas, absorbería en cuatro generaciones todas las civilizaciones del mundo. La Vieja Europa de sienes grises puede largamente pensar en sus hijos de California que ya no reconocen a su madre... desde hace demasiado tiempo separados de ella... Atención. La vela triangular latina ya pronto será un recuerdo detrás del humo de los barcos de vapor yanquis.

> De nuestras consideraciones sobre la esencia del genio resulta que el genio es una facultad contra natura.
>
> Schopenhauer

De ello proviene esta idea: que los americanos que son el pueblo menos *contra-natura* no tienen por lo general genio.

¿Por qué los americanos son tan apurados? Porque se imaginan reparar mediante una actividad externa siglos de ignorancia. Intenten por azar hablarles de Aristóteles, de Richelieu, de Fréderic le Grand, de Dante o de Nietzsche, háblenles incluso de Emerson o de Whitman (no el del jazz), y asistirán a algo épico de lo que Swift, Rabelais o Montaigne hubiesen hecho sus delicias.

El americano dice: *He is an artist* con una mueca irónica que corresponde a la de un europeo diciendo: *Es un pobre loco.*

Acompañado de varios americanos, pasaba un día por casualidad frente a una humilde casa de campo en cuya puerta leí: *En esta casa vivió Edgar Allan Poe*. Me invadió una enorme curiosidad y pregunté a mis compañeros que se interrogaron mutuamente: *¿Edgar Poe?... ¿What is this name? Jack, Fred, Peter, do you know...?*

...Y recibí en el omóplato un violento golpe amistoso que me hizo comprender que la fuerza prima sobre el saber...

El europeo desciende hacia el cine; el americano asciende hacia él.

Los americanos aman:
el ritmo,
la sentimentalidad pueril,
el detalle minucioso,
la exactitud absoluta cuando se les habla de lo que conocen, y la fantasía sin control en todo lo que ignoran, las ciudades desconocidas, la fuerza, la voluntad en las cuestiones físicas. Ni sentido artístico, ni gusto, ni delicadeza, sino la búsqueda y la necesidad de esas cualidades latinas que, a falta de algo mejor, creen poseer comprándolas.

Los americanos me hacen pensar a menudo en personas borrachas; son la fogosidad, la inestabilidad, la precisión psicológica de las personas ebrias. Su sangre tiene la fuerza del vino.

Pero la salud de América es demasiado fuerte para su gasto, y todos sus dramas nacerán de esto. Su historia se anuncia espantosa. No me sorprenderé de ver surgir su Isaías.

Toda la historia de Europa duerme en las conciencias americanas. Hay en latencia y en gestación la Saint-Barthélémy, los güelfos y los gibelinos, los Orange y los Rose, etc.

Nostradamus me ha dicho:

> La próxima guerra tendrá lugar probablemente entre los ingleses y los americanos, en veinte años tal vez. Se batirán ferozmente como se baten las personas de una misma familia, y todo el Este será poco a poco arrastrado contra el Oeste. Génova y Roma no podrán hacer nada. Moscú sacará provecho de ese cataclismo.

Despliego mi dolor frente a mí mismo como un tapiz y en él me acuesto, esperando la noche... Te suplico, ¡véndeme luz! A trabajar. Debo ser digno de las promesas hechas a mi agonizante.

Encuentro en Alconquín a una jovencita, la señorita Galiene, que interpreta Lilium. Su aire tan indiferente, su lectura (un libro de Bourrienne sobre Napoleón), una frase misteriosa escapada, donde la ambición más rara atraviesa, una melancolía indecible... Pero pienso en ti, mi amada, y todo se desvanece en tu recuerdo.

Ella me decía, y sus brazos de cielo rodeaban mi corazón: *Te quitaré una ocasión de pecar pero te proporcionaré otra, pues la lucha es un desarrollo de la potencia...* Y ella está muerta con una sonrisa azul que los ángeles imitan desde allí.

Me ha dicho:

*Aquel que solo tiene la voluntad de ser elevado sin poseer el secreto íntimo de la elevación, arruinará sus mejores esperanzas.*

Murmurando eso, me observaba con atención pues iba muy pronto a morir, y quería saber si yo podría soportar la Herencia de Su Vida.

Sentir en mí toda la fuerza de los sonidos, de la luz, toda la creación que espera, y callarme de manera implacable ya que la bebida del dolor ha sido demasiado potente y porque incluso la obra de genio no bastaría para correr los velos del infinito que poco a poco se amontonan y se espesan en mí. ¿Conocen ustedes ese sufrimiento? ¿Quién pues lo conocería?

Otro encuentro en New York: dos ojos lunares, dos ojos de una joven hierba llena de rocío. Y mi desamparo sopla hacia esa hierba y la hace inclinar en todos los sentidos, lo adivino; pero tengo un agujero tan negro en el pecho que no quiero esta tarde hacer una venda a mi herida y cierro mis ojos cansados.

Qué pobre romántico he seguido siendo para escribir semejantes frases.

Lo que es bello en una mujer, es todo lo que duerme en ella.

¿Por qué el pesimismo y la melancolía se encuentran tan íntimamente ligados a los estados fisiológicos depresivos y a la enfermedad? ¿No es una negación de la vida la que allí se afirma?

Estoy mal barajado con la muerte por ti, mi muchachita, perdona mi cobardía. Una suerte de cansancio y de enorme temor se abatió sobre mí.

Te amo, mi amor de grandes ojos dulces.

Es preciso vivir perpetuamente en la exaltación intelectual única capaz de hacerlos salir de vuestra norma biológica tan lenta, tan tristemente evolutiva. Es preciso saltar a pies juntillas hacia delante en los círculos de fuego de nuestras posibilidades y no detenerse en los movimientos de estupor de los testigos. Por alto que montemos nuestro teatro, siempre habrá espectadores, aunque solo fuese la parte de sí mismo que uno dejó en el camino.

Te amo mi amada muchachita.

Es preciso crear tan por encima de la fuerza viviente que se pueda asistir con humildad al triunfo, en un rincón oscuro, y como si se tratara de otro.

Un choque moral corresponde a un choque físico; provoca contusiones internas que uno tarda a su vez mucho tiempo en curar.

Toda mi fuerza viril está en mi cerebro, toda la debilidad femenina en mi cuerpo, y eso hace una extraña aleación. Debo operar una transmutación de esos valores *si quiero sostener mi promesa a mi amada querida.*

Mi horóscopo primario. 25 de octubre. – Signo del escorpión.

> Muchos son artistas, pintores. Difícilmente salen de sí mismos; forman un todo que no puede prestarse a la discusión, ya que es un todo, una manera de absoluto que

tiene su propio equilibrio; se lo acepta o se lo rechaza, pero no se discute.

Elegancias pobres, genio humilde, simpático con una gran nariz y grandes orejas... genial (cuando tiene genio), complacientes de continuas palabras, el orgullo viene detrás bajo forma de quejas, la resistencia le pide un esfuerzo colosal, y él resiste; difícil de conocer en tanto parece no serlo, continuos reestrenos de sí mismo, todo a través de la lucha.

¡Qué espejo!

Moricand

*Una velada en New York*

Una muchachita encantadora de sonrisa constante. Distribuye flores con sus manos, con sus ojos, con su boca. Pone sobre mi drama un punto de culminación. Sus labios son dulces como la luna de otoño, pero ni un segundo las campanadas de mis arterias dejan de repetirme: Ida, Ida, Ida, Ida.

La Tragedia de la enfermedad de mi amada es la más grande que conozco: en su carne, torturada durante un año y medio; en su corazón, torturado durante cuatro años; en su espíritu, torturado durante toda su corta existencia; no hay seres que a mi modo de ver hayan reunido sobre su cabeza tanta cruel fatalidad. Mi gran muerta, mi amada, mi amor se agranda con todo su desespero. Tú lo sabes bien.

Y ahora duermes, y en esta noche de New York pienso en ti con tal desborde de afecto, con un amor tan profundo, tan definitivo, tan elevado, que tengo la impresión de que tú sacas algo bueno de ello.

Volveré a hablarte con frecuencia sobre mis pequeños apuntes, y cuando esté muerto, yo también, tal vez nos divertiremos en el otro reino al releerlos, y tal vez diremos, hablando de nosotros sin saberlo: "Se amaban...".

Buenas noches pequeña amada, hasta mañana.

> Hay repeticiones para el oído y para la mente, no hay ninguna para el corazón.
>
> Chamfort

Si no encuentro alguna distracción a mi pena, New York rápidamente me enterrará…

Decididamente esta joven americana de cabellos de fuego de la que hablaba ayer es un carácter. Líneas morales de primer nivel, muy determinadas, muy nítidas; vivacidad, decisión, sarcasmo, atención, libertad, amor por la verdad; y luego detrás de todo ese determinismo activo y nervioso, una pequeña princesa Malena de leyenda, una joven muchachita de Henner[2] en una tarde verde jade, un alma de caña dulce y lejana, algo que llora y que muere un poco todos los días sin saberlo… He arrojado la confusión en ese joven corazón, y nostálgicamente inclinado, observo…

H… (continuación) pero tres tardes tras la nota precedente. La impresión se aviva. La tristeza sorda que acompaña la eclosión de los grandes sentimientos se dibuja, me previene, intuitivamente, de una suerte de peligro bastante serio. Hay amor en ese pájaro azul, y no hago gran cosa para impedirlo. ¿Los versos de la balada de la prisión de Reading[3] que le entrego esta tarde serán suficientes? ¿La cristalización no es demasiado fuerte? Temo por la fragilidad de esta dulce y vibrante muchacha que una imprudente vida de periodismo la fatigue y agote. Los padres no ven lo suficiente esta tragedia de la sonrisa de su hija. ¿Qué voy a hacer?

Niña, te miro con atención y soy tu amigo sincero. Quisiera que fueras feliz. ¿No he comprometido nada? Mi genio involuntario de destrucción me espanta… Quiero tu felicidad, lo repito, porque eres toda dulzura y fragilidad y luz de corazón.

[2] Jean-Jacques Henner (1829-1905). Retratista francés, nacido en Alsacia. [N. de T.]

[3] La *Balada de la cárcel de Reading* es un poema escrito por Oscar Wilde en 1897. [N. de T.]

Me enteré esta mañana de la muerte de Séverin-Mars[4]. Lloré como un niño porque no soy por otra parte más que un niño cuando me rigen mis buenos sentimientos. Pobre gran amigo. Tú duermes, como François de *Yo acuso*, como Sisif de *La Rueda*, con un ojo blanco eternamente abierto sobre la Fatalidad de las noches del ataúd. Los abrazo con todo mi afecto, con todo mi amor simple de amigo. Ustedes eran grandes; han compuesto primero que nadie la tragedia de la pantalla, disgregando vuestro dolor en nuestros mil mosaicos movientes. Mi buen Sisif, *¿la rueda... gira... todavía... allí arriba...? Va a parar... de... girar...* Me acuerdo con una profunda emoción de esta frase del final de nuestra obra... Qué fatalidad.

¿Por qué misteriosa transmutación los mejores elementos alrededor mío se han liberado para exhortarme a elevarme más alto, para poder unirme mejor a ellos?...

...Duerman mis queridos amores. Haré de manera implacable mi trabajo de hormiga sobre este planeta, esperando de vuestra muerte la vida.

Las ideas, son sentimientos que han perdido su pasión.

¿Notas, mi amada, que no pasa noche en la que no diga: *Buenas noches querida*, en voz alta, como cuando la tierra existía para nosotros dos? Y los vecinos deben preguntarse a quién hablo de ese modo, solo en mi habitación.

Esta mañana me pareció que Severin-Mars estaba junto a mí muerto y me decía:

> Adiós viejo amigo. Voy a reunirme con las sombras de Molière y de Talma que conversan graciosamente alrededor de una fuente de esmeralda. Abracen mis amigos, abracen el mundo, abracen la vida, la pobre vida cotidiana áspera y bella, puesto que ustedes pueden

[4] Seudónimo de Armand Jean de Malafayde, actor francés con un personaje en *J'Accuse* y protagonista de *La Roue*, en la que encarna al ferroviario Sisif. [N. de T.]

> hacerlo, y de vez en cuando hábleme, de cierta forma, cuando, completamente solo en su sala de proyección, pase mi primeros planos de sufrimiento... Hábleme... Me parece que le responderé...

Por psico-análisis, concluyo que es necesario que desarrolle en mí: 1) el sentido de la cuarta dimensión que debo aplicar a mí mismo, luego a los otros seres, luego a los propios objetos inanimados; 2) las facultades de imaginación creadora en sus posibles relaciones con las necesidades biológicas; 3) el mayor conocimiento de una dinamita cerebral y de una dinamita astral invisible mediante el desarrollo de mi potencia subconsciente.

Las palabras más bellas, las frases más diamantinas o más melódicas, ya no me bastan y ya no alcanzan. Su inutilidad se comprueba ante el increíble egoísmo de la civilización contemporánea. La palabra ya no sabe arrancar la lágrima y la sonrisa. Demasiada prostitución, demasiada maña, demasiado regateo la han perdido. Y he aquí que con mi corazón repleto de montañas nevadas, con mis sentidos tendidos de estrella en estrella, con toda mi pobre vida que arrastro tras de mí como un caparazón, yo busco, rían todos, busco la Nueva Fórmula para realizar y realizarme. *Y pienso que encontraré* puesto que mi amada me lo ha dicho antes de morir. Y los hombres se entenderán de un polo al otro, sin que la ciencia tenga que mezclarse en ello, y la tierra se aproximará por sí misma más al sol.

H. (tercera continuación). – ¿Qué pasa entonces en mí? ¿Es la intensidad de su dulzura la que me invade? ¿Es mi pena que necesita de una rama para tomar un poco de aliento?... Estoy al acecho con ella como frente a una pequeña isla de coral desconocida alrededor de la cual doy vueltas con prudencia y un poco de inquietud.

Complico por gusto su simplicidad porque creo que el constante tormento espiritual al cual la someto abrirá su naturaleza a mi espíritu. Ella me parece tener una resonancia profunda. Está ahí, curiosa y traviesa, franca y diplomática, transparente como esas esmeraldas cuyo fondo jamás se ve, sus ojos abiertos sobre América como una pequeña marquesa francesa de antaño, gran amiga de los generales de Louis XIV. Ella hubiera amado Condé. Su mayor coquetería es no tener una. Su mejor sonrisa es la de disimular la lágrima que ascendía. Su mejor ocurrencia es para ocultar un rincón de su corazón. Soy en efecto una tormenta para ella, pero no parece tener miedo y yo temo que ella se vuelva una tormenta para mí. Ella sabe sufrir riendo. Tiene un poco del fuego de sus cabellos en su voluntad. Es todavía una muchachita en azul, y no sé si no divago.

Y tú, Tú, mi Amada, mi dulce Ida de grandes ojos cerrados, ¿me perdonas estas puerilidades sentimentales en torno de tu profundo silencio? Sufro al punto que no quiero contemplar la extensión de mi pena. No hay límites, jamás habrá límites, sabes bien que siempre estaré en el minuto que siguió a tu muerte.

No estoy lo suficientemente seguro de encontrarte en este mundo. Háblame un poco, aclárame, desciende a mi corazón; ¿no habíamos prometido hablarnos si uno de nosotros desaparecía?... Dulce y encantadora compañera de mis horas pasadas, descubre tu corazón, dime lo que hay que hacer, lo que debo evitar por ti, para que tus ojos muertos no lloren. Responde, responde. Asegúrame mediante una señal que Musset tiene razón:

> Le ciel, de ses élus devient-il envieux?
> Ou faut-il croire, hélas, ce que disaient nos pères,
> Que lorsqu'on meurt si jeune on est aimé des dieux.[5]

Qué filosofía tendió alguna vez esos puentes magníficos e inesperados que el amor y el dolor arrojan sin saberlo sobre los abismos del pensamiento – esos lazos de rosa de estrella a estrella...

Poner sobre mi mesa de despacho en París la edición del *Rojo y Negro* de Stendhal con esta nota liminar:

[5] El cielo, ¿se vuelve envidioso de sus elegidos?
O hay que creer, por desdicha, lo que decían nuestros padres,
Que cuando uno muere tan joven uno es amado por los dioses.

> Tú eras Matilde de la Mole, exactamente, luminosamente. Tú ya habías venido entonces sobre la tierra. Por eso estoy seguro de que volverás.

Mi pequeña amada tendida, nada temo por tu recuerdo. Es tan inalterable en mi corazón como tu imagen en mis ojos. *Tú no puedes morir dos veces.*

> Es preciso ceder a los deseos de las muertas coronadas.
>
> Valéry

H. (quinta continuación) – ¿Qué impresión nueva tengo? Ella me asegura que estoy mucho más avanzado en su simpatía que antes. ¿Es verdad? El flechazo que había dejado aturdido pasa poco a poco, el espíritu crítico reapareció. Dos sonrisas en una sola, dos inquietudes en una… y luego mi voluntad de agrandar y embellecer todo. Tengo tanta bondad en distribuir que amaría al diablo si se presentara; esto para ponerme en guardia, pero me defiendo contra una cristalización extraña y sólida que me inquieta. No debo quemarme con un fuego de bengala, debo saber la cualidad exacta de ese fuego.

H. P. (sexta continuación). – Ya no hay salud, ni resistencia fisiológica como sospechaba, un gran equilibrio interior, una ausencia de esa *melancolía de las pasiones* que temo y que nos extenúa, a nosotros poetas. Hay la vida y sus elementos directos, y el sueño que se pliega y se deja llevar en viaje en una maleta. La vida no parece allí dependiente del sueño, mientras que en mí es el sueño el que conduce mi vida. No hay vértigo de las cimas, sino una curiosidad psicológica y probablemente fisiológica muy grande, un pedido a la vida de aquello que ella promete con certeza.

A menudo se escribe al borde del mar. Recuerdo hace doce años Niza donde leía Verlaine, hace tres años Dinard donde contemplaba las horas perdidas; y heme aquí de nuevo con todos mis duelos frente al mar que me mira con sus mismos ojos. Qué bellas cosas están muertas.

Qué tragedias. Qué marchitamientos, pero felizmente las estrellas están siempre ahí… ¿Y qué hay todavía por encima de las estrellas?…

Algo me responde:
*Mi muchachita amada…*

> Parece que el amor no busca las perfecciones reales. Se diría que les teme. No ama más que aquellas que crea, que supone; se asemeja a esos reyes que no reconocen otras grandezas que aquellas que han hecho.
>
> Chamfort

Pienso bruscamente en ti, muchachita, volviendo a copiar admirables pensamientos de Chamfort, en aquel paseo en Dinard en el que fuimos seguidos por bandidos y en el que, toda alterada, volviste conmigo sobre tus pasos para tomar un tonificante que por otra parte estuvo a punto de envenenarte, en tanto ya la fatalidad te mostraba sus garras. Ella se erigía ante ti a cada paso, en todas las curvas, (el día en que habías caído sobre vidrio al descender del auto), y a menudo, a menudo, en el aire, en las cosas, en las mujeres, había contra ti, contra TI, envidia constante a causa de tu perfección. Los gusanos del mal te habían elegido como eligen el fruto más bello sobre el árbol. Eras demasiado bella para no morir.

H. (continuación en voz baja y clave menor). – Su dulzura y delicadeza se confirman. Ella teme su Waterloo, dice con una triste sonrisa, y querría hallarse lejos de todos. *Over the hills and far away…* Ella presiente las horas grises. Mi ternura para con ella me impide considerar con calma lo que decidiré. Así como de la comedia de dos sonrisas nace rápidamente la más grave de las tragedias… ¿Estaré perpetuamente en esta Rueda? ¿No respetaré más lo que me debo?

Estoy de *fin de semana* en Shoreham; escribo esto frente a la lluvia; la tormenta ruge a lo lejos y la paz ha descendido un poco sobre mí. Hace un momento oí cantar a esa pequeña con una voz de bebé estrangulada por su fragilidad y su emoción. Se acompañaba al piano. Yo estaba en otra pieza romántica, con flores en todos los cristales, y creí durante algunos minutos, cuando la estreché contra mí, en un sentimiento de indefinible ternura. Necesidad de amar que me traía lágrimas a los ojos. Habíamos conversado seriamente en las grandes idas por el enlosado de cemento e intentado precisar ese turbio porvenir.

*C'était une bergère... Et ron et ron... petit patapon...*[6] Qué deliciosa melancolía encontraré más tarde releyendo esta frase. Ella me dice esta mañana, cuando llegué cerca suyo, yendo a tomar mi baño: *Me parece que he pensado todo, visto todo, que he dado la vuelta a lo posible y a lo imposible...* Yo escribo esto en Shoreham, pequeña playa de guijarros transparentes.

Qué sonrisa de fuego. Qué encanto pueril y profundo.

Hemos cenado muy bien, demasiado bien, con M.B. Tanto P. como yo entramos un poco ebrios en el triste salón donde ella espera... Sentimos el alcohol, dice ella, y la superioridad americana muy pronto se afirma... Mirabeau lo hubiera tomado de manera violenta. Yo me alegro de sonreír más. Tengo el amor lento. Qué rara cara pondrán las personas en treinta años releyendo estas notas si caen por azar bajo sus ojos.

Esta pequeña me altera profundamente. Se adelanta hacia mí, luego retrocede un poco y espera. Y posee en ese juego una suerte de fuerza indiscutible.

¿Cómo se llama mi sentimiento?

¿Mi muchachita, tú duermes? ¿Dónde está tu alma? ¿Qué esperas para hablarme?... No puedo servirme de otra cosa que de mi propio corazón... No oyes a la noche cuando te digo *Buenas noches mi amada* que es más que yo quien te habla, puesto que me quiebro cada vez y mis lágrimas desbordan.

[6] Canción infantil francesa sobre una pastora de ovejas. [N. de T.]

... Tú duermes entonces muy bien. Me habías prometido escuchar mi voz si morías antes que yo... Pienso que estás reviviendo y que me buscas... ¿Cómo saber?

(No sucede, mi amada, que solo existe la locura del desamparo en estas palabras y que mi lenguaje te llega un poco como un perfume o como un ruego).

H. Ella tiene 21 años. Su perfume es el Styx. Tiene pequeños pañuelos en tela que hacen un ruido de vivos colores. Ella cantó la melodía de Sally el otro día en la casa florida de Shoreham, bajo la lluvia.

Ella es menuda en su vida, en su forma de reír, en sus palabras, y de repente estallan sonoridades profundas e inesperadas, ojos llenos de cosas ya vividas en otras vidas... y mi sonrisa se detiene y se aferra ansiosa a este pequeño misterio de fuego que revolotea alrededor de mí.

Pero mi amada de ojos de estrellas tenía sonoridades mucho más inauditas y de otro modo más misteriosas. Se conocía menos pero veía más allá del mundo. Temo que haya muerto de haberme dado demasiado. Este pensamiento a menudo me asalta y me acongoja. ¿He sabido al menos tomar bien y crecer con todo lo que ella arrancaba de sí para mí?... Jamás te olvidaré mi blanca muchachita. Jamás. Y cuando nos encontremos, podrás mirar mi amor de frente, tal vez haya descansado de su dolor pero no habrá envejecido.

*Alea jecta est*[7]. La hora de las debilidades debe pasar. Demasiada dulzura desgasta. Mis nervios ya no pueden más. Defensa egoísta, no para mí sino para mi meta. Y sobre todo ningún despecho. Es una de las graves debilidades humanas. El despecho solo debe servir al amor propio, y el amor propio a la elevación. Prestar atención al proceso de ese sentimiento que a menudo me arrastra fuera de lugar por el exceso de mi sensibilidad. Hay mucha agua entre los dos mundos. Al Este y al Oeste les costará reunirse. Reflexionar atentamente la semana próxima

[7] Locución latina que significa "La suerte está echada". [N. de T.].

en mis decisiones sentimentales. Desconfiar de mí mismo. He aportado mucha desgracia. Sería tiempo de que me detenga. Me acuerdo de la palabra de Lou Salomé a Nietzsche:

> La vida es bella y digna de ser vivida, pero tú vales tanto que se te vive.

Mi dulce amada, no puedo pensar que el verso de Baudelaire sea exacto:

> Los muertos, los pobres muertos, tienen grandes dolores...

Tú has abandonado tu ataúd y lo que queda en tu tumba mi amada, no eres tú, es mi pensamiento. Es mi pensamiento el que está enterrado ahí y sufre, es el quien todos los días se hace carcomer un poco más por los gusanos, por las lluvias de otoño, por el gran frío de la nieve que filtra a través de las tablas. ¿Pero Tú, TÚ? Desde hace mucho tiempo, desde el día de tu Cruz, te has evadido de tu pobre cuerpo mutilado y ensangrentado, de tu pobre cuerpo querido que has abandonado a mis brazos, vacío... ¿Dónde has partido? Te debes haber vuelto gaviota y esperar mi paso en barco por los mares solitarios. Yo pasaré. Espera.

...No he podido desembarazarme del recuerdo insistente de esa pequeña americana con alma de libélula. No pienso que el Amor haya nacido; el amor ya no puede nacer sin que esté seguro de que el alma de Ida ha vuelto. Es una curiosidad muy dulce, muy profunda, muy intuitiva, y la búsqueda de un apoyo, de un brazo para continuar la exploración que hago del universo viviente. Hay allí un grave y seguro peligro, y sin embargo, no tengo la fuerza de comandar a la vida. Si le obedezco me convierto en esclavo de la pequeña sonrisa de fuego. Su debilidad me seduce como una fuerza. Más débil parece, y más sucumbo. Es extraño. Algún día próximo debo hablarle muy profundamente.

Greenwich:

–Tú eres un bruto, me dice ella.

–Lo siento mucho.

–No hay por qué. Adoro eso…

–Córtame una mecha de tus cabellos…

–¿Cortar? ¿Por qué? Arráncamela. Lo prefiero. Amo eso. Vamos pues. *I love this.*

Y como dudo diciéndole: *Yo solo soy un diablo día por medio*, ella me responde: *Yo prefiero el cielo de día y el infierno de noche.*

Esta americanita me desconcierta.

20 de agosto. Mi querida Ida. No sé por qué esta noche volviendo de una cena en casa de una polaca vacía e irritante llego a mi habitación, con el corazón ceñido, y lloro por ti como todavía no he llorado. Toda la tristeza del mundo está en mí, y nadie a mis lados; sí, pequeños corazones, pequeñas manos, pequeñas almas, pequeñas amistades. Es preciso que ascienda la montaña con mi Cruz, pues ahora, querida, tú eres mi Cruz, y te transporto sin cesar, y ahora comprendo por qué entre cada una de las letras que escribo sobre estos apuntes trazo una cruz sin siquiera darme cuenta. Los días en los que estoy fuerte, nadie lo nota y yo mismo llego a sonreír; pero los días de debilidad, caigo bajo tu peso y me aplastas, y nada puede impedir mi suplicio. Mi bien amada, seguramente hay, en este momento en que te escribo sollozando, algo de ti que me ve y me comprende. Yo beso, arrastrándome de rodillas, tu amado recuerdo.

Yo te adoro cada día más. Acabo de mirar tus fotografías. Tuve una emoción indecible. ¿Qué belleza desaparecida? La más bella rosa de Francia dio todo su perfume al lado mío, lentamente, y solo me di cuenta del perfume de mi rosa después de muerta. Tengo un desaliento inmóvil que no gira desde luego con la tierra y que comenzó a la hora de tu fin; ese desaliento, lo encontraré todos los años en el mismo lugar puesto que yo giro y él permanece, y él crecerá esperándome hasta que se convierta en lo que tú deseas, una fuerza creadora y transfiguradora.

La Tragedia de tus cuatro años, mi amada, es la más profunda, la más sublime, la más infinita de las tragedias humanas. No veo el por qué de esta terrible fatalidad y me pregunto cómo tú el día en que estabas a punto de morir, antes de la operación, qué crímenes pudieron cometer tus ancestros para que tú pagues precio semejante. Que se me entierre cerca de ti, es lo que deseo ardientemente, y pienso que se leerán estas líneas para este último servicio que pido.

Te beso, mi amada muchachita de grandes ojos.

Fin de semana con mi *pequeña flor de fuego* en Greenwood lake. Numerosas impresiones difícilmente analizables. Naturaleza compleja, femenina, amargura en el labio superior, bondad en el labio inferior, reticencias, dulzura infinita. Mi alma está tan cansada, tan cansada... No tengo la fuerza de abrir mis ojos de par en par sobre este drama con una sonrisa a mi lado.

Tú que tenías a Minerva, Diana y Venus en una única de tus sonrisas, diosa buena, mi amada, ¿dónde estás?

En casa de H... Pierre y yo cenamos en lo de su amiga el día siguiente a la noche. ¿Este nuevo drama se terminará en falsete? Qué decepción a añadir a las miles de otras. Sí, su sonrisa, su voz, su dulzura, una profundidad de alma innegable, horizontes, olas claras, pero no la dulzura suficiente, no el silencio cuando debe ser, el frente a menudo se abre y se americaniza. Monroe... Los llantos, luego las palabras, luego las risas no se encajan a la francesa... Hay contratiempos que rompen mi sensibilidad. Enfermera ciertamente lo es, pero distraídamente, en medio del vendaje, se ocupa de hacer alguna otra cosa y yo dejo la herida muy abierta...

...

Qué angustia en este país tan lleno y tan vacío a la vez, donde la prohibición moral es todavía peor que la otra. ¡Oh! mi bella pequeña muerta, me llega este terrible pensamiento, ves, de envidiarte y de querer descender de inmediato cerca de ti y dormir… Cómo esas palabras se inscriben en rojo bajo mi pluma… ¿No hay entonces realmente milagros? ¿No puedes regresar en otra…? Qué pobre cuerpo arrastramos, y en este país de hipocresía, qué bajeza, qué estrechez moral.

Al fin. Voy a poder adoptar una actitud clara con esta niña. Su sonrisa no vale mi sufrimiento; solo eso es suficiente… Qué dolores esos falsos viajes… y los transatlánticos que vuelven a partir hacia Europa donde ella duerme, esperándome.

Cuando un dios y un hombre se baten en un mismo hombre, es el dios el que triunfa si el hombre muere joven, es el hombre quien triunfa si no muere.

Beso tus pobres ojos de amor, infinitamente, infinitamente, y voy a *comenzar a vivir de nuevo* con la voluntad salvaje de devenir lo que tú pensabas que debería ser: actualmente, y durante un año todavía, mi sentimentalidad, mi corazón quebrado, me impedirán sin duda sostener mis promesas; pero la evolución producirá sus frutos y el árbol de dolor, el árbol de tu Dolor, no habrá sido inútil. Cristo murió para redimir el mundo; tú has muerto, Tú, para redimirme. Al morir dejaste caer tu Cruz sobre mis hombros, y yo asumo ahora su doble peso. Duerme tranquila.

Tengo la viva y clara impresión de que los recuerdos de mi Muerta están tan vivos como esta flor sobre mi mesa. Sus expresiones que me habían quedado sin precisión en la memoria adquieren de golpe una agudeza y un relieve sobrecogedores, y veo ahora el detalle de sus rasgos durante toda su horrible agonía de más de un año. No, ¿su alma no está muerta...?

Una expresión suya me hace correr lágrimas, es cuando examinaba su mano para hacer su quiromancia; ella adquiría entonces una figura de muchachita muy pequeña con ojos un poco cerrados y buenos, buenos… donde entregaba todo su misterio, todo lo que le quedaba de fluida, todo para que se le informe… Jamás olvidaré aquello.

> La suma de displacer prevalece sobre la suma de placer: por consiguiente la no existencia del mundo sería preferible a su existencia. A semejante habladuría se llama hoy pesimismo. Desprecio ese pesimismo de la sensibilidad; es una marca de profundo empobrecimiento vital.
>
> Nietzsche (Voluntad de potencia)

La felicidad está pues en la *sola potencia* y no en la idea inteligente y sensible, espejo que uno se fabrica a sí mismo de su felicidad. Por eso los enfermos no pueden ser dichosos; por eso, ¡oh! toda mi tristeza, mi muchachita a pesar de su ilusión jamás fue feliz conmigo: habiéndole faltado desde el comienzo la potencia vital. Y por esto también, sufro intolerablemente.

Es cuando lloro que mi tristeza es quizá menos grande.

La amistad entre un hombre y una mujer no es con frecuencia más que amor fatigado. Y siento amistad por esta pequeña…

…Pero… ella llora demasiado la muerte de Caruso, ama demasiado a Pola Negri en Carmen, no comprende lo suficiente la tristeza de Chaplin, no comprende que el mal gusto de esta revista de los *Ziegfeld Follies* es deslumbrante, y eso me conduce a este otro pensamiento de Chamfort que es tan justo para el hombre como para la mujer:

> Hay una mujer que se volvió desgraciada para toda la vida, que se perdió y deshonró por un amante que dejó de amar, porque él cortó mal una de sus uñas, porque quitó mal su maquillaje o puso su media al revés.

H. Después de las grandes tragedias, después de los grandes naufragios, tenemos tendencia a jurar un amor eterno a la pequeña isla lanzada por la Providencia, y luego el tiempo pasa, el Egoísmo reaparece con su río de sentimientos accesorios y arrastra todo, todo, la isla es sumergida, otra catástrofe, se vuelve a partir. Atención entonces.

Ella misma me ha dicho todo esto hace un momento, y su voz tenía la verdad de los árboles.

Brocelandia, muérdago, druidas, una hoz de oro, lo que nos queda de poesía, y allí inclinada curiosamente sobre Europa, H... una amapola.

No tuve la fuerza para hablarle como debía hacerlo y nuestro pequeño drama continuó en un pequeño ruido de besos... Mientras que la miro atentamente en la noche y veo sobre su labio inferior ese pliegue de angustia y amargura que temo, la aproximo bruscamente a ese cuadro de los *Enfants d'Edouard*[8] del Louvre. Es el mismo presentimiento de una fatalidad terrible sobre su figura; la luz roja, por desgracia, es ya visible bajo la puerta de su alma. Ella tiene la obsesión de la locura y del suicidio y con un positivismo notable; ni el menor desajuste literario... Y luego también en sus ojos algo doble, enigmático, un poco satánico y empecinado, un poco vulgar y fuerte por contraste con la inmensa dulzura e ingenuidad del resto... Cómo terminará esta historia si vulnero mi debilidad. Mi intuición me previene con una precisión particular esta noche... Quisiera que actúe sola, sin que mi inteligencia se ocupe de ello. Tengo mucha inquietud con esta amapola. Son flores de colores francos que crecen en medio de la cizaña, en el viento, mejor que en los parterres, pero que se ajan rápido si se las toca...

A esta niña le hace falta calma, reposo y no la vida afiebrada de las grandes ciudades. Yo vivo muy en medio del fuego como para quemar aún de manera inconsciente alguna falena. Voy a conducirla con prudencia sobre el pequeño sendero de su vida y volver a mi acantilado donde sopla siempre la tempestad.

Un amor que muere es más triste que la muerte misma: esa flor cortada en un jarrón que sangra su perfume y que agoniza sin ruidos... me deja correr dulcemente un largo escalofrío de nostálgica desesperanza entre los hombros, y lloro *en mí* porque ya no tengo la fuerza de hacer correr mis lágrimas afuera.

[8] Paul Delaroche, *Les Enfants d'Édouard*, 1831.

Pienso en ti cada vez más, mi pequeña muerta; la Tragedia se agranda. Pienso en todo, en todos los segundos de nuestro drama. Tu apretón de manos y vuestras miradas con Severin-Mars. El movimiento mecánico de tu frágil cuello durante tu espantosa agonía. Y sobre todo tus sollozos antes de caer en el precipicio…

Encuentro este pensamiento de Nietzsche que él no debió poner en práctica ya que había en él demasiada presión intelectual y le faltó la válvula de seguridad del egoísmo:

> Una hazaña en la sabiduría de la vida, es saber intercalar a tiempo el sueño bajo todas sus formas.

Noto que a partir de mi desgracia he sabido intercalar felizmente una suerte de letargo sentimental que ahora solo me permite poco a poco el trágico despertar. He dormido desde entonces, duermo todavía la mayoría de las veces; y hay incluso ciertos rincones de mi corazón para los cuales dormiré eternamente y para los cuales ya jamás levantaré el velo del recuerdo.

Puedo hacer aquí una observación curiosa. Después de mi drama he pasado de los exámenes objetivos y generales al examen subjetivo y personal con un sesgo de marcado egoísmo. Antes tomaba poco en cuenta, en estas pequeñas notas, mi vida privada. Actualmente ya no son más que su expresión, y es a mi modo de ver una prueba más de mi fatiga y depresión intelectuales.

En el rincón de una calle de New York, acabo de notar hace un momento una aglomeración. Una voz vocifera. Me aproximo; un energúmeno rubicundo, de camisa rosa y ojos embridados, baila, bufa, ríe con sarcasmo, estalla, suspira, llora, escupe y grita… Es una tempestad cómica hecha de una voz cascada que se obstina en vulnerar la faringe. Él baila, salta sobre algo escrito con tiza en la tierra. Leo: Jesús-Yahvé. Hay también un libro en el suelo, que toma, que arroja, que golpea, que abre con amor. Es la Biblia. Y él dice que toda la alegría humana está en la Biblia, etc...

Algunos pasos más lejos dos jóvenes viejas mujeres del Ejército de Salvación, de figuras pálidas, hipócritas y extáticas, con las semi-sonrisas y una almita pequeña en sus grandes ojos, observan al bailarín ebrio de su Biblia, junto a un pequeño órgano presto a entregar sus quejidos. Otro hombre bastante enigmático, con una sonrisa profunda, sentado cerca de las dos mujeres, mira al bailarín... Un negro está frente a mí, plácido... algunos hombres fatigados escuchan. Uno no ríe. Respeta a ese loco que intenta balbucear luz... Reflexiono profundamente y no me animo a sacar conclusión de ese drama cómico de la esquina de la calle...

Evidentemente hay una suerte de histeria en este pueblo, que proviene de su gran fuerza física no utilizada. Una reacción terrible seguirá, y lo permitido ya no conocerá límites aquí en una veintena de años.

H. Pienso mucho en mi flor de fuego y en la instauración de esta pequeña figura pálida en mi vida. Hay tal agudeza de inteligencia en esa mirada. Tal calor interno en ese cuerpo y en esos ojos. Pero hay tanta América en esa alma. Ella posee un gusto de frambuesa y de claro de luna en su sonrisa.

En medio de mi niebla cotidiana, me acuerdo de nuestra jornada en Brive, el pequeño paseo alrededor de la estación, la comida en el buffet, el cansancio que yo tenía, en la calle, entre los hombros, ... tu vestido grosella, mi querida Ida... No puedo conseguir acordarme por qué estábamos en Brive, y lo que buscábamos allí.

Adiós mi pequeña Berthe Bady[9].

Me acuerdo de la noche en que mi muchachita me esperaba en el Hotel Atlántico de Niza, bajo su mosquitero, con su figura sacudida ya por el mal, cuando cenaba en tu casa y nos hablabas de la muerte con un terror comunicativo. *Estar muerta, ya no amar, no moverse, jamás,*

[9] Actriz belga, que participó en el film inacabado de Abel Gance, *Ecce Homo*, 1918. [N. de T.]

*jamás...* Y tus brazos se torcían de angustia, y recitabas ese poema terrible de Laforgue sobre la implacable sordidez del mundo.

Tú habías dicho esa noche versos de adiós de Henry Bataille y versos de Baudelaire: *À une Madone*, donde todo el vicio de tu voluptuosidad, donde toda la voluptuosidad de tus vicios corrían por tu voz rota y cálida aún...

Pobre Berthe. El último film está rodado. Tu carne estaba a punto de arder... Tú no estás muerta, y has pasado también dentro de otra mujer, estate segura de ello. Nos volveremos a ver y nos reconoceremos, sin saberlo.

Nuestros muertos, nuestros muertos queridos, cavan su tumba también en nuestro cerebro y hacen allí un agujero negro donde viven siempre en silencio... Toda mi cabeza es ya un cementerio y ni siquiera sé si ya no me vi obligado a quitar antiguos muertos para poder meter ahí los nuevos.

Buenas noches mi pequeña amada muerta. Sabes bien cómo mi alma permaneció cerca de la tuya, sobre tu almohada ensangrentada, y sabes también que todo lo que tenía murió contigo en el segundo de tu muerte. Vivo como frente a un espejo, con el recuerdo, la sombra y el reflejo de mí mismo, pero tú, y mi pobre corazón, dormimos uno al lado del otro por siempre...

A menudo tropiezo violentamente con las puertas cerradas de la vida. La muerte es la primera puerta que se abre. Intenté ver por la abertura, y quedé estremecido de ver todavía la vida del otro lado. ¡Oh! los Atlantes, ¡oh! las estrellas, ¡oh! las otras estrellas detrás de las estrellas...

Debussy. Escucho *L-après-midi d'un faune*. Hay ya un cáncer en su música. La melancolía no es profundamente simple. El sol, la uva, la fuerza viril del fauno están enfermos, lejanamente... como Bady lo estaba ya en los brazos de Bataille mientras era este último quien se compadecía, como mi pequeña en mis brazos... cuando también yo me compadecía.

> Cuando el corazón se ha entregado sobre la tierra, la muerte no rompe sus lazos, y en el cielo él permanece todavía unido a su objeto, de donde sucede que el primero de los esposos a quien la muerte ha arrebatado suspira y hace votos para ser reunido.

Querido y pobre Swedenborg. No puedo leer estas líneas sin pensar en esta frase tonta: *Presta atención a tu velo de novia...* Hay tanto mejor de lo que tú dices y de lo que yo pienso. Ese guiso del paraíso no me sacia...

...Todos los libros están vacíos del Verdadero Amor.

Buenas noches mi pequeña muerta. Estrecho tu alma tan cerca de la mía que ya no puedo devolvértela. Y tengo ahora el peso de nuestras dos almas para sostener.

No he escrito nada sobre H. desde hace algunos días y sin embargo se ha desplegado una fase de su tragedia que estuvo a punto de ser decisiva y mortal. Sus pobres ojos transportaban la sombra de la muerte, esa sombra que he visto nadar en los ojos de mi querida amada algunos días antes de hundirse. Llegué a tiempo para evitar el gesto fatal, ¿pero qué decidir ahora?

Para evitar la catástrofe, estoy obligado a actuar mal. El amor propio herido hará una barrera al amor de modo más seguro que todo el resto. Decido partir a medianoche en el buque de la mañana siguiente, cueste lo que cueste. Este gesto cobarde salvará una existencia. Qué importa después de esto el cuidado de mi memoria en esta alma adorable, si ella vive.

El 5 de octubre parto desde New York tras 5 meses de estancia. ¿Dónde estoy moralmente? ¿He avanzado un poco? Mi dolor es tan profundo pero quizá más resignado, más sabio. El tiempo es la mejor de las tumbas. Pienso en H. La observo con el interés de un alienado que vuelve poco a poco a la razón. Tuve, ayer a la tarde, tras nuestra separación cuando decidí esta partida brusca, uno de esos largos dolores que te acercan a las estrellas... De todos modos tuve razón en partir. La vieja Europa tiene necesidad de nosotros... Está muy lejos de sospechar qué gigantesco mundo se prepara de este lado. Pobre gran Georgette Leblanc[10] que se bate aquí con sus finas manos contra los rascacielos... El barco se estremece. ¡Finalmente hacia ti! Cada jornada de hélice va a aproximarme hacia tu cuerpo adormecido, mi amada...

Primer día de travesía. Qué dramas en estas segundas y terceras clases ante mí, bajo el sol. Lo que los continentes se lanzan uno al otro... Esa imposibilidad para estos desdichados de crearse una familia en un mundo, estos judíos errantes cosmopolitas... ¡Oh! los ojos suplicantes de esa muchachita sacudida por una bruta... Y el palco de las primeras clases que durante toda la travesía puede pagarse el espectáculo gratuito de estas indecibles tragedias.

Desde hace dos días en el mar. Había pensado muy poco en H. y he aquí que porque mi fonógrafo toca músicas negras, tan extrañamente cautivantes, mi recuerdo se transporta potentemente sobre esta niña... Había encontrado allí, en un rincón de América, un corazón inteligente y dulce, completamente para mí. Uno se pasa la vida lanzando sus recuerdos como muertos por encima de la borda...

Mi amor.
Mi amor.
Mi amor.

14 de octubre

Cuando ella fijaba con sus ojos afiebrados su pequeño pájaro durante todo el día, todo el día... mi pobre muchachita muerta... *Lo miro todo el día ir de un barrote al otro; él no me conoce. Cuando tú entras tiene miedo, pero estando solo conmigo canta...* Amada muchachita. Nadie puede saber lo que pueden ser para mí los detalles en apariencia más insignificantes... Hacer llorar a las piedras no es una palabra vana... Beso apasionadamente tu recuerdo.

[10] Cantante y actriz de teatro francesa, mujer de Maeterlinck. [N. de T.]

Ya nada es como antes para mí desde que la Muerte se extendió sobre ella como un amante, y sin embargo sigo, intentando reencontrarme, intentando no adormecerme tanto que el sol quiera representarme la comedia de la vida. Pero yo solo estaré bien junto a ella y es por eso que me habitúo poco a poco a la sombra.

Tengo treinta y dos años. Los dramas se han acumulado y mi Amada está muerta… Mis cabellos emblanquecieron. Mi risa ya no es la misma.

…Y tú, mi amada, mi querida amada, fría, endurecida, en la tierra mojada y sucia, ¿dónde está tu gran alma de margarita, tu gran alma de álamo que temblaba sin cesar alrededor de tu frente demasiado blanca? Es tu alma y no tu recuerdo lo que tengo aquí ante mi boca y ante mis anchos ojos, es tu alma la que pasa sus manos alrededor de mi cuello y que siempre va a acompañarme de ahora en más hasta que encuentre un cuerpo digno de ella…Y allí reside tal vez el misterio de la Resurrección, pues es evidente que tú ya revives y vagas, fuerza ancestral, en busca de una nueva humanización. Te estrecho contra mí, alma blanca, hermana de mi alma triste, atada para siempre a mi cuello, como un collar invisible de alas perfumadas.

Ya no tengo ganas de escribir otras palabras, están demasiado por debajo de la profundidad de mi Tragedia. ¡Oh! mi pequeña muerta, ¿cómo podía pensar, hace tres años, que esta tarde de mis treinta y dos años dedicaría estas líneas a tu memoria… ¡Espantoso aniversario!... ¿Qué palabras puedo decir y qué otro análisis de mí puedo hacer si no es el de repetir con Edgar Poe: *¿Nunca más, nunca más, nunca más?...*

Tarde de mis treinta y dos años. Qué melancolía otoñal, qué cansancio de la vida, qué necesidad de detener la Rueda.

¿No se detiene la vida por entero cuando ciertos seres alcanzan los límites extremos del dolor? Los precipicios también tienen su cielo. Me sofoco, me ahogo…

Desde luego, Madame C. C. es melancólicamente inquietante y alegre. Eso, no lo puedo negar.

Y tú mi pequeña muerta, no te imaginarás que te olvido en tu cementerio, sabes bien que si intento reír, si intento hablar a las mujeres, es para no morir de inmediato, para poder ascender aún y ser digno de realizar una obra a la altura de tu deseo. Tú me lo has pedido. La haré, te lo juro. ¡Oh! revivir tu sonrisa… Revivir tu voz y tu melancolía… ¿Me oyes? ¿Me oyes?... ¿No he sobrepasado lo suficiente el llanto? ¿Estás ya en las estrellas? No has rodado todavía a mi alrededor desde tu muerte física. ¿Por qué? Ven, no tendré miedo.

Cada vez más pienso que el alma de E. había venido para habitar a Ida y que encontraría una mujer cargada con el peso de mis dos muertas y que solo será su esencia aliada en la evolución de una forma todavía más perfecta. Hay un abismo de luz en imaginar esto y no me animo todavía demasiado a aventurarme, mi prisión viene de ser tan negra…

C. C. Una dulzura inteligente, enferma creo. Muchos recursos en el espíritu y el corazón. Mucho gusto. Algunas aberraciones religiosas hechas de un misticismo de muchachita. Sí, sobre todo: una bella mujer con el alma y los brazos de muchachita.

Buenas noches, mi Amada adorable de sonrisa de mar. Como una pobre abeja cansada, libo algunos corazones a mi alrededor, pero mi alma, mi espíritu, mi fuerza, toda mi vida está contigo, en ti, para ti, para que me encuentres, para que revivas… Te lo suplico, mi dulce inefable, búscame, ayúdame, antes de que mis ojos cansados…

Si le digo: Yo la amo… ¿me creerá? Y si me cree ¿sentirá muy pronto que es más rica? En la sombra de un amor, es como mejor se duerme.

Si yo le digo: Venga, ¿vendría? Y si viene ¿hará conmigo el difícil camino pasando por la prueba de los espejos?

Si le digo: Mi silencio será para usted la constante palabra a seguir, ¿me comprenderá? Y si me comprende, ¿tendrá el corazón de volverse ciega para seguirme, tomados de la mano?

Todo esto, todo esto danzará ante tus ojos como una ronda infantil y no sabrás, tras haber sonreído, que ya me amas.

La hermana de mi muerta, la hermana de mi querida muerta... Mi corazón se desliza vertiginosamente. Es preciso que abandone París de forma inmediata.

Amada de sonrisa lunar, de ojos de jade apagados, estoy muy cerca de ti, esta noche. Estoy sobre el barco, en ruta hacia Suecia, y toda mi alma te telegrafía. ¿Oyes? Sin duda, puesto que solo los vivos no oyen a los vivos. Has debido comprender mis dos últimas semanas. ¿Y mis pensamientos, y mis actos? ¿Has debido comprender, no, que solo eras tú, que para ti, que a causa de ti, que porque mi fuerza para ir hacia ti sería más grande? No hice nada mal conmigo mismo, pienso. ¿No es que tu vuelves poco a poco en ella, no es que el reflejo que capto en ella es también un poco el tuyo que se ha escapado cuando tú vivías y que está allí, atento, esperándome? ¿No eres tú la que me dice en la noche al oído: *Adelante, tienes razón. Debes ser fuerte con mi dolor y con un poco de la alegría que mi reflejo puede darte*? ¿No llorarás más cuando relea Ulalume y si me apareces será tal vez en Ella? ¡Oh! te lo suplico, adviérteme de inmediato en un sueño, adviérteme...

Tu pobre mano, la tragedia de las líneas de tu mano, la tragedia de tu horóscopo astral, las fatalidades contra ti, las mil líneas de tu mano que parecía vieja de mil años en tanto estas líneas eran en ellas cambiantes y estrechas...

Habías vivido tanto entonces...

Adviérteme... te lo suplico.

El 4 de diciembre en Arres, en el extremo norte de Suecia, en la frontera noruega. Un poco Suiza, pero una atmósfera más melancólica, más definitiva. Qué nostalgia en este trineo que me lleva hacia las cascadas de Arrckustan. Una de las tardes más poéticas de mi existencia. Mis rosarios de recuerdos desfilan y algunas mujeres atraviesan como niebla la nieve, ligeramente azul. El caleidoscopio de mi existencia solo me muestra hoy sus colores vivos y los dibujos felices, e incluso la tragedia de mi muchachita adquiere una significación y casi diré una excusa.

La hermana de mi Amada… la hermana de mi Amada… Comienza el primer acto de mi nueva tragedia…

Hay allí de una forma milagrosa tanto de mi muerta que no siento remordimiento en aproximarme muy cerca, muy cerca… *Lo que duerme de bello en las mujeres ¿no sería aquello que heredan de las muertas?…* Respóndeme mi pequeña Ida, te lo suplico…

Qué mejor decir para expresar mi extraño e irrefutable sentimiento por su hermana, que aplicarle estos versos de los sonetos 29, 30 y 31 de Shakespeare:

Tu pecho acoge aquellos corazones
que, al darlos por perdidos, di por muertos;
y en él reina el amor, sus partes nobles,
y todos los amigos que enterré en el tiempo.

Más de una lágrima gentil y casta,
robó a mis ojos el amor sincero
a cuenta de interés por los que faltan
¡que están, pero escondidos en tu pecho!

En ti vive el amor sepulto,
junto a antiguos galardones de mis lances
y lo que fue de muchos ahora es tuyo
pues te han hecho legado de sus partes.
Hoy veo en ti sus adorables rostros
Todos son tú y de mí lo tienes todo.

Perdón, ¡oh! perdón mi dulce tendida; creía prolongarte un poco, tener un poco como tu reflejo; tú has pensado eso, y no lo es. Existe el reflejo, pero no tengo el derecho, me parece, ya no tengo el derecho ahora que sé que tú la has puesto en guardia por su salud y que ella solo mira las cosas a través del prisma de su defensa. Perdón, ¡oh! dolorosamente perdón.

> Esta idea me ha venido muchas veces, que en ciertos momentos graves de la vida, tal Espíritu del mundo exterior se encarnaba de golpe en la forma de una persona ordinaria y actuaba o intentaba actuar sobre nosotros sin que esta persona tuviese de ello conocimiento o guardara su recuerdo.
>
> Gérard de Nerval

Cuatro mujeres acaban de pasar a diferentes velocidades en mi vida. Una rubia, blanca, viva, sonrisa, belleza, angustia que se ignora, pájaro, alma clara; una pelirroja admirable, un Murillo, un Tiziano, un Rubens, según las horas y las iluminaciones. Un alma pesada, grande, con muy pocas verdaderas claridades sobre un bello claro verde, graso, descansado y pleno como ubres; otra del Oeste… la más profunda que haya podido acercar, una mujer de miradas dobles, yo me entiendo, *mucho* más inteligencia que cualquier mujer a mi alrededor. La cuarta, su hermana, una sombra de mi luz, la propia luz en ciertos momentos, la más peligrosa sobre mi camino de brahmán.

Qué batallas hace falta ganar sobre uno mismo para repeler la ofensiva de una sonrisa de mujer…

El amor sexual corresponde exactamente a la ley de gravitación. Haz el vacío (es decir quita los prejuicios, las contingencias y el medio ambiente que son como el aire para los objetos) y verás los cuerpos *cayendo hacia el amor* con la misma velocidad.

Es porque el matrimonio es el más temible freno al amor físico que no corresponde al máximo de satisfacción que debería dar.

Los orientales, mucho más sexuales y profundos en metafísica, lo comprendieron desde las épocas más lejanas.

Todo nuestro teatro, toda nuestra literatura, todo nuestro drama cotidiano proviene del adulterio, esa única válvula de seguridad biológica que vuelve tolerable el matrimonio en los occidentales. ¿Todo el resto? ¡Habladuría!

No me parece que haya sobrepasado mis peores momentos de dolor respecto a ti, pero es muy poca cosa.

Ordené tus fotografías la otra tarde y viví dos horas de una tristeza indecible.

Comprendí todavía mejor tu perfección. Qué luz eras. Me aprieto contra tu gran recuerdo, como un niñito. ¡Oh! si pudiera estar seguro de que tú ya has vuelto con ella…

El alma de M… juega a la gallina ciega con ella misma, como esos pequeños gatos con su sombra. Mismo metal que mi Amada. La sonoridad del corazón es también casi la misma, no obstante menos musical… La *struggle for life* está más desarrollada… las raíces tienen más dedos… Una innegable belleza espiritual que se extiende blanca y rosa en degradé alrededor del cuerpo presto y perfecto. Mi lucha contra Brahma al respecto será dura. Ya me he ganado. Un gran escultor llega a decirme hablando de ella, sin saber el trastorno al que me arrojaba: Esta mujer es aún mejor que si fuera muy bella… Debió oír, pues vi en ella un inesperado gesto de coquetería muy particular y muy extraño. El ojo siempre deja algo al pasar: una llama, una caricia, un alfiler… Y ella me crea alas, lo siento, para que no me mate arrojándome a su abismo…

Enero 1922

Usted se ilusiona, me dijo ella. No soy lo que usted cree. No valgo lo que usted cree. No tengo los sentimientos que usted me presta, y ella sollozaba… Pero me acuerdo de uno de los primeros días en que mi muerta me había dicho lo mismo… y Dios sabe si mi alma estaba de rodillas cerca de la suya… Dos nobles violetas, en verdad.

…

Una rosa cae entre cada una de sus sonrisas… y como yo le hablo mi corazón da un traspié y cae entre cada una de mis palabras…

…

La dicha es alegre, la desgracia es triste. El final de los cuentos: "Y fueron felices", me da ganas de llorar. El bello drama ha terminado. ¡El resto poco importa!

Lo que debería realmente hacerme llorar de rabia, de tristeza o de abatimiento, es leer constantemente en mis apuntes escritos por mi mano: *línea a seguir. Primordial.* Con proyectos que jamás levan anclas. Me parece que he amontonado piedras fúnebres en un enorme cementerio.

Esto quiere decir que no he sabido acomodarme a una disciplina severa, seria y sostenida. Mi confianza en mí mismo disminuye. Para quien pueda conocerme, no hay peor castigo para mí.

Voy a la deriva con una inmensa almita taciturna que se extravía cada vez más. Dirigir, ver claro y avanzar en el barro de nuestra existencia hasta el agua fresca, solo sin duda, pero hasta el agua fresca.

Enero 1922. – Directiva para los dos años que van a seguir: Hacer converger alma y sangre sobre:

1) *El fin del mundo*. Ejecutar *Napoleón*[11] durante esta preparación.

2) *La muerte de Orfeo*[12], para apagar un poco mi pena infinita y hacer revivir a mi querida muerta en *Eurídice*.

3) *El reino de la tierra*:

a) Acciones,

b) Código,

c) Estudios.

Utilizar mis segundos en estos tres fines y no pensar nada fuera de ello.

[11] Abel Gance, *Napoleon*, 1927.

[12] *La Mort d'Orphée* fue un proyecto de Gance que no llegó a la pantalla [N. de T.]

¿Qué hice con esas lámparas? Las he apagado yo mismo y desde entonces camino en lo oscuro...

Tal vez, sí... pero... murmura Edgar Poe:

> La luna jamás brilla sin traerme los sueños de la bella Idannabel Lee[13]. Y las estrellas jamás surgen sin que sienta los ojos brillantes de la bella Idannabel Lee. Y a su vez durante todo el correr de la noche, me acuesto al lado de mi amada, mi cariño, mi vida y mi esposa, en mi sepulcro, ahí, cerca del mar, en su tumba al lado del mar.

Encontrar a Brahma muy rápidamente detrás de Buda, pues este último es *también* un dios fatigado por su ascensión espiritual. Él se ha sentado, reposa definitivamente y sonríe, plácido, a todo lo que ha hecho.

Le he recitado esta noche versos de Musset, sonriendo un poco:

> Mes chers amis quand je mourrai
> Plantez un saule au cimitière...[14]

Ella me dijo, con un brillo de los ojos extrañamente semejantes en la expresión a los de mi muerta: *De mi parte, serán violetas de Parma.* Y luego clic sollozó silenciosamente. Y el drama de nuestras almas llegó a un punto culminante de angustia loca y de desesperanza.

...

Qué monstruosidad la belleza de la vida encubierta. Querida segunda muchachita, te estrecharé tan potentemente contra mí para que nues-

[13] Abel Gance combina aquí el nombre de su mujer muerta, Ida, con el de Annabel Lee, de la novela homónima de edgar Poe. [N. de T.]

[14] Mis queridos amigos cuando muera
Planten un sauce en el cementerio...

tras dos fuerzas reunidas no dejen ningún lugar para que se meta allí la fatalidad. Mi dolor, mi piedad, se funden en las lágrimas invisibles que caen en mí y me hacen mal, mal, mal. Es necesario que discipline su vida si pretendo verla aumentar en belleza cerca de mí. (Ella nació un miércoles, me dice, pasado un cuarto de la medianoche, de allí marciana por una parte, mercuriana, por otra; choque de elementos opuestos.) Una gran alma en un cuerpo frágil. Es preciso que le hable muy seriamente de su corazón, en estos días.

Dante escribió la *Divina Comedia* en 1300. Tenía 35 años y dijo:

> Estaba en la mitad del camino de mi vida.

Sí, sí, el duelo, el grande, el eterno duelo entre la materia que desciende y el impulso vital original que asciende, con la muerte como compromiso, es decir la detención de la lámpara eléctrica, pero no de la fuerza que alimenta la lámpara eléctrica.

Hay todavía otra cosa, pienso yo, que ni Schopenhauer, ni Leibniz, ni Spinoza, ni siquiera Nietzsche, parecen haber visto, algo que sin duda yo veré, si la fosforescencia espiritual que me dirige quiere consentir volverse un poco más visible a mis propias antenas y de lo que hablaré un poco más tarde.

Lo que reclama Emerson es una victoria que puedan apreciar los sentidos mismos,

> una fuerza de carácter que convierta a los jueces, los soldados, los reyes, que comande las virtudes ocultas del reino animal y mineral y les sea superior, que se confunda con la causa misma de la sabia de las flores, de los vientos y de las estrellas...

*He aquí el hombre que esperamos.*

Mi amada, mi Idannabel Lee, mi gran descansada, mi corazón sufre más allá de las palabras; las lágrimas mismas son molestas y discretas en semejante castillo de sufrimiento mudo. Pocos seres han alcanzado ciertamente mi desespero. Béatrice, Ulalume, Annabel Lee, Éléonora, Ligéia, es mi muerta, era ya ella en ese momento; se ha recomenzado porque sintió que *creaba todavía más muriendo, a través del dolor que me ha legado.*

Para adquirir la fuerza moral a la que apunto y hacer desarrollar mis visiones en el mundo entero, sería preciso que acepte con R. la dirección artística de P. C. para tomar en nuestras manos las riendas de nuestra producción cinematográfica.

Es deprimente para mí leer lo que precede en este apunte, y sin embargo sería útil, pensándolo bien filosóficamente. Pero siento que no tendré ese coraje. La atmósfera en medio mío es demasiado irrespirable. Los hombres de negocios a mi alrededor saltan como gatos y vuelven a caer siempre sobre mis patas.

Su hermana me ha dicho, y su voz se había vuelto súbitamente más lejana, con agujeros de silencio que dan vértigo a mis sentidos: *Quisiera, muerta, devenir piedritas blancas en un país de sol, para pies desnudos jóvenes y gozosos que danzarían sobre mí.*

Atención a mí. Atención. Gran atención... A menos que valga incluso más una mirada de salvataje de mí mismo. ¡Oh! mi muerta de ojos estrellas.

Mi amada, mi sonrisa es sucia y cansada, mis brazos están hastiados de errores, mi desamparo es él mismo miserable; tú estás allí con tus ojos perdidos por encima de mí en tu retrato que ensangrienta un rojo resplandor. Me siento indigno de tus pobres manos temblorosas que me apretaban con tanto amor y admiración. No lo merezco porque estoy demasiado triste, ves. ¡Oh! no es por otras razones. Es por no sepultarme vivo en mi tristeza y por hacer otra cosa a fin de ser digno de lo que tú me pedías. Mi querida, mi amada muerta adorada, comprende cuánto pienso en ti profundamente, cuánto me aproximo a cada minuto a tu eternidad gastando mi mala y miserable vida, cuánto aspiro a recobrarte. Tengo tu sombra constantemente en torno a mí, lo sabes, ¿tú me perdonas? Pero las palabras que escribo aquí son tan pequeñas, tan poco sensibles al lado de la tempestad musical que se desencadena en mí cuando desciendo un poco en tu tumba. Las palabras son viejas y gastadas. Ya no pueden transportar mi pena, ellas se pliegan y se rompen, las lanzo al borde del camino y me voy de allí completamente solo, aterradora y voluntariamente solo hacia ti, mi gran muerta, hacia ti, hacia Ti, mi bella inefable, hacia tu ataúd donde algunas violetas intentan florecer en tus órbitas ahuecadas, y cuando estoy cerca de ti, de manera brusca mi querida fría, siento en qué error estaban sumergidos mis sentidos, y siento, veo, que tú ya no estás allí en ese ataúd desde el instante en que el último aliento partió de tus labios. Siento, veo que ya no hay allí más que un telón teatral bajado frente al actor desaparecido.

Honegger debe hacer la música de *La rueda*. No nos engañemos. Hay detrás de esa frente algo de Goethe y de Bach, y me acuerdo de haber tenido a menudo tanta emoción musical como con la audición de *Los Horacios*.

Apenas se puede dirigir a los hombres antes de los 25 años; apenas se puede dirigir las almas antes de los 35.

Es desesperante constatar que continuamente se crucifica en uno mismo lo que uno mejor tiene y que se hace un pequeño frente a frente con aquello que las sociedades hacen en grande al matar a sus dioses.

A veces me pregunto si, a fuerza de equivocarse de puerta, la felicidad no llegará de manera brusca a golpear a la mía, y sonrío en la nieve de mi tristeza ante su estupor de verme negarle la entrada.

Mi querida muchachita muerta, todavía pienso en ti apasionadamente. Muy pronto un año me separa de tu última sonrisa, de esa *picardía* que me habías dicho con tu pobre voz exasperante, mientras yo estaba azorado de desesperación mirándote detrás del biombo. Yo no creía que fuera posible semejante paroxismo de sufrimiento sobre la tierra. ¿Qué es el infierno al lado de eso? Qué naufragio, mi muchachita... Qué feroz egoísmo me hizo preferir la vida con tu cruz de muerta sobre mis hombros hasta mi último día, pues se acabó mi Alegría profunda, lo sabes bien. Mi placer, mi distracción, incluso la ilusión de mi alegría, tal vez, sí, pero mi Alegría está muerta, y con ella la mayor fuerza solar que poseía. Haría falta que me persuada filosóficamente de que tú solo has abandonado una mala envoltura para seguirme todavía de más cerca, *en mí*, quizá, o en ella...

Y de hecho, ¿no te he amado más desde que has partido?... Tu frente astral, mi pequeña muerta, la beso con toda mi fuerza desesperada. Y haré lo que tú me has dicho: para ti, por tu Belleza en vida, para tu mayor belleza aún en la potencia de tu recuerdo...

Pero qué vienen a hacer entonces una vez más todas estas palabras pesadas y vacías en un pesar semejante, cuando la más divina de las músicas sería incapaz de entregar un pálido reflejo de él. Un día de primavera, se me ha amputado de tu vida y mi pensamiento vacila y cojea desde tu muerte, ¡oh! mi dolorosa Esmeralda.

Y mi nueva muchachita es adorable, pregonera y encantadora. Sus nervios pasan algunas veces por delante de su corazón, sin pedirle permiso, pero su corazón es entonces más grande detrás, y cuando vuelve a mí yo río y canto y lloro como la pequeña foca blanca de Kipling.

Mi pequeña niña había escrito de mí en 1920, y he encontrado por azar su precioso apunte:

*La ingenuidad, he aquí su arma y su mayor habilidad, pues ella seduce a los más prevenidos.*

*¿Clarividente? Lo es, ciertamente, pero no tanto como él lo cree.*

*Los árboles que más prometen no son siempre aquellos que dan los mejores frutos.*

*¿Hipócrita? Lo es ciertamente, pero no lo es ante todo consigo mismo, tal vez voluntariamente, por debilidad...*

Antes de morir ella había visto en la última página de mi ejemplar de *Zaratustra* este pensamiento escrito por una mujer que había sufrido mucho a causa de ella:

*Uno solo puede hablar de sus sentimientos cuando ya no puede llorar con ellos.*

Y ella había escrito, tal vez un poco ofendida, y en honor a mí sin duda apelando al propio Nietzsche:

*Aquel que solo tiene la voluntad de ser elevado sin poseer la íntima naturaleza de ello arruina sus mejores esfuerzos.*

...

Enterramos tan profundamente en nosotros mismos lo que más se ama en un ser querido, que ese ser llega a desaparecer, tenemos una gran dificultad en recordar lo que más amábamos, su voz, sus ojos, su sonrisa... Es preciso entonces exhumar nuestros recuerdos y algunas veces estos son demasiado profundos para volver a la superficie de nuestra memoria. Por avaricia de amor hemos perdido la llave del corazón para que nada vuelva a salir de allí jamás.

Mis segundos tienen demasiada vibración; no puedo asirlos, o si lo hago, si los examino para fijarlos sobre este papel, tengo la impresión de crucificar golondrinas.

Transposiciones de alma en luz, en calor, en chispas, o sea, no demasiadas sonoridades: viniendo las sonoridades en la escala de las vibraciones mucho tiempo después de la luz. Provoquen resplandores en ustedes y fíjenlos sobre el papel para poder reavivarlos en las pupilas de todos los pequeños y grandes niños que componen el mundo. Cine quizá. Cine.

M. me ha dicho: *Estábamos disgustados ayer, pero tu pequeña carta me ha causado mucho placer. La he releído en mi cama, completamente sola.* Y ella lloró diciéndome esto. Su alma desbordaba su control. He llorado poco después pues estábamos en la tarde anticipando la muerte de mi muchachita; ella lloró conmigo y bebió mis lágrimas en su fuente con avidez.

# 9 de abril de 1922

*Y solo allí donde hay tumbas hay resurrección.*
Nietzsche

Un año… Así duerme tanto tiempo un muerto.

Hace un año, día por día, hora por hora (es en efecto 1 hora) y tú estabas ahí en tu último aliento. Y había perdido tanto la confianza que dibujaba un ataúd sobre la mesa cuando mi madre llegó a llamarme. Y cuando llegué a tu habitación tu alma estaba en otra parte, tus sufrimientos habían cesado, e íbamos a separarnos para siempre, nosotros que veníamos de tener nuestras almas entrelazadas tras cuatro años.

Duerme. Encontraré un día la llave misteriosa de tu sueño y solo entraré en tu muerte para despertarte. Las puertas de la vida están cerradas; tú estás detrás y me esperas. Descenderé un día hacia ti, armado de tanto amor que no será posible que permanezcas tendida. Duerme, mi pequeña adorable. Cierro mi corazón que quiere abrirse, pues las lágrimas que derramamos a menudo son desamparo y pena que se alejan, y no quiero perder nada de mi tristeza puesto que es a través de Ella que debo transfigurarme. Mi querida Ida, mi pequeña amada Ida;

¿cómo fue posible? ¿Cómo pudo consumarse tal crimen? ¿Cómo y por qué no he muerto contigo, en el mismo segundo? Que sufra mucho y terriblemente, eso está bien puesto que no he tenido el coraje de morir contigo. No me olvides, te lo suplico.

Más tarde, mucho más tarde, si mi corazón está un poco menos débil, intentaré revivir este segundo indecible en que la he llamado sabiendo que estaba muerta... Sin duda no he aullado lo suficientemente fuerte... Encontraré en este pasaje de la vida a la muerte una verdad inaudita, inesperada y cierta ya que he sentido esto en mí de una forma tal que no puedo explicar aquí, esto me hace demasiado mal. He vivido este minuto en cámara lenta y en cámara rápida; ha durado a la vez un millonésimo de segundo y mil años... he visto... vertiginosamente claro...

M... Su figura aérea. Parece una violeta bruscamente agitada por un viento de tormenta, y ella pronuncia mi nombre: *Bel*, como si golpeara, cual jabalina, sobre un escudo. Él retumba y rebota en efecto en mí y sobre mí siempre y me provoca una extraña impresión.

Hemos conversado esa tarde largamente sobre el umbral de su puerta, y mi impresión de que Ida pasó dentro de ella crece, crece, crece... Cruz...[1]

... Sus ojos, color de mi tristeza, su boca color de mi alegría...

Carta a su hermana:

*Mi amada muchachita viviente,*
*Diecinueve días después de la muerte de Ida, escribía sobre este cuaderno:* "*Siento, estoy seguro de que volveré a ver sobre la tierra y en mi vida a mi pequeña muerta, si mi alma permanece digna de la suya. Mi pequeña amada de grandes ojos de cielo, tú volverás, reviviremos la misma exacta vida, pero yo tendré más profundidad, tú harás un poco menos el don de ti misma a cada segundo, y podremos envejecer un poco más de tiempo juntos...*

[1] En la traducción se pierde la homofonía entre *croît* y *croix*. [N. de T.]

*Espero que estas palabras te alcancen para comprender y que sepas, a partir de este segundo, que los milagros son acontecimientos posibles sobre la tierra...*"

Una nueva Vida va a comenzar para mí. ¿Comprendes estas palabras? Una nueva vida va a comenzar puesto que ella ha vuelto en ti.

Vamos a caminar juntos sobre el viejo barco fatigado de la vida, pero conozco muchas cosas que todavía nadie ha pescado en el océano de mil colores que nos sostiene. Si me ayudas, sacaremos muchos peces de oro.

Vamos a olvidar todo si lo aceptas, todo, salvo a mi gran Muerta de sonrisa sangrante, y tal vez podré resucitar un poco yo mismo y salir de la red de la Fatalidad.

Arrojemos esos viejos trajes morales; quien dice trajes dice hábitos[2]; olvidémoslos y apriétame la mano. Tú tienes como Ella ojos estrellas, como Ella una sensibilidad de flor, una inteligencia de viejo metafísico regresado de su vuelta al mundo, como Ella, un Carácter y sobre todo como Ella un alma hecha con alas de paro.

Por mi parte yo te doy lo que me queda de mí mismo, es decir mi Amor por Ella y por Ti.

Mi querida Ida, ¿tú vives entonces en ella?... Sonrisa, entusiasmos, espíritu, a veces te vuelvo a tener tanto y tanto que un vértigo me toma de una demasía llena de dicha y esperanza... Esta resurrección, pero es quizá tu forma de ser todavía dichosa; ¿no es el Milagro, el mayor milagro de tu muerte y de tu vida, y he merecido yo esta dicha?

Quisiera leer en tus manos de muerta para predecirte tu porvenir de Inmortal, ¡oh! mi Ida querida, para que al menos sepas qué gran amor eterno has inspirado. Y he aquí que este amor se agranda, se extiende, se amplifica de milagrosa y dulce forma y que me vuelve a tomar la ilusión de poseerte por entero. Tú me hablarás un día, es seguro, *cuando yo haya acabado el círculo* y cuando te haya hecho regresar con el poder de resucitarte, pues aún no he hallado ese poder. Llegará. Lo siento. El

[2] Juego de palabras entre *hábits* y *habitudes*. (N. de T.)

viento fresco de las cimas me acaricia de vez en cuando, y siento crecer mi fuerza.

Solo la serenidad como Arte me toca de manera profunda: Homero, da Vinci, Cervantes, Mozart.

En cuanto a aquel que solo expresa los sufrimientos individuales, aun cuando fuesen inmensos, solo me interesa a medias. Ese Arte más egoísta parece pedir la limosna de la admiración o de la piedad mediante la exhibición de una herida. Y por eso si alguna vez estos apuntes caen por el viento del azar, bajo los ojos de los hombres, solo será para que puedan sembrar en las sensibilidades el recuerdo de un nombre de mujer que debe permanecer imperecedero y no para servir de enseñanza. ¿Qué se podría hacer con la enfermedad de mi alma?

M. Jamás te amo tanto como cuando intento amarte menos.

Lo he dicho: Hace falta desconfiar de este sentimiento de intimidad entre los sexos que crece como una hiedra sobre el roble del amor, y en proporción directa de nuestra pasión. Es una fuerza negativa, destructora del amor y que encuentra sus raíces en el instinto de conservación y en el espíritu de preponderancia de su sexo. Este sentimiento está inspirado por el lado malo de nuestras naturalezas. Es él quien mezclado con el amor al punto que difícilmente se lo disocie, da nacimiento a la pasión ciega, según el adagio de Chamfort:

> Uno pretende hacer toda la dicha o si no se puede toda la desdicha de aquello que se ama.

Y lo cual explica la frase de José en *Carmen*: *Yo la amaba demasiado, por eso la he matado*. Desconfianza hacia ese sentimiento venenoso que envenena los grandes amores.

Comienzo a tener la edad de un diablo o de un ángel, y siento que muy pronto me hará falta decidirme.

Con ella debo ser más yo mismo, pero mi yo mismo es tan vasto, tan inasible que no me encuentro cuando me llamo. *Inmensa pequeña alma taciturna* escribía cuando tenía dieciséis años. Sus manos se encajan en las mías como sus cualidades se engranan en mis defectos, y su sonrisa es de un joven muchacho, en la antigua Hélade, en primavera.

Y tú, mi Amada, ¿qué dices de todas mis debilidades? No me animo a hablarte cuando tengo un poco de dicha, pues mi pena se agranda: Sostengo tu recuerdo entre nosotros, vivo, inalterable, definitivo. *Nada* podrá mancharlo. Te lo juro pequeña princesa de mi desespero de sonrisa desgarradora. Pero ya no puedo ascender sin sostén, y me es necesario un amor a través del nuestro que ya no puede moverse. Tu cuerpo ya no puede estar celoso, por tanto tu alma no puede sentirse celosa puesto que jamás habré estado tan cerca de ti.

Veo una vida de flores en cámara rápida y comprendo mejor lo que es la 4º dimensión, es decir el tiempo durante el cual evoluciona una cosa y el espacio en el cual se expresa, juzgado de un solo vistazo, en síntesis. Creo que lo que falta para evaluar la 4º dimensión *es una 5º* que nos permitiría los *vínculos*; pues la 4º posee relaciones difíciles con las 3 primeras, para los cerebros científicos. Solo un intuitivo puede tener el sentido de la 4º dimensión.

He notado en esta flor en cámara rápida algo admirable. Esta suerte de bestia que prefiere vivir en el lugar, que ha renunciado a la locomoción por amor al silencio y a la quietud y *tan a menudo* a la belleza, pues todas las plantas *son más bellas* que los seres humanos, y sus funciones fisiológicas son más depuradas y más poéticas en la acepción profunda del término.

Esta flor en cámara rápida eleva su tallo, se estira como un cuello de cisne y *busca* su mejor forma, su más ardiente estilización, su armonía definitiva en forma, color, perfume; ella busca su máximo de vibraciones como nosotros buscamos el nuestro (solo podemos morir cuando lo hemos utilizado).

Esta flor me conmueve más que un ser; siento su voluntad, su inteligencia sensible. Esas arvejas de fragancia cuyo tallo se enrolla alrededor del tutor me enternecen. Hacen su trabajo, despreocupadas de nosotros, como yo hago el mío despreocupado de la muerte que de mil formas que se aproxima y que no veo.

Pero en los relámpagos de percepción de esta 4º Dimensión, qué cosas geniales entreveo. Y como me decía Delacommune[3] hace un momento, cómo se vuelve exacto que nosotros solo vivimos en la medida de nuestras continuas percepciones. Cuanto más abiertos sobre el mundo están los sentidos, más ardiente y rica es la vida interior.

Epstein es una proyección moderna de Spinoza. Si no se mata en el cine, pues él se hiere allí sin cesar, puede devenir uno de nuestros faros. Su *Lirosofía*[4] es un peldaño de un edificio, que él puede construir. Nosotros aguardamos sobre ese peldaño.

Tuve con él una larga conversación, la noche del 3 de julio de 1922. Qué profunda y penetrante sensibilidad. Me comprende mejor que cualquier otro. Porque su espíritu tiene las antenas más avanzadas que yo conozca; él percibe mis ondas psíquicas mientras que los otros receptores tienen baterías demasiado débiles para mí. Tipo del soñador preciso. Registra con precisión, uno de sus profundos radios de respuesta me dice: *Por qué no escribe usted todas estas bellas cosas... Estoy seguro de que un Dios está tras la puerta y nos escucha, presto a sacar provecho de ello...*

*¿Por qué no escribe? Es necesario que todo esto sea dicho. Carecemos tanto de grandes ideas. Desconfíe de las contingencias y de las obligaciones de la vida que pueden impedirle más adelante realizar lo que proyecta. Fije de inmediato en el verbo vuestros pensamientos sin esperar el nacimiento del* Otro Verbo de Luz *que usted dice esperar.*

Y probablemente tiene razón de hablarme así, pues mi cuerpo no se eleva, por desgracia. Sus necesidades siguen siendo muy sensuales, y es preferible arrancar mi belleza de mí y lanzarla sobre el papel, a riesgo

[3] Charles Delacommune. Inventor de las primeras técnicas de sicronización cinematográfica, empleadas por ejemplo en La Rueda. [N. de T.]

[4] Cf. Jean Epstein, *La Lirosophie*, 1922. [N. de T.]

de ser luego uno de mis primeros admiradores, antes que comprometerme por completo como una cerilla que sabría que puede incendiar el mundo pero que espera a estar mojada. No debo engañarme. Es preciso captar en el verbo todas mis radiaciones posibles. ¿Pero dónde comenzar? Yo le he dicho que la *unidad*, la *línea recta*, el *espacio* y el *tiempo* no existen; que la lógica es un error, un control de los sentidos sobre lo subjetivo que no tiene nada que ver con el control del instinto, y que con deducciones lógicas todos los sofismos se mantienen de pie. Le he dicho que cuando se producen en mí esas enigmáticas y temibles chispas entre dos polos que no conozco y que fulguran, iluminando durante una centésima de segundo un océano de verdades inauditas e indecibles, apelo casi de manera inconsciente, para recobrar el máximo de condensación posible de elementos, a todo lo que tengo en mí de mineral y de vegetal, e incluso a otra cosa distinta a lo mineral y lo vegetal y que no conocemos.

Lo que podría pensar es tan importante al lado de lo que pienso que me sorprendo de no poder hacer ese esfuerzo, al menos igual a aquel que hace un hombre en el minuto en que suelta las manos de su paracaídas. Me parece que temo el peligro de una caída en lo desconocido y la pérdida de contacto con el suelo. No hay sin embargo abajo. ¿Me animaré?

Para el eje de mi prisma y en deducción de lo que precede, tener estas frases geniales de Maxwell en letras de fuego en mi pensamiento:

> Si quieres realizar grandes cosas, sustrae la corporeidad de las cosas tanto como puedas, o añade espíritu al cuerpo, o bien excita el espíritu que dormita, y si no sabes hacer ninguna de estas cosas ni reunir la imaginación a la imaginación del alma del mundo y operar el cambio de molécula, jamás podrás realizar grandes cosas.
>
> Este espíritu se encuentra en ciertos lugares, o mejor casi por todas partes, libre de todo cuerpo, y aquel que sepa reunirlo con el cuerpo apropiado poseerá el tesoro que sobrepasa todas las riquezas del mundo.

¿Rueda? Espiral. Nadie me ha reconocido ni se ha puesto a seguirme. Puedo entonces caminar entre mis rieles luminosos sin escrúpulo en la noche…

Nadie me ha reconocido y yo he reconocido a todo el mundo; el ladrón a la cabeza, el rey, el mendigo, el bueno y el amargo.

He adoptado ante cada uno de ellos y de manera involuntaria como se levanta un brazo para protegerse la figura, he adoptado *su* máscara y he brindado en sus cabarets respectivos…

Nadie me ha reconocido, y yo también camino en la sombra de Zaratustra. Tengo sin embargo en mí algo de menos danzante pero tal vez de más lejano, que me precede todavía más y que el reidor de pies ligeros no conoció. Hice la adición de su fuerza y de mi debilidad y obtuve un secreto inaudito, un nuevo explosivo. Es un secreto de espiral que deja lejos detrás de sí a Pitágoras. En verdad existe el triángulo, el círculo y la espiral. El triángulo dominó con su símbolo invisible los milenios de la religión egipcia; con Cristo se detuvo; la cruz no ha formado más que cuatro triángulos cuyas bases acababan de ser rotas por una humanidad superior. Y luego la cruz se puso a girar, a girar en los espíritus y en los corazones, y eso fue el círculo: la Rueda. Y mañana, el mañana que no está en el final de mi brazo sino en el extremo de mi voluntad, será el reino simbólico de la espiral.

Y sé que hay en alguna parte astros singulares, nebulosas espirales, a miles de millones de leguas de la Vía láctea de las que se han localizado varios cientos de millones (esta es la gran puerta abierta), y que esperan la muerte del círculo… es decir la transformación de los mundos, donde todo recomience, como en la tierra.

La rueda deja lentamente el lugar a la espiral.

La rueda ha reinado sobre el mundo mecánica y filosóficamente durante siglos. La fórmula mecánica y filosófica de arriba, es la espiral, el tornillo sin fin, la hélice de avión, *lo que gira avanzando en cada uno de los puntos de su fuerza*.

La Rueda solo gira en dos dimensiones; la espiral gira en tres dimensiones.

Esta forma de ver es seguramente para mí la más profunda de todas mis intuiciones filosóficas y cuya idea he tenido hace varios años:

toda mi vida, toda mi obra, todo mi giro, no es según la Rueda sino según la Espiral.

> Sobre el laberinto que había hecho construir Salomón:
> Viendo esa miríada de espirales
> Desde el interior al exterior, bóvedas esféricas,
> Que vuelven en círculos, de un lado y del otro, sobre sí mismas,
> Aprendo el curso cíclico de la vida
> Manifestándote así los recodos que se resbalan de sus caminos tortuosos,
> A través de sus evoluciones esféricas, circulares,
> Se enrollan sutilmente en espirales compuestas.
>
> Manuscrito de San Marcos de Venecia
> (Alquimia griega del siglo I)

(Tomo conocimiento de estos textos diez años después de las reflexiones precedentes.)

Explique usted, mi querido Epstein, la locomotora de la sensibilidad. Dé el detalle de todas sus partes; abra a nuestros ojos los distribuidores de vapor, no describía ya hace mucho tiempo hasta el humo tras la locomotora que ha pasado y que ya no se distingue de las nubes... Usted sabe también sobre qué rieles corremos, en qué estación estamos, y matemático del horizonte detalla el sueño como un ave que explicaría sus alas. Lo que yo quiero, por mi parte, es buscar bifurcaciones nuevas; ir en el sentido de la vida tal como la concebimos no me parece suficiente. Sobrepasar la vida, luego de nosotros estar más próximos de nuestros ancestros, el mineral y el vegetal. Encontrar a través de delirantes intuiciones cada una de las formas de vida sublunares. Los milagros del pensamiento son posibles a cada segundo. Buscamos el radio en el exterior. Qué locos. ¿Quiere ayudarme, mi querido Epstein, a extirparlo del adentro, y luego contemplar conmigo la vida en Saturno?

Cuando has alcanzado tu mayor altura, hay todavía una más arriba, no lo olvides. Cuando has extraído todo tu sol te queda todavía otro tanto por milagro, no lo olvides. Cuando has alcanzado los límites de la desesperanza, existe el sol y la altura que estaban por encima de ti y que llegan entonces a tu alcance, ¡no lo olvides!

Los alquimistas operaban la sublimación lenta o violenta. Consistía en poner la materia en un vaso cerrado de cuello largo sobre el fuego, de manera tal que sus partes sutiles o peores se separaran de las groseras o impuras ascendiendo a lo alto del vaso.

Pienso que nosotros también estamos sometidos a los fuegos lentos o violentos de la vida, y según la fuerza flamígera de nuestros sufrimientos, las partes sutiles o peores ascienden al cerebro como vapores y esperan a que se las quiera recibir.

Es la imaginación que ponemos alrededor de las cosas más simples la que crea en ellas la *lirosofía*, según el neologismo de Epstein, la *realidad*, es decir la atracción. ¿Pero no reside allí el *peligro poético* por excelencia, el peligro *de la vida*, de la ilusión de la vida, de la necesidad poética de que la vida debe estar mejor hecha, ser más fuerte, más bella, y lo cual nos hace *querer* en subconciencia mediante nuestra imaginación los mejores pensamientos, los mejores poemas, las mejores invenciones? ¿No fue la inteligencia fabricada por el instinto para su mayor salvaguarda?

¡Oh!, esa partida del Grand Palais de Niza para Saint-Gervais, en ambulancia, tras un año en tu cámara de tortura. Cuando girando por el camino viste desde abajo tu habitación, ¡oh! tu sollozo, la resonancia de tu sollozo y de la sonrisa que lo prolongó como una franja de oleaje.

Tú no creías posible esa dicha; salir de ese infierno conmigo… Ese entreacto delirante en tu drama atroz me queda en el corazón de modo más trágico aún que el drama mismo por lo que comportaba de mentira y de falsos colores. La naturaleza nos engañaba; ese respiro ella te lo daba para decirte: *Mira las rosas, mira la vida, mira como él te ama. No lo habías visto antes lo suficiente. Mira. Esta vez voy a quitarte todo eso aún más lentamente...*

Y esa primera noche en Puget-Théniers donde yo creía perderte. Y Cendrars que nos seguía y cuyo auto se destroza contra un árbol... su llegada al hotel, desfigurado, la cabeza con sangre, el labio abierto... ¡Qué sucesión de fatalidades!...

Uno mide el número de sus vidas con el número de sus muertes.

Vamos, viejo corazón. Al trabajo. Sabes bien que es la sola, única y potente distracción. Al trabajo. Transforma tu pena, metamorfosea...

Tras la muerte de mi padrastro que me afecta dolorosamente, he aquí la grave enfermedad de la vieja compañera de mi vida. He penetrado en su cuarto, con el corazón palpitante; ella estaba sobre su pequeña cama, aterradoramente pálida, con la figura mojada en sudor; me miró y luego sollozó; y tras la explicación de su mal observé todo el pasado que nos separaba. Tenía en una mirada como un corazón de mujer. Cuánto he sufrido reviendo mi oficina, mis libros, las hojas de mis árboles por la ventana... Y ese inmenso Amor que comenzaba nuevamente a balbucear... allí... alrededor de la cama... Y luego hizo falta *la intervención.* Esa palabra terrible que no dice nada a los dichosos del mundo, es para un corazón que ama, la carne de su carne puesta al desnudo, la vida goteando minuto a minuto hacia la Tierra... Y luego el sanatorio y la duda: la angustia, las flores que se traen, las sonrisas que uno lleva haciéndolas pasar violentamente por la fuerza ante sí, abriendo la puerta, y que sollozan... y luego la espera en la que estoy... la espera... Qué jaula...

Ella me ha dicho, y yo me estremecí de manera profunda sin que nada delate mi alteración:

*La muerte me tiene completamente indiferente. Morir, para mí, no presenta ninguna importancia especial; mañana, en un mes, en un año...* Y pensé que solo mi Amor sería capaz de cambiar tal *curso profundo* de pesimismo y de desencanto.

Bella pequeña muerta, debes sonreír con mucho dolor al ver a mi egoísmo batirse con tu sombra viviente...

> Las ruedas de la locura dan vuelta en los carriles del cielo y salpican de barro la cara de Dios. Las nubes sobresaltan como estupores… Algo se mueve. Un trozo de noche se desploma… ¿Eres tú, Mujer? Piedad.
>
> Blaise Cendrars

La tempestad arrecia. Coraje viejo corazón. De pie, las manos crispadas en la barandilla. Aguanta el viento. El mañana me mira.

Hoy 2 de agosto de 1922, muerte de Graham Bell. Pienso en ese inventor del teléfono que jamás quiso tener en su casa esa *maldita invención*. No conozco nada más paradójico y a fin de cuenta más melancólico que la tristeza de los inventores o de los poetas frente a sus obras de genio, mientras que el universo se alboroza ante ellos. Esto me recuerda el verso de Chantecler, en el último acto…

> Ellos ahora lo creen porque yo ya no lo creo.

Una idea es una imagen de cuatro dimensiones, es decir una imagen transformada con su proyección en el tiempo.

Solo puedo confirmar aquí lo que he escrito hace algunos años.

Las palabras, esos vehículos de nuestras sensibilidades cansadas, nos vuelcan en el error. La inspiración directa carece de lenguaje. Es eso lo que nos hace falta buscar en las fuentes vivas. ¿Cómo? ¿Dónde? ¿Aliteraciones? Filosofía de onomatopeyas. ¿Surrealismo? Qué puertas hay que abrir frente a lo inaprensible que sentimos en nosotros y que sonríe ante toda la verborrea filosófica incluso la más atrayente. Nuestras palabras, a través de nuestros sentidos ablandados, se deforman y adquieren un valor poético de consentimiento que mata su valor de esencia. Esta velada del 16 de julio de 1922 hemos pasado una parte de la noche con Blaise Cendrars discutiendo este tema. Se trata de encontrar un nuevo instrumento más sutil, más agudo, más etéreo, más radioactivo que la palabra, con el cual podríamos por fin abrir las esclusas de lo desconocido que escondemos y que no es accesible a nuestros sentidos.

Ahí está el drama. Las palabras no pueden forzar dichas esclusas hagan lo que hagan. Mi angustia o mi alegría más grandes tampoco pueden, pero se aproximan más a ello. ¿Dónde y cómo encontrar? Actos... actos... pero que no estarían comandados por el egoísmo humano. Lo que haría un dios mañana llegando de improviso... Creo que ese nuevo dios surgiendo de improviso miraría el mundo con piedad y pensaría.

Si todos mis predecesores han caído en la quiebra con sus almas magníficas y las teorías inestimables que han dejado sobre la tierra, si llegaron con los hombres a un resultado tan pobre como el de hacerlos caminar encorvados como bueyes bajo el yugo del dinero, temo recomenzar la misma sangrienta historia, pues necesariamente habrá sangre derramada para que mi doctrina prevalezca sobre las otras. Veremos a ver en otras estrellas...

No comprendo ciertas rarezas etnográficas. Mientras que la India está compuesta de numerosas naciones amontonadas en un único receptáculo geográfico, forma sin embargo una única gigantesca nación. Mientras que Europa que es casi la misma nación, dividida, fragmentada, y de la que cada fracción se relaciona con el conjunto, se cree obligada, elevando sin cesar las fronteras de sus subdivisiones, a no reconocer que forma una fuerza homogénea, un bloque compacto de fuerzas provenientes de las mismas fuentes, moldeadas con los mismos dramas históricos y religiosos, y sensibles de la misma forma a las influencias morales y científicas.

Ciertas facetas diamantinas del alma de mi nueva muchachita me queman peligrosamente. Rayos X... Pero qué magníficos fuegos en la tarde de mi pena.

1125899906842624 vibraciones por segundo; las ondas luminosas terminan para el ojo humano.

288230376155711744 comienzan los rayos X.

En diez mil años, los ojos de los hombres verán de manera corriente a través de los cuerpos opacos y directamente, sin fuerza interpuesta.

Los fenómenos de telepatía están ahí para probarme que no anticipo una imposibilidad absoluta.

La voluntad no debe ser una fuerza oscura a la cual se obedece ciegamente. Es necesario precisar su esencia. La voluntad como la entiende Nietzsche es una pasión, y una pasión solo puede ser realmente fuerza lúcida si *deviene afección*; sino permanece ciega y se dilapida. Buscar la fuente de la voluntad y descender en sus napas subterráneas.

La verdad es lo que podemos crear, y lo que existe está ya muerto por el hecho de estar creado.

La Fatalidad es la Providencia de la desdicha; uno puede servirse todavía de ella si se la comprende.

Y tu alma, mi pequeña muerta, ¿qué hace? Ya no puedo disociarla de la de tu hermana. Ciertamente ha habido resurrección de este modo, pero tal vez sin que tú lo sepas. Háblame, te lo suplico.

Gozar de la vida se vuelve rápidamente un hábito, un deporte y una razón de excelente salud. La vida como la mujer ama que uno se aproveche de ella, y el protestantismo hizo un mal enorme al no comprender esta verdad biológica: gozar es por tanto un entrenamiento de los músculos del placer, y los dioses solo son pródigos porque logran gozar en la eternidad de todos los segundos. ¿Qué es la bondad? Cuando su goce desborda. Lo que cae, lo demasiado lleno, el rocío, se vuelve algo sencillo. La bondad solo es difícil para aquellos que no saben gozar.

Pero siempre hace falta un freno sentimental al disfrute, es decir un corazón que sea más grande que el espíritu en el momento del placer, sino hay *robo, usurpación y venganza rápida* de las fuerzas buenas. La inteligencia más excepcional nunca alcanzará el goce de un gran corazón simple, y es por desgracia lo que se produce, de allí la muerte precoz o catástrofes sentimentales o leyes morales de contrarios.

Cuando soy lo que soy, todo va bien, mi radioactividad es innegable. Cuando no siendo lo que debería ser, me acuerdo de ello, no tengo más fuerza y actividad de la que tiene mi imagen vista en un espejo, y me engaño entonces sobre mí mismo. Muchos solo conocen de mí esa imagen.

Cuando la euforia me conduce en las aguas de mi inteligencia, hago la plancha y llamo a eso mi serenidad, mi quietud.

Un día próximo se darán cuenta en medicina de que la mayor parte de los microbios, lejos de ser las causas de la enfermedad, son solo sus efectos, en cierto modo *los hijos*, lo cual vuelve por otra parte tan difícil la lucha contra las enfermedades cuando solo se ataca a los microbios mismos. La gripe española, el bacilo de Pfeiffer, de Koch, etc.

> Tuve una sonrisa cuando Léon Bloy escribió que el microbio es la encarnación más reciente del diablo. Léon Bloy tenía razón; el microbio de hoy y el diablo de ayer tendrán, desde mañana, el mismo valor. Valor de ideas, valor de epifenómenos, el valor de dos nadas.
>
> Jean Epstein

Pienso exactamente lo mismo y las interpretaciones médicas en torno de la microbiología han sido y son todavía para mí uno de los más vastos errores de la medicina moderna en sus deducciones biológicas. ¡Pero hagan entonces oír verdades a los sordos! Hace falta un sentido especial para darse cuenta de la evidencia de ciertas cosas. La buena voluntad o el espíritu crítico no pueden hacer nada con ello.

Vuestro propio deseo insatisfecho deviene rápidamente vuestro enemigo como un leucocito matado en el organismo, y es lo que produce esos abscesos incurables en el alma que portan, como Pascal, aquellos que se oponen a las leyes biológicas del amor. Dar, dar lo más posible. No almacenar Alegría posible, sino ella vuelve rancio y envenena la alegría de los otros.

Atención, *el mineral se nutre del animal*; el oro, el acero, el hierro, esperan vuestra muerte. Vigilémoslos para que no la precipiten. El reino del acero podría ser un precursor. Aprovechemos por el contrario el hecho de que el mineral se reaviva, de que las imantaciones se hacen más precisas para descubrir en nosotros el radio. Lo obtendremos con poco de ciencia y mucho de elevaciones si efectuamos frente a nuestro pensamiento las difíciles y sutiles sublimaciones psicológicas.

Mi querida Amada, mi violeta muerta, hablo poco de ti pero pienso en ti siempre. En Niza donde estoy no hay una alternancia de sol y de sombra donde no vea jugar tu calmo rostro de gran flor.

Paseo mis miradas por donde tú las paseabas y relaciono mis pensamientos con aquellos que tú tenías en esos segundos. Paciencia, duerme todavía; aún no ha llegado el tiempo en el que debo perderme para encontrarme más cerca de ti. El tiempo de la obra que tú me has pedido no está completamente ahí. Se aproxima, lo sé, lo siento *y me espero*. Pues sabes muy bien que debemos vernos nuevamente y examinas todos mis actos. Perdón por aquellos que dicta mi egoísmo; tengo tantos sufrimientos en mí que por momentos es la única forma que me queda para mantenerme vivo entre todos los muertos vivientes, ciegos y sordos que me rodean. El corazón llega mucho más lejos que la mente en las altas esferas de la intuición y hay que buscar las grandes verdades por fuera de la inteligencia. Comprender esto ha sido una de las fuerzas del catolicismo. Hasta pronto mi querida durmiente.

El dolor es un estado cuyo hábito hace falta tener. Es la gimnástica del desespero. Debe llegar siempre como una ola que se domina. Una tempestad que no te mata te deja más fuerte con un gusto de sal en la boca que hace parecer mucho más dulce la existencia siguiente. Por mi parte he adquirido de tal manera el hábito de sufrir que cuando siento que viene, con el ojo torvo, insidioso, detrás de la frente que amo o detrás de la puerta de mi vivienda, tengo una sonrisa acostumbrada de entrenador de leones... Decididamente las palabras ya no valen nada. Si se pudiera conocer la suma de fuerza y de melancolía que quiero meter en cada una de mis frases, se comprendería que hay dos tipos de lecturas, las que se hacen con los ojos y las que se hacen directamente con el corazón sin pasar por la inteligencia.

... Por desgracia no hago más que pagar, bien lo sé. Pago todas mis pequeñas alegrías actuales con la rica moneda de mi corazón abierto. Cuando mis alegrías se agotan, mi corazón debe, debe siempre. ¡Oh! mi muerta admirable, ¿me ves? ¿Comprendes mis mudos llamados?

... ¿Te acuerdas de mis palabras cuando hablaba de ti a tu alrededor: *El mayor cumplido que puedo hacerle es este: Una mujer que jamás ha mentido.*

Esta tarde capto mejor la profundidad de esta virtud rara hasta tal punto que las mujeres que como ti la poseían se han vuelto célebres o legendarias en la historia de las almas.

Todos nosotros estamos ahí con nuestras pequeñas pasiones, nuestras pequeñas mezquindades, y con tus grandes ojos asombrados tú miras y no comprendes esas constantes hipocresías y esas mentiras...

Hablarte en estos pequeños apuntes, es todo lo que puedo hacer para aproximarme más cerca de ti, pedirte perdón cuando no soy digno de ti y hacer que el violento contraste de tu naturaleza con las demás produzca en mi esa chispa de creación que merece provocar la admirable mujer que has sido.

Hablarte dulcemente, más bajo que en voz baja, hacer que mi alma caiga de rodillas a los pies de tu alma florida y sentir que me dices: *Te perdono, haz tu camino y no me olvides.*

Mi pequeña muerta, te estrecho contra mí con mis pobres brazos que tiemblan de cansancio y de error. Puede ser que esta llama que enciendes en mí los vuelva invencibles y fuertes... Pero este absceso de desesperación que tengo desde tu muerte y que revienta esta tarde, me invade los sentidos, me intoxica el cerebro. Es preciso que camine hacia el gran aire... que vuelva a tomar conciencia y confianza en mañana... Es preciso que salga... absolutamente, que yo salga de mí...

Y entonces habiendo adivinado toda mi vida por venir, locura, tristeza y alegría, esperar con una serenidad desesperada que cada una de mis previsiones se realice para poder no sufrir en demasía por ello... Es uno de mis tres caminos.

## Divagaciones sobre la fe

*¿Creer? ¿Por qué?...*
*el dolor les construye tan bellas catedrales.*
A. G.

*Sé Dios o la divinidad,*
*pues Dios no es una cosa hecha.*
Pimandro (Hermes Trimegisto)

Creemos en muchos dioses que jamás hemos precisado en nosotros. Creemos sobre todo en aquello… pues los hombres son dioses malogrados, que tienden a devenirlo.

Cuando una religión se descompone, se vuelve mortal para todos aquellos que la atacan, pero de otra parte lo que está muerto y corrompido en el corazón de cada religión es un peligro mayor para ella que todos los peligros que provienen del exterior. ¿Y cómo encontrarán el agua clara si no remontan a la fuente?

Bajo el precipitado moral de ciertas fuerzas religiosas, se produce en el entendimiento un violento fenómeno correspondiente por ejemplo al de la cristalización bajo la influencia del frío. La fe ha nacido. El espíritu transformado de manera brusca se encuentra poseído completamente y en general por nuevas percepciones allí donde se han abolido las antiguas.

La conciencia anestesiada por este fenómeno que no se explica lógicamente se aferra a él con violencia, presta a todo para defender el diamante que descubre de repente. Ya no admitirá que un nuevo proceso venga a efectuar mediante una nueva sublimación una nueva y aún más magnífica cristalización. Lo cual remite a decir que si bien la fe eleva indiscutiblemente al hombre en un peldaño, le impide elevarse más.

La Ciencia amputa cada día un misterio a la religión, y la intuición disputa cada día a la ciencia una supuesta verdad.

Dios tuvo la humildad de rebajarse hasta crearse a Cristo a imagen del hombre, o si ustedes lo comprenden mejor así, el orgullo del hombre se ha alzado hasta crearse un Cristo a su imagen, vivo y sufriente como él a fin de poder santificar luego su dolor.

Mientras que los dioses de las otras religiones eran los frutos más puros de las más puras llamas de la imaginación, Cristo pudo hacer creer en él por su *espíritu democrático*, que se asemeja lo más posible al mayor número.

No nos engañemos; el cristianismo fue en suma la primera forma de república.

Un Cristo que se deja crucificar, no está mal en verdad. ¿Qué diría usted de un Cristo que se crucificara él mismo?

Aquello que los dioses llaman su secreto no es más que esta insuficiencia de su parte en representarse el dios que los seguirá.

Sentimos que Mahoma, por ejemplo, cuando pensó que los hombres habrían de llegar a las proximidades del reino de elevación que él contempla podría ese día crearse su sucesor.

Algunos dioses evolucionan. Aquellos que no evolucionan mueren por haber hecho los marcos de su enseñanza demasiado rígidos.

Hace largo tiempo me he dado cuenta de que las religiones o las filosofías que hacían de la alegría y de la dicha un paraíso estaban en el mayor error: la alegría solo existe porque existe el sufrimiento, evidentemente.

Alegría constante. Qué desdicha…

Lo que sería tan bello: que Jesucristo no haya creído en Dios pero que haya muerto para hacer creer en él, sintiendo que solo la Mentira Divina podría operar una redención en los hombres. Que haya creado a Dios a fuerza de hacer creer en él…

Y llego a preguntarme por ello: si fue solo un hombre de este modo, ¿no es más grande que vuestro dios?

En suma, la cosa divina, no es dios, es la Fe.

Sé diabólicamente o divinamente tú mismo. Solo el cielo y el infierno conservan algún atractivo; la Tierra está muerta para todos nosotros, aventureros.

# Divagaciones contra un pesimismo universal

O bien el alma existe, y es toda la teología, toda la metafísica idealista, en una palabra toda la lira, un poco fatigada debo confesarlo, pero a la que uno ama oír.

O bien el alma no existe y por consiguiente no hay ninguna prueba de la imposibilidad para el hombre de arrancar a la naturaleza secretos que no son del dominio de los dioses sino de la ciencia. En tal caso el hombre puede un día vencer a la muerte, prolongar y perpetuar la vida como la entiende, encadenar los mundos a su voluntad y saltar de planeta en planeta con algunas catapultas apropiadas.

En un caso como en el otro, no veo que haya que inquietarse por el porvenir del hombre.

…Sí, yo sé… El yo respinga. La dicha de los hombres después de la muerte… No hay cielo… Pero sería horrible… Habré hecho el bien sobre la tierra, habré domado en vano mis inclinaciones…

La conducta de los Apóstoles durante la Pasión fue increíble en cuanto a debilidad y cobardía. Jamás un rey tuvo seguidores más tiesos e insignificantes. Se han fusilado soldados por deserciones menos graves. Uno solo se batió con espada algunos segundos y huyó; los otros no estaban ahí o se dispersaron.

Poncio Pilatos hizo de hecho el único esfuerzo real por salvar al gran galileo; su esfuerzo se transformó a causa de las circunstancias e hizo todo el mal, pero en el espíritu fue ciertamente menos culpable que los temblorosos y pretenciosos Apóstoles que recogieron tras la muerte del Señor tantos laureles.

Psicológicamente la historia religiosa ha sido injusta en exaltar las cualidades de estos apóstoles que, en el único acto en el que podían mostrar su desapego y su fe, estuvieron muy por debajo de las mujeres piadosas que asistieron al menos en la Pasión.

Los dioses constituyen un Dogma; la multitud cree en ese dogma; los dioses devienen entonces esclavos de sus enseñanzas y ya no pueden avanzar. Nada se asemeja tanto a revoluciones como la evolución en los grandes espíritus. Los dioses se encuentran un día tomados ellos mismos en la trampa de su religión, y por eso transportan la tristeza de no poder evadirse ellos mismos de lo que está por debajo de ellos, pues quien ha creado una vez ha dominado su obra, y en ese segundo ha sido superior. Mientras sus creyentes están llenos del éxtasis y de la luz que ellos proyectan, los dioses lloran porque se han equivocado, un día de cansancio o de orgullo demasiado grande, en fijar su dogma y en aprisionar su propia luz.

El paganismo, eterna creación de la alegría hacia adelante, de la profusión, se eleva a cada segundo, recreándose por el hecho de su destrucción risueña y voluntaria; él no se asigna una frontera en rígidos versículos; los dioses paganos pueden sobrepasarse a sí mismos; es lo propio de la divinidad y de la eternidad poder sobrepasarse de este modo y sobrepasar su propia religión destruyéndola por una más bella.

Los dioses paganos ríen; los otros sollozan. Es por esto. El dolor vive del pasado y del presente. La risa vive del presente y del porvenir. Nos hacen falta dioses reidores. Reivindico a Pan y Dionysos.

Un Dios debe ser sensual para no poner dique al amor físico de sus criaturas, de lo contrario ese amor se convierte en un crimen para él, y marchitándose socava por la base el espíritu sagrado de la conservación de la especie. Ahora bien, hacer el amor sin deseo, es decir sin sensualidad, únicamente para procrear, ¿qué hay de más trágico y de más amoral? El amor del pastor por sus rebaños no basta para hacerlos reproducir. Ahora bien, ¿por qué lanzar sobre los chivos la satánica reprobación? Desde que los faunos y los silvanos fueron asesinados por el Pastor, ¿pretenden permanecer solos en el desierto, cazar ustedes también al chivo con piedras?

Hincado y con las manos juntas, usted me dice: *¿Cómo pretende explicarme el comienzo del mundo sin Dios? ¿Quién lo habría creado? Esa es la primera de las evidencias.* Acepto ponerme yo también de rodillas y le pregunto dulcemente: *Puesto que en ese punto usted tiene necesidad de un comienzo, ¿qué es entonces lo que ha creado a vuestro Dios? ¿Esta idea de infinito que usted retira del mundo para entregarla a Dios, no es igual?*

He aquí lo que me decía Nietzsche todavía ayer al oído.

> Si Cristo regresara, lamentaría mucho haber muerto por nosotros. Encontraría otras cien maneras gozosas y buenas para llegar al mismo resultado quitando la gran tristeza irremisible de su muerte de la base de una religión. Ha vuelto por otra parte, yo lo sé, y lamenta su martirio teatral.

Y puesto que en mi corazón yo he matado vuestra creencia, la he matado para todos aquellos que me amarán.

Visito el convento *La Solitude* con Blaise Cendrars. Es un convento en Anglet, cerca de Biarritz, donde las mujeres, que entran generalmente hacia los veinte años, hacen votos de no hablar nunca durante su existencia y ya no mirar nada más que el suelo… Cómo explicar la impresión a la vez magnífica, extraña y desesperada que extraigo. Salgo de allí con el alma en desorden y los sentidos aprisionados... He visto una muchachita, nueva pensionaria de esta eternidad muda, con veinte años de edad, y que, en medio de un grupo de hermanas, se ocupaba de arreglar rosales. Jamás había comprendido antes las actitudes en las pinturas de los primitivos exaltados, de Giotto y de Botticelli, y del Pinturicchio en particular: esa gracia magnífica del gesto que da la Fe. Había allí una suerte de éxtasis y de histeria en los movimientos, de gaviota hipnotizada, que quedará indeleble en mi memoria...

Y las celdas con barrotes en las ventanas sobre un horizonte de terraplén de tierra y un catre sin otra cosa que un crucifijo y estas palabras: *Solo Dios.*

Levantarse a las 4 y media de la mañana, acostarse a las 9 y media y siempre el silencio, siempre, siempre, incluso en el cementerio donde las tumbas se anuncian solamente por una simple protuberancia de arena, una suerte de pequeño ataúd de tierra, con cuatro pequeños caracoles Saint-Jacques a lo largo y tres a lo ancho en la propia tierra como único ornamento, formando como una pequeña cruz humilde de alas replegadas... Y las tumbas rectilíneas se cuentan allí por centenares sin que sea posible reconocer una de otra... Ningún contacto con el mundo. Ellas ignoraban la guerra... Y Biarritz al costado ronronea de placer, de lujuria y de holgazanería...

... Y cuando escribo estas líneas, tengo un violento deseo de rezar yo también, de acurrucarme contra uno de esos pobres muros de su pequeña y sombría capilla, el único refugio animado de esas pobres aves; sí tengo ganas de rezar por Ellas... y por todos aquellos que quieren vivir la eternidad antes de haber vivido la vida áspera y bella, de rezar por todos aquellos que no quieren vivir, que no quieren respirar, que no quieren devolver a la naturaleza un poco de la alegría que ella pide a cambio de lo que les da... El milagro de la vida, de los pájaros, de los árboles, de los perfumes, del amor, de todas las cosas que quieren hablar, que intentan hablar... y que ellas ignoran o se esfuerzan en olvidar.

Rezo por todos aquellos, mi Dios, que no comprenden tu generosidad y que la niegan creyendo servirte mejor... No es eso lo que enseñaste sobre los bordes del Tiberíades... las aves te seguían, había también alegría en tus palabras... la vida no era allí proscrita, tachada, desconsiderada... Tenías un cuerpo, ojos para ver... un paladar para degustar, brazos para estrechar... una boca para expresarse... Y he aquí que se llega, en tu sombra, hasta a suprimir ese don magnífico que nos permite comprender tus enseñanzas: la palabra... Hay locuras de todos los órdenes; la guerra es una, la histeria religiosa es otra... Ruego, mi Dios, que perdones desenfrenos que deben ofenderte puesto que creaste la naturaleza para que nos entregue todas sus alegrías... Aquellos que las rechazan desconocen tus dones por egoísmo, para estrecharse más rápido más cerca tuyo... No quieren sacar provecho de esta primera escalera de las alegrías terrestres, para no dar más que un salto hacia tu templo... Perdona su apresuramiento; no comprenden la grandeza religiosa de la vida, de la batalla cotidiana, de los abandonos, de los rescates y de las transfiguraciones de la carne, muy jóvenes se ponen al abrigo de la metralla de los acontecimientos... falsean el gran sentido biológico, el sentido fisiológico y el sentido intuitivo de la Vida... perdone, mi Dios, su apresuramiento. Se reduce a tal punto su sueño, su sentido, su respiración, su existencia, que ya no puedes recobrarlos en su exceso de humildad... De lo contrario, si cuentan con esa humildad para que tu los notes, qué orgullo entonces era el suyo... Y quisiera, mi Dios, que se proscriba este alcohol funesto del pensamiento religioso llevado al exceso y que lo hace desviarse tan dramáticamente.

*Islas Borromeas. Stresa.* – El cántaro de la ambrosía está en todos los bordes y el sol se debate de la mañana a la tarde en ese lago como un pez de esmeralda. La poesía navega ella misma de manera constante de una orilla a la otra y me sucede de correr riendo tras ella, pero mi corazón está demasiado cansado para seguirla por mucho tiempo.

Es un país admirable donde guirnaldas de rosas flotan sobre las cosas más humildes. Los crepúsculos violetas se suceden sobre el lago, agrandando la herida de oro de la poesía que llevo a cuestas...

Todo es demasiado. La belleza es demasiado azucarada, se tienen indigestiones de luz.

...En la noche, hay cuerdas de luna tendidas en cada vuelta... y las estrellas tocan discretamente la guitarra.

Nunca habíamos visto Nápoles, y bruscamente henos aquí en el Vesubio coronado de fuego... Lo miramos en la tarde destruir lentamente la imagen que nos habíamos creado de él. Existe siempre melancolía en esta batalla de una verdad contra un sueño. Ella sugiere esta gran tristeza sorda por la muerte de un recuerdo.

Uno se representa una ciudad, una mujer, un objeto, una novela, se lo crea, se lo eleva, se lo quiere; hay gases en el pensamiento para aquello que uno imagina que ninguna magia reemplazará. Y usted ve bruscamente la ciudad, la mujer, la cosa o la novela. Hay combate, y mientras que la antigua imagen se desvanece deja en el alma una estela tan tierna, tan dolorosa incluso que ya no se sabe lo que se debe preferir, entre la antigua y la nueva.

*Venecia.* – Miro la vida, cansado, como una ciudad de la que uno se aleja. El oro y la rosa y las góndolas nada cambian, y sin embargo qué cataratas de luz.

Amor, dulzura, rosa, rosas, mármol, terciopelo, góndola de luna, luna de góndola, las palabras atraen las palabras con alas de paloma, haciendo llover los pétalos de la literatura sus dramas más románticos y su sensualidad más invertida.

*Regreso de Venecia.* – Se rompe una cadena de oro, y la Rueda recomienza.

*Roma.* – Cuánta razón tuvieron los dioses en elegir esta ciudad para dejar allí bajo forma de estatuas sus blancas sombras. El museo Diocleciano es una verdadera maravilla. Los adolescentes de la estatuaria griega eclipsan allí a las Venus, con excepción quizá de esa admirable "Venere cinere" cuya gracia es deslumbrante. Nosotros no tenemos evidentemente nada comparable. La escisión entre el hombre y la mujer fisiológica y moralmente existía mucho menos que a partir del advenimiento del cristianismo, ¿y no es su obra maestra este admirable hermafrodita Borghèse de sonrisa enigmática, que incluso no posee la Venus invertida llamada Calipigia? En la mayoría de estos mármoles donde la influencia de Praxíteles se manifiesta más que la de Fidias, la mujer y el hombre comienzan allí donde se detiene el hermafroditismo, y toda la explicación del milagro de esta belleza está allí y solamente allí, en esa aspiración al sexo opuesto en la virgen grácil con cuerpo de adolescente, y en el adolescente de formas femeninas.

El gran sabio Robinet escribía desde 1768:

> La naturaleza tiende a reunir en el mismo hombre los dos sexos, tendencia al hermafroditismo que la naturaleza practica con todo detalle en otros reinos animales.

Y el origen de los senos en el hombre, y mil detalles trastornantes en la vida de la especie donde las inversiones de instinto son innegables y escapan a la razón y a la moral.

¿Uen ojo moderno es capaz de ver y de captar lo que esto quiere decir? Goethe y Nietzsche no comprendieron nada de ello. La profunda y formidable significación sensual que se desprende de esos mármoles ya solo puede ser percibida con mucha dificultad, a la manera de la mitología. El cristianismo ha arrojado su corona de espinas sobre estas rosas paganas y los negros matorrales de la mortificación han enmascarado muy pronto el sentido platónico de la existencia.

Como corolario de lo que digo aquí, me veo llevado, haciendo un rápido examen de nuestra época bajo esta luz, a la búsqueda de una explicación de este deseo de todos los tiempos de ser *más que sí mismo*, y encuentro esta explicación que cae bajo el golpe del axioma: El deseo crea la necesidad, la necesidad crea la función, la función crea el órgano.

A fuerza de querer salir de uno mismo, ya que hemos dado mucho la vuelta en torno a él, se busca otra cosa de lo que somos, y es el camino directo de la inversión, consciente o no. Esta curiosidad del hombre por el placer femenino, esta curiosidad de la mujer por el placer masculino, esta inversión de los valores que comienzan siempre por los sentidos en las civilizaciones en su apogeo, traen ya fisiológicamente resultados innegables, y es grande el número de andróginos que el corte de cabello y de vestuario vuelven difícilmente especificables. Corremos en *x* generaciones hacia el hermafroditismo total del que hablaba Maimónides en 1160 cuando escribía:

> Es preciso saber que Adán y Eva fueron creados juntos, unidos, espalda contra espalda: Se comprende, cómo se ha dicho de manera clara, que eran en cierto modo dos y que sin embargo formaban uno. Cuán fuerte es la ignorancia de aquellos que no comprenden que hay necesariamente en el fondo de todo esto una idea cierta.

Biológicamente aún, el viejo Plutarco no correrá el riesgo de ser contradicho cuando afirmaba:

> De suerte que lo que es contra natura puede, por un esfuerzo perseverante, devenir más fuerte que la naturaleza misma.

¿Quién predominará entre Esparta y Atenas?

> ¿Consideraría entonces el mundo como un animal? Sí, dice él, si quieres permanecer en la verdad, pues es el quien produce la vida en los seres animados. ¿Le diremos hembra o macho, o ambas cosas juntas? Las dos le convienen, responde, pues por su acción sobre sí mismo llena a la vez el oficio de padre y de madre en la generación de los animales: tiene por sí mismo un amor más ardiente que los demás seres uno por otro, puesto que se une y se acopla a sí mismo y puesto que dicha unión no tiene nada de extraña.
>
> Diálogo de Apolonio de Tiana con los brahmanes, relatado por Filóstrato
> (Libro III, Parág. XXXIV y XXXV)

Mi dignidad se estremece por injustos ataques, pero mi pereza lo pone en la cuenta de mi amor propio herido, y mi humildad se acrecienta con ello.

Mi alma más que mi cuerpo todavía es artrítico y como ella es la cuerda del arco de mi voluntad se tensa mal o amenaza con romperse. El mundo moderno vuelve el alma enferma, ella tiene necesidad de más paz y sobriedad.

He caído esta mañana en notas que escribía en Vendea en 1914. Qué tristeza ver el camino recorrido en sentido inverso. ¿De qué me sirve mi notoriedad? Príncipe en el reino de las imágenes; qué efímero principado.

Me he equivocado de camino y mi retorno atrás es difícil. Mi voluntad está en déficit; ya no mando. Ya no conozco las horas de esmeralda. Ya no conozco ese cálido entusiasmo que hacía vibrar la luz alrededor mío. Estoy en las islas borromeas; no soy yo sino que son ellas las que me observan.

El cine es un crimen contra la alta sensibilidad del artista. Que se oigan bien mis palabras; hablo del cine en su estado actual, con las necesidades comerciales que lo vejan y lo entorpecen. Los verdaderos artistas no podrán sostenerse o morirán con rapidez. Hablo aquí, lo repito, del cine arte de las multitudes, tal como es entendido, pues jamás harán que el *Conde de Motecristo*, *Los misterios de París o de New York*, *La canción de la huérfana*, triunfen en detrimento de *Hamlet*, del *Cid*, o de *Madame Bovary*.

Librando ese combate he perdido los tres cuartos de mi energía y los nueve décimos de mis ilusiones. Nietzsche tiene decididamente razón: la tragedia es una de las fórmulas más elevadas del arte, y yo me creía en la obligación de devenir alguna de ellas, sin preocupación de la linterna mágica. Cuando *La Rueda* deja chorrear su sufrimiento sobre las multitudes, ¿qué me llegan? Críticas imbéciles, risas malévolas, calumnias groseras, una censura increíble. Hasta el Ministro prohíbe el film bajo pretexto de ferroviarios lesionados, etc... Qué farsa desesperante.

El cine, arte de selección, podrá vivir como lo deja entender L'Herbier. El cine arte de las multitudes no dejará obras maestras antes de un siglo, en tanto que los métodos comerciales no se hayan modificado de arriba abajo, bajo el impulso de hombres a la vez más inteligentes, más comprensivos y mejores.

Vamos, media vuelta, y en camino. No des al cine más de lo que te pide; tu riqueza les provoca indigestiones, no se te perdonan tus prodigalidades. Vuélvete dueño de ti, *vuelve a ser lo que eres* puesto que te has perdido desde hace varios años. Tengo la impresión de que sería pagar demasiado caro mi vida intelectual, ese arte naciente en el que la abnegación no es todavía perceptible.

El carro está empantanado; la partida será dura, pero tu estrella te invita a ella. Siempre has tenido las satisfacciones que merecías. Marcha... y que en cinco años esta nota me sirva de recuerdo de este primer faro que yo mismo establezco en medio de mis incesantes tempestades.

Estoy perdiendo, por falta de ambiente, de sostén, de comprensión, por la falta de hombres, de amigos espirituales, la más bella fuerza del mundo, aquella de la que Ida esperaba milagros.

Todo se agrieta co-ti-dia-na-men-te. La amargura, el cansancio, la desesperanza, el egoísmo me asedian, y tiendo por encima de mí el radio para que alguien lo tome. Tal vez ya no soy digno de él para que los acontecimientos se liguen perpetuamente de ese modo...

Si no llegas a dominar las múltiples complicaciones de la vida cotidiana, te volverás rápidamente un tuberculoso moral, condenado por la hilera de los días y picado a muerte por el huso de la necesidad.

Debes estar por encima de las horas, en potencia, en fuerza, en sonrisa si puedes, en dolor si no puedes hacerlo de otro modo, pero te suplico en nombre de tu frágil luz interior, transmuta, transmuta... Y podrás cada noche hacer una suma de dicha, incluso adicionando tragedias superadas.

El superhombre que observa nuestro dolor más extremo sonríe sin duda con dulzura como nosotros lo hacemos cuando vemos llorar un niño pequeño. Siento algunas veces en mí ese gran amigo que me observa... me estrecha la mano, pero mi dolor a pesar de ello sigue siendo tan grande… Mi corazón demasiado grande para mí es demasiado pequeño para Él… no puede comprender todo…

10 de noviembre[1] a las once de la noche, muerte de Canudo. Soy abatido por este golpe inesperado. Pobre viejo amigo. Qué tragedia cotidiana. La ebullición era demasiado fuerte; la vida como una tapa enroscada sobre el alma cargaba con todo su espantoso peso, y explotó. Estás liberado y vas a reorganizarte en otra armazón con un corazón todavía más ancho. La muerte, último sueño, qué broma. Es realmente la primera noche en la que ya no es necesario dormir. Y solo el sueño es la muerte.

Adiós, gran luchador. No olvidaremos tu Iglesia de música y tú nos reconocerás.

Hace un momento, he visto a tu divina amiga, la luz, que trémula corría en torno de tu ataúd para intentar verte todavía una última vez. Y ella te ha vuelto a ver, la luz, vestida en llamas, única fuerza que reconocías. Acaba de desposarte y de unirte a ella a fin de que ya no se pueda distinguir entre ella y tú… pero llama entre las llamas, yo, seré uno de los únicos en reconocerla, y en los fuegos intelectuales que desde este minuto no cesarás de encender entre nosotros, sabré distinguir lo que se debe a tus chispas.

No puedo recordar ni un nombre, ni un lugar, ni una fecha, pero conservo de manera precisa el color de una sonrisa o el perfume de un alma, y desde mucho tiempo atrás de tu triple telón de amargura, te había reconocido, ingenuo, tierno, desbordante de sensibilidad, tan lejos de la máscara que te imponía la vida. Y veía tus pobres grandes alas de albatros prisionero que tú replegabas dolorosamente contra ti, mientras que tu figura dejaba mentir la alegría. Había allí demasiada fuerza, demasiada radioactividad, demasiado amperaje en el crisol, el

[1] Tal como Arthur Rimbaud, en 1891, Abel Gance morirá también un 10 de noviembre, ¡en 1981! [Nota del editor francés]

espíritu estaba excitado, el corsé de la vida demasiado estrecho, tú lo has quebrado y a tu vez te has liberado.

Perdóname gran viajero si mi fuerza desfallece un instante y si mis palabras no ascienden recto; no te había visto desde hace seis meses, me aprestaba a verte, a estrecharte las manos y tú me obligas a este desgarrador y solemne monólogo... Sé que estarás en derecho de repetirme esas palabras de Spinoza que me repetías durante mi propio drama:

> Toda tristeza es una disminución de sí.

Pero ya no puedo más esta mañana y la insolencia de la muerte me subleva demasiado para que pueda encontrar en mí otra cosa que lágrimas. ¿Presentía el sombrío límite? Él quería ver todo, oír todo, decir todo, arrastrar todo; Maelstrom viviente, torbellino, cometa, dinamita: sus palabras, sus ideas, sus actos, se chocaban como locos, y si uno lo seguía jadeante, tomado en el engranaje de su fiebre, abría los puentes levadizos. Detrás de los batientes de oro, todo su sueño mediterráneo se desplegaba: Dionysos. El Gran Mediodía. Y todas las artes en fusión giraban en la rueda del Eterno Retorno mientras que los órganos de luz de la Iglesia musical respondían a los vitrales movientes y sonoros de la Catedral de luz.

En Niza, me dirigía esta admirable profesión de fe cuya profundidad vertiginosa me aparece ahora como si las frases hubieran devenido bruscamente fosforescentes:

> Nuestro tiempo es no solamente el de la gran reconciliación del Paganismo y del Cristianismo: la Carne y el Espíritu; sino también el de las bodas de la Razón con la Pasión. No es un Renacimiento: es un Nacimiento...

Pero tampoco tu muerte, mi querido Canudo, tu muerte no es una muerte, es ya una resurrección puesto que nuestros ojos y nuestros oídos de mañana comienzan a abrirse a tus palabras de ayer.

Boissy apuntó muy bien en *Comœdia*, en un resumen sobrecogedor, el complejo drama del cerebrismo de Canudo. Otros intentaron explicar su genio de estético, suerte de hermafroditismo intelectual que le permitía comprender y amar a los jefes de escuela más opuestos, de Cimarosa a Stravinsky, de Rafael a Picasso, de Dante a Apollinaire, de Fidias a Archipenko.

Él lanzaba luces sobre las cosas con un metapsiquismo agudísimo, y a menudo he pensado que sus antenas debían en ocasiones sorprender conversaciones de estrella a estrella... En lo que atañe al cine, Canudo inventor de la expresión consagrada ahora universalmente de Séptimo Arte, ha dado definitivamente al cine sus cartas de nobleza.

Y ese bautismo es ya viejo. Mediante una de esas geniales anticipaciones de las que tenía costumbre, en 1910, en la época en que los propios feriantes creían envilecerse proyectando imágenes animadas, Canudo, ese Cristóbal Colón de las ideas modernas, escribió sobre el Séptimo Arte el artículo más prodigioso, más brillante que se me haya dado a leer. Y pionero apasionado por su adelanto en el único verdadero camino, escribía todavía hace algunos meses:

> Hemos hecho todos los totales de la vida práctica y de la vida sentimental, hemos combinado la Ciencia y el Arte aplicándolas una al otro para captar y fijar los ritmos de la luz. Eso es el cine. El Séptimo Arte concilia de este modo a todos los demás. Vivimos la primera hora de la nueva Danza de las Musas alrededor de la nueva juventud de Apolo. La Ronda de las Luces y de los sonidos en torno de un foco incomparable: nuestra alma moderna.

Cuando un hombre posee semejantes antenas, no es solamente poeta, es profeta, y es por ello que una última vez quiero saludarte en nombre del Cine, en nombre de todos sus amigos y sobre todo de todos aquellos que van a convertirse en sus amigos.

Canudo.

Barrès…

Qué velos filosóficos se espesan.

¿El secreto de la muerte?...

¿Mi muerta no está más viva que cuando estaba viva? ¿Qué significa por tanto su muerte?

¿El Shakespeare de hoy no está más vivo que el Shakespeare de Stratford-sur-Avon?

Qué velos, si curiosamente no se los desgarra como yo lo hago.

## **Al margen de Einstein**
## (escrito sobre el barco, en ruta para Suecia)

Einstein dice:

> Por tanto las premisas que hemos planteado, a saber que pueden existir velocidades superiores a la de la luz en el vacío, no corresponden a la realidad. Por tanto esa velocidad es un muro, un límite que no puede ser sobrepasado.

Yo respondo: *Para admitir esto es preciso entonces quedarse en el* vacío de luz; *ahora bien* yo creo *que el pensamiento puede ir más rápido que la luz y que todas las experiencias* físicas *realizadas sobre la luz deberían también referir al pensamiento. ¿Cómo? No sé. Está en los físicos hallar si aceptan hacerse ayudar por filósofos.*

El análisis de las cosas visibles que caen directamente bajo nuestros sentidos es decididamente demasiado fácil al lado de los demás análisis de radioactividades invisibles. El pensamiento no llega más lejos de lo que lo permite el cúmulo total de la imaginación humana desde el despertar del hombre hasta nuestros días –ese campo es ya inmenso. ¿Es esta fuerza inaudita *más fuerte* que la luz? No sé. Creo que puede, sin embargo, devenir de la luz-fuerza y la piedra filosofal resultará, a través de la transmutación de pensamiento, en fuerza física al igual que la luz.

> Los pensamientos son electrones con un campo electromagnético determinable que actúa según su potencial y según la naturaleza masculina o femenina de aquellos que cruzan en el camino. A semejanza de las coloidales y según su propulsión los pensamientos se amalgaman o transmutan.

Ahora bien, estas especies de ondas invisibles no son todavía pesables, medibles, registrables, ya que se filtran a través de nuestros instrumentos más sutiles. Por eso nos hemos servido de la mediación del lenguaje y del arte. Pero más allá de este fenómeno de traducción, el pensamiento ha seguido siendo de manera intrínseca fuerza dinámica, lo cual remite a corroborar lo que a menudo he dicho, a saber que una gran inteligencia puede no escribir; ella debe pensar potentemente, de cierta manera, y su acción, incluso sin saberlo, será indiscutible.

Los fenómenos de telepatía prueban de manera superabundante lo que adelanto. Un pensamiento fuerte debe liberar millones de electrones que bombardean a distancia como rayos catódicos y a través de las corazas espirituales más sólidas según el grado de su vitalidad y su cualidad. Hay de este modo, si se lo quiere considerar también, un lado absolutamente matemático que puede permitir la evaluación muy nítida del grado de acción de A. gran inteligencia, sobre B. multitud, o incluso sobre D. materia. Los genios tienen el teléfono para hablar a las multitudes, han encontrado en su subconciencia la 4° dimensión que les permite ciertas nuevas palabras: pero las multitudes todavía no poseen receptor.

> Habría por tanto un campo del Pensamiento. Cuando el campo de fuerza general que acompaña el cuerpo de

> los sujetos y el campo de fuerza más restringido que acompaña su trabajo cerebral entran en contacto y en penetración con el campo de fuerza que acompaña un agua subterránea, la percepción registrada por el cerebro del sujeto no podría parecer un hecho incomprensible.
> (Extraído de un libro sobre los rabdomantes)

Las leyes de gravitación solo prueban simplemente la debilidad de los cuerpos por relación a las fuerzas de atracción. El pensamiento solo es potente cuando escapa a dichas fuerzas. Ahora bien, como la luz, solo él puede evadirse hacia las estrellas sobre el carril de la imaginación, a exclusión de toda otra fuerza conocida, permitiendo escapar así de las leyes de atracción.

El hombre que ha podido separarse de sus suelas de plomo y que puede, a su antojo, proyectar su pensamiento en el espacio, más allá de todas las leyes morales de gravitación, deviene dios. Este era un secreto de Zoroastro.

> La forma de los objetos, aun cuando fuesen de una materia ideal y perfectamente indeformable, depende de su velocidad relacionada al observador.

Esto que es el centro de la teoría de Einstein me prueba que hace seis años yo había emitido la misma opinión, como resultado de diversas observaciones, y en particular el examen de las alas de una hélice que en movimiento devienen invisibles. De allí deducía que *muchas fuerzas alrededor nuestro son absolutamente invisibles, a causa de su velocidad, y se volverían visibles si aminoraran su marcha, comenzando la forma de los objetos solo cuando hay pérdida de dicha velocidad.*

Me hallaba en el mismo espíritu que aquel en el que me vuelve a sumergir Einstein hoy en día. Remonto a contracorriente con la antorcha vacilante de la ciencia el camino ya recorrido por mi pensamiento riendo, cuando era muy joven, y no veo que me haya equivocado tan a menudo.

La vida misma es una vibración; cuando esta aminora su marcha se aproxima la muerte.

El aire líquido debe haber perdido su velocidad. El calor es movimiento; el frío es inmovilización del movimiento. El fuego es el tipo probablemente más visible del movimiento, el hielo el tipo más visible de la detención del movimiento. El movimiento transforma; la detención del movimiento conserva. La muerte libera el movimiento.

...

Sí, no me parece que Einstein haya captado a Schopenhauer. Todavía diferencia lo objetivo de lo subjetivo. Ahora bien: si la cosa solo existe en tanto representación *objetiva*, nuestra *subjetividad* pertenece aún a lo objetivo en nosotros por relación a un observador de otro mundo.

...

Einstein vuelve a encontrar a través de su análisis del intervalo a Leibniz y a Roger Bacon.

> El intervalo o relación del tiempo con el espacio es siempre invariable.

Mientras que en sí mismos, y ahí reside el error milenario, el tiempo y el espacio son matemáticamente inasibles.

...

> Algo no puede ser en el tiempo sin ser en el espacio y viceversa.

La 4º dimensión que es en cierto modo una ley moral de gravitación escapa de esta ley como el pensamiento escapa de una prisión.

...

Doy gracias con Einstein al magnífico principio de menor acción de Fernet que moral y biológicamente abre horizontes increíbles.

...

Los aspectos sucesivos de una flor en las diferentes etapas de su crecimiento, desde el día en que no es más que un frágil brote verde hasta aquel en el que sus agotados pétalos caen dolientes, y los diversos desplazamientos sucesivos de su corola bajo la influencia del viento, constituyen una imagen de la flor en el espacio de cuatro dimensiones.

...

*Ver la Cuarta Dimensión de las cosas* de las que el cine en cierto modo nos da una representación objetiva con la cámara rápida y lenta, *me parece que es el mayor secreto en psicología.* Es el conocimiento de la 3º desconocida el que nos permitirá resolver la mayoría de las ecuaciones que nos propone la naturaleza.

Cuando el alma ya no tiene necesidad del cuerpo ella misma se libera de él y tal vez contra la voluntad de defensa biológica. Por eso el alma apuntando a su esplendor juega a menudo un rol de asesina. Ella mata su crisálida cuando siente agitar sus alas.

La muerte es una ruptura de la idea de tiempo y de espacio, pero la 4º dimensión persiste y si ustedes miran con el 3º ojo, verán la vida nuevamente a través de la muerte.

Siento con una repentina violencia que mi amada jamás ha vivido tanto en su 4º dimensión como desde que está muerta. Si las consideraciones de tiempo y de espacio, como dice Einstein, son solo velos movientes tejidos por nosotros mismos, la presencia visible y la vida corporal son solo representaciones objetivas, "en sí mismas falsas"; solo existe la vibración de alma que forma los intervalos, y *la muerte no la destruye.*

Hay en todo esto, y solo hablo para mí, la esencia de la poesía más intensa, aún la más delirante, la más super-humana que se pueda concebir, *y esos esponsales de la poesía y de la Razón*, esa encrucijada misma en la que se encuentran las matemáticas trascendentales y la metafísica más vertiginosa, son para aquellos que las han frecuentado una vez inagotables fuentes de energía creadora y de transfiguración interior, esperando, lo que no podría tardar, y lo repito porque no hay nada más grande que esperar, la transmutación directa de las cosas bajo la sola influencia del pensamiento.

Roland Manuel[1] me ha dicho: Conozco tu principal defecto: eres demasiado metafísico. Quiera Dios. He encontrado allí éxtasis tan formidables donde la ruptura con la idea de muerte es tan clara que no conozco exaltación religiosa comparable a la mía, y las lágrimas me vienen a los ojos... y olvido todo el mal que me ha hecho la existencia... y me siento capaz de perdonar los mayores crímenes... y predico, la belleza, la bondad, la elevación, la espiritualización... estas primeras caminatas de mi ascensión no son nada cuando entreveo... que ese defecto me acompaña hasta la muerte y que tendré la potencia de soltar definitivamente por mi sonrisa las manos de la vida que se crispan sin cesar sobre mi garganta.

El accidente no es en suma más que una enfermedad que apunta al predestinado, pero que actúa por relación a la víctima con una velocidad tal que las leyes de reacción de esta son abolidas; si se restablece este accidente en su relación con el espacio y el tiempo, por otro observador más sagaz gracias al cine ralentizado, se percibirá cuán débiles han sido nuestros ojos y cuán poco prevenidos para dejarnos arrastrar hacia ahí, y cuántos millonésimos de segundos mejor empleados podían evitar el drama. La premonición puede y debe volverse una ciencia exacta, apoyándose de una parte sobre las hipótesis matemáticas, y de otra parte sobre el desarrollo biológico de las antenas de la intuición.

[1] Alexis Roland-Manuel (1891-1966). Compositor y musicólogo francés. [N. de T.]

Si mediante un conocimiento profundizado de mi Cuarta dimensión pudiera saber en una fracción de segundo todo lo que mi pensamiento adiciona pesada y lentamente en el tiempo, mi fuerza sería inaudita y haría milagros.

Espiral.

La ley del círculo no es más que la ley del retorno sobre sí mismo; es una incursión más grande y más dulce que la ley del triángulo, que denota menos imaginación. Con el círculo las cosas buscan volver a su alegría inicial. Ellas llegan a ese fin. El eterno retorno de Lucrecio, de Empédocles, de Aristóteles, de Heráclito y de Nietzsche sugiere que si nada llega a contrariar un cuerpo en movimiento, adquirirá el movimiento circular, ya que es el más noble de todos los movimientos. Por mi parte digo *sí*, pero si tiene la *fuerza dinámica* para escapar a la ley de gravitación, adoptará el movimiento espiraliforme ya que recobrará allí ante todo el movimiento de progresión que le permitirá sobrepasar al círculo en todas sus posibilidades físicas y metafísicas.

Quiero efectivamente volver a vivir mi existencia, pero desde el balcón. Reivindico no el círculo del eterno retorno, sino la espiral que me permitirá volver a vivir cada segundo, pero desde arriba.

El triángulo de la línea recta.
El círculo hijo del triángulo.
La espiral a la vez hija y 4º dimensión del círculo.
El círculo, la rueda, mantienen la vida pero la recomienzan eternamente; es el *trabajo-duro.*
La espiral se evade, y Nietzsche no lo ha sentido. La espiral es una rueda que avanza por su centro.
Examinar mi intuición de *la espiral que reemplaza al círculo en todas las leyes cosmogónicas* y la estrechez de la ley de relatividad que nos ha hecho considerar por mucho tiempo al sol como centro del mundo, cuando él gira ciertamente alrededor de otro invisible, el cual gira alrededor de uno más grande.

Hay aquí una nueva imagen geométrica a inscribir en el cerebro de los corazones.

*Axioma. Los minerales nacen, se aparean y mueren.*

Ellos se buscan, se atraen, se rechazan, se agrupan, se aman, se odian, se defienden, se ocultan, se entregan, vuelven a empezar.

El oro busca el mercurio, el plomo está enamorado de la plata. El alquimista remonta el árbol genealógico de los metales para hallar la piedra que los transforma por la fuerza del amor.

El vegetal es femenino, el mineral masculino, y el animal hermafrodita.

¿Qué queda de la opinión de Newton?, quien decía:

> Las moléculas son de una fijeza tal que no podrían ser ni divididas ni alteradas por ningún procedimiento del arte, ni por ninguna fuerza natural.

Mientras corrijo las pruebas de estos apuntes, leo en un capítulo del *Géon* del gran sabio Jaworski[2]:

> El mundo solar es un sistema arremolinado vibrante, dice el astrónomo Emile Belot.
>
> El ser organizado es un sistema arremolinado vibrante, dice el biólogo Georges Bohn.
>
> El átomo es un sistema arremolinado vibrante, dice el físico Pétrin.
>
> Y la tierra es un sistema arremolinado vibrante, dice Albert Mary.

Yo no había querido decir otra cosa.

[2] Cf. Hélan Jaworski, Le Geon ou la terre vivante, Gallimard, Paris, 1928. [N. de T.]

¿Les sorprende mi risa en este momento? No siempre lloro con mis ojos.

Atesoro mis ideas y las dejo dormir. No hago gimnasia con ellas. Se espesan, se recargan y pierden su radiación. ¿No puedo sacudir esta melena de debilidad?

Cuando soy indigno de mí, tengo pudor de mi Pensamiento y no me animo a examinarme ni a releerme para no arrojar un velo de desaliento sobre mis bellas horas de claridad.

Mi alma se estira y cotorrea... todavía no canta.

El licor de las palabras nos conduce velozmente a la ebriedad del pensamiento, pero desconfío de la ebriedad.

Quien no siente la maleabilidad de las horas no puede esperar transformarse a sí mismo. *Es preciso que tu espejo te vuelva feliz todas las mañanas.* Eso no está en poder de todos, y si no tuviera que luchar contra la serpiente de la fatiga, vería desde ya cada aurora despuntar con más bellezas diamantinas.

No tengo la salud de mi fuerza; solamente ese es mi punto débil.

Camino desde hace varios meses con mi *máquina de fabricar el sueño* sobre una base de gastos de treinta mil francos por día... Todas las mañanas al despertar, siento ese peso sobre los hombros... Hace algunos años se trataba de encontrar algunos francos para no morir. Estoy sorprendido de la insensibilidad en la cual me deja este cambio de condición...

El crédito de mi alma no aumenta en proporción del otro.

Encuentro en la siguiente frase de Novalis exactamente una teoría que me es cara, que a menudo he desarrollado y que es también la del *Géon* del Doctor Jaworski:

> Vivimos en realidad en un animal del que somos parásitos… La constitución de este animal determinará la nuestra, y viceversa.
>
> Las condiciones en las que se encuentran las moléculas de la atmósfera son quizá correspondientes con aquellas de las mismas moléculas en los cuerpos orgánicos.

Me estremece ver cómo mis notas filosóficas entre los 20 y los 25 años se aproximan en su esencia a las de Novalis. Hay allí cosas idénticas, por ejemplo aquellas sobre la vida de la luz.

Debo estudiar de cerca estas analogías que, en él y en mí, no son más que los florecimientos del subconsciente en su exaltación más lírica. Y si no temiera una mala interpretación de mi pensamiento, llegaría a decir que todo Novalis se me aparece como un yo olvidado que se recobra, con el mismo duelo trágico, como hélice de mi desaliento.

# Poliedrismo

## Nuevas divagaciones sobre el arte

*Hay tantas cosas entre el cielo y la tierra*
*que los poetas son los únicos en haber soñado.*
Nietzsche

Diagrama sobre las diferentes formas de considerar el mismo tema, en una tarde de junio de 1922, dicho de otro modo: Estado de mi enfermedad intelectual y contagiosa, a través de la fotografía de mis impresiones de un instante al otro.

*2 horas.* – La poesía es la filosofía de la fuerza. La filosofía es la poesía de la razón.

*2 h 05.* – Hay interrogaciones mucho más bellas que su respuesta. Ahora bien, la mayoría de las veces, la poesía interroga y la ciencia responde, en general duramente y con pesimismo. Cuando por azar la ciencia interroga, lo cual es raro, quisiera a cambio que escuche sin sonreír las magníficas respuestas que puede darle la poesía.

*2 h 10.* – El genio es el minero del dolor; extrae primero de allí el carbón y luego el diamante cuando excava muy lejos.

La Belleza es solo la verdad en estado de euforia, en estado de gracia y de milagro.

El genio provoca justamente ese *milagro*, esa radioactividad que no es sopesable siquiera con las *mejores balanzas psicológicas*.

Por tal motivo invalida de un golpe todos los andamiajes científico-matemático-biológicos montados a tan duras penas y falsea de un golpe todos los conceptos preestablecidos. Nadie ha visto el genio ascender a la escala de la ciencia; ¿cómo puede estar él ya en lo alto del muro, sin tomar el mismo camino de un aleteo? Todas las aceptaciones bruscamente devienen viejas y perimidas. Ustedes decían: ¿No son tristes las lágrimas? Las lágrimas son por el contrario alegres, muy alegres, si el genio llora de cierta forma, de su forma. Y la risa por el contrario llora, solloza, se desespera; la risa se apresura a robar todo al presente pues tiene miedo del porvenir; la risa está poblada de pavores; tiembla, grita fuerte para aturdirse; en el fondo solloza.

Forma de mirar: Pisos superiores: Genio.

En definitiva, el ojo, el telescopio y el microscopio, esos tres monstruos, hijos de la curiosidad humana, no enseñan gran cosa que este ciego sensible ya no sepa. ¿Quizás le des-enseñen? Homero y Milton veían mejor ciegos, y Beethoven oía sordo mejor que los demás. Pero ya y todavía las palabras me traicionan para expresarme, mi sonrisa interior es demasiado profunda, no quiere evaporarse en palabras en la superficie de la vida; prefiere permanecer oculta.

*3 horas.* – Antes de que la 4º dimensión sea científicamente aceptada, debe hacer una larga práctica a través de la poesía, que por el momento es su hélice.

En cuanto a la inteligencia, es una de las formas de la impotencia, *una suerte de incapacidad de vivir*, dice Epstein.

*3 h 30.* – La nueva poesía de los pueblos llamados *modernos* está por desgracia más en el humo de las fábricas que en el humo de los sueños, y los aviadores del cielo han matado a los del corazón.

*3 h 35.* – Encuentro en la poesía moderna un nerviosismo cada vez más exasperado y que se toma por potencia, al juzgar por su tono conminatorio. ¿Estilo telegráfico? Un despacho no cambia en nada los movimientos del corazón que lo dicta. La juventud está engañada por la *velocidad exterior*, su inteligencia bebe demasiados cócteles cotidianos, avión, telegrafía, radiofonía nacional, e internacionalofobia.

Esto da a luz una literatura esmaltada; regresamos por otro camino a Scudéry… la imagen hace freno a cada segundo sobre la idea. El humo está en todas partes y el artificio supera al artificiero. La circulación en talentos es demasiado grande por relación al respaldo-oro en genios. Se imprime demasiado… y este espanto general de parecerse, aunque no fuese más que por un dedo del pie, al abuelo Esquilo, al viejo Beethoven, o al padre Hugo…

*3 h 37.* – Lo que amo en mis ancestros es que aquello que me han legado, bajo forma de pensamiento y de materia, arquitectura, escultura, pintura, incluso esta encuadernación del siglo XVIII que tengo aquí bajo los dedos, me aparece robusta y plena al tacto, fruto terminado. Nada de arribismo, nada de diletantismo; sino trabajo bueno, largo y sensible. Todo lo que nosotros dejaremos será velozmente corrompido, mala química de las mezclas, mala aleación, se trate de cemento armado o de poesía…

Y además, sin odiar la gran estación Central de New York, prefiero Notre-Dame o el Partenón.

*3 h 45.* – *Dime lo que frecuentas y te diré que* odias. En un examen muy rápido, con el correr de la pluma, he aquí en *orden* aproximado mis preferencias artísticas, exactamente a las *3 h 37 minutos*:

Ronsard – Homero – Hugo – Edgar Poe – Perrault – Leonardo da Vinci – Rembrandt – Watteau – Mantegna – Botticelli – Mozart – Beethoven – Bach – Wagner – Bizet – Esquilo – Shakespeare – Corneille – Schiller – Ibsen – Cervantes – Rabelais – Stendhal – Balzac – Tolstoi.

*3 h 50.* – El dolor solo no tiene más que un ala. El Arte solo no tiene más que un ala. Si se encuentran, el ave del genio toma vuelo, y ese pensamiento puede a continuación ilustrar un abanico.

*3 h 51.* – Es preciso, en la vida, morir cien veces para parecer, en arte, morir una sola.

*3 h 52.* – La inspiración me hace pensar en una chispa eléctrica. Solo puede existir a condición de que estemos cargados de electricidades contrarias.

*3 h 53.* – El artista es un templo; los dolores entran ahí como mujeres; salen de ahí como diosas.

*4 horas.* – Si la inteligencia no permanece esclava, doméstica e intérprete en el umbral de la sensibilidad, el dios se retira, el mineral se extingue y el vegetal se calla.

*4 h 22.* – Existe la poesía de las cosas positivas, que se puede sorprender en el ojo de los grandes inventores, magnífica expresión del lirismo moderno que encontramos en Edison, en Branly, en Curie, donde la nitidez y el sueño se fusionan sobre el plano de las realizaciones prácticas.

Existe el realismo de las cosas poéticas, que frena el sueño en el instante en que deviene voluta de humo, y que lo incorpora a la vida corriente para alzar su nivel, magnífica expresión de Poe, de Rimbaud, de Cendrars. Estos dos procesos tan diferentes en su camino se reúnen al final.

*4 h 25.* – ¿Qué arquitecto en el siglo X se halló prisionero en el derrumbe de una iglesia romana y descubrió allí, en medio de las ruinas, la ojiva hecha de dos arcos romanos que se había apoyado uno contra el otro?

*4 h 26.* – Paul Valéry es un poeta excepcional en nuestra generación. Cóctel donde él mismo solo entra a medias, la otra mitad compuesta de Racine, de Mauriac, de Mallarmé, de Gide, de Claudel… El alquimista es tal que la sublimación hace olvidar los orígenes. Es ciertamente una de las inteligencias sensibles más brillantes del siglo.

*4 h 28.* – No asciendas; desciende hacia el Arte, ese eterno espejismo en el desierto de nuestra vida, ese callejón sin salida fosforescente que hace creer en un camino de azur, ese sol vitrificado por onanismo intelectual.

Marcha atrás, antes de que me aparezca la estatua congelada de mi fuerza…

*4 h 35.* – Las malas saludes morales producen psicológicamente lo que fisiológicamente se produce con la salud física. Se tienen cánceres de pesimismo, tumores de exaltación lírica, acnés de melancolía poética; se llama a eso talento; con más frecuencia habría que decir enfermedad, y los poetas son los más enfermos con su alquimia de las palabras…

*4 h 45.* – He aquí en orden aproximado mis preferencias artísticas: Novalis – Rimbaud – Cendrars – Claudel – Gide – Giotto – Botticelli – Durero – Cézanne – Chirico – Mozart – Monteverdi – Milhaud – Honegger – La música hindú – Esquilo – Shakespeare – Corneille – Beaumarchais – Molière – Cervantes – Chateaubriand – Dostoievsky – Kypling – Proust.

*5 horas.* – Quisiera añadir a esos nombres algunos otros amigos que quiero y que para mí son fuentes en las que me quito la sed muy a menudo; los lanzo al azar como dados sobre una mesa… y allí retorno a Hermes Trimegisto y Sócrates, y he aquí un trío de neoplatónicos: Plotino, Jámblico y Porfirio. Ahora he aquí a Scarron, Swift y Omar Kayyham, y luego Baudelaire, Tagore, Drouot; he aquí Apolonio de Tiana, Lamarck, Einstein, y he aquí Montaigne, Keyserling, Élie Faure… Pero ese poliedro tiene demasiadas facetas…

Aprovecho para decir aquí, aunque deba hacer morir de indignación a los profesores de filosofía de colegio, que los más grandes de mis amigos son: Cristo, Buda, Jacob Boehme, Spinoza, Apolonio de Tiana, Raymond Lulle, Nietzsche, Dionisio Aeropagita, Aristóteles, Plotino, Pitágoras, Paracelso, Maxwell (el del siglo XVII) y de Sade.

*5 h 15.* – Hora violeta del té. Tengo ganas de desgarrar todas las pequeñas notas *psicasténicas* que preceden, pues este ejercicio que consiste en matarme a mí mismo en el espejo a cada uno de mis disparos me deprime; qué estupidez todo esto, y qué felizmente estoy lejos de todo lo que pienso.

*5 h 55.* – Me siento de nuevo atraído hacia Valéry. Noto que la muy rara aristocracia de su sensibilidad no ama salir de los salones de la inteligencia. La delicadeza, el encanto, la melancolía profunda y poética son infinitas, pero qué lejos estamos de Edgar Poe, y qué agudo es el sonido de ese cristal... él asciende cuando apunta a la dulzura; no hay notas *contralto*, y sin embargo qué deseo de poseerlas... Lo amaré no obstante cada vez más, pues uno de sus versos sirve de frontispicio a mi dolor:
*Es preciso ceder a los deseos de las muertas coronadas.*

*6 horas.* – Si debiera elegir dos libros de poesía moderna, no dudaría en tomar como techos de nuestra sensibilidad, las *Iluminaciones* de Rimbaud y l'*Eubage* de Cendrars.

Leo bajo la firma de Valéry:

> Encontré indigno, y todavía lo encuentro, escribir por el mero entusiasmo. El entusiasmo no es un estado de alma de escritor. Por grande que sea la potencia del fuego, solo deviene útil y motriz a través de las máquinas en las que se introduce el arte.

No puedo leer estas líneas cuya fuerza lógica por desgracia no puedo discutir, sin ser recorrido por uno de esos escalofríos, preludio de una ira jupiteriana.

Por qué ciertos poetas escriben con la sangre de su amargura. La mariposa en Valéry está decididamente clavada en el herbario.

> Y nuestra réplica a nuestro genio vale mejor a veces que su ataque...

...Añade Valéry. Esto prueba que el genio en dicho caso es mal esgrimista, y sé bien que los golpes rectos de Esquilo o de Shakespeare no esperan, para atravesar las almas, que un profesor de lógica, de buen gusto, o de matemática poética intervenga con su racionalismo.

¿Por qué desconfío de esos espíritus modernos demasiado advertidos, demasiado inteligentes, demasiado prevenidos, demasiado irónicos? Porque hay personas que tienen demasiado olfato y que sobrepasan la meta, como esos perros que buscando una liebre descubren al amante de su ama o a la amante de su amo. Se les pedía más y menos a la vez.

*6 h 15.* – Me vuelvo a leer con una sonrisa sin fondo. ¿Qué deducción filosófica extraer de mi barómetro en desvarío? No sabría decirlo, pero me pondré detrás del escudo de estas sólidas palabras de Emerson:

> Digamos hoy en términos fuertes lo que pensamos, y mañana hagamos igual, y no tengamos ninguna preocupación de contradicción.

La fuerza en un individuo nace la mayoría de las veces de su paradoja, pues la paradoja bajo el juego de las potencias contrarias produce chispas. Y lo que es para uno mismo choque deviene velozmente luz para los demás.

*Medianoche.* – No muestres que has sido obligado a abonar tu suelo con fertilizante, tampoco muestres el esfuerzo del arado y el sudor de la siembra; aporta tus frutos con una sonrisa y retírate silenciosamente.

– Y no escribas más lo que piensas de que un reemplazante explique a Coty sus secretos.

*1º de enero de 1924.* – ¿Es la caída? Desde hace meses y meses, desde la muerte de mi pequeña de ojos violetas, mi voluntad se vio poco a poco atrofiada, la corrupción, la fatiga, la pobreza mental, han agrietado poco a poco el bello edificio, y soy como un sonajero vacío ante mí, en un concierto de alabanzas en retraso. ¿Voy a despertarme, puedo hacerlo? Si no retomo nuevamente un hábito cotidiano de voluntad, se acabó.

Mis más grandes palabras son tan pequeñas alrededor del precipicio de mi desaliento. Ellas miran, inclinadas, curiosas, intentan captar, ver, oír lo que sale de la noche del abismo, pero permanecen en lo alto, ya tienen el vértigo y jamás se animan a mirar durante mucho tiempo.

Hay realmente demasiada distancia entre yo y mi pensamiento, sucumbo bajo mi cruz de diamantes.

Me hace falta estiércol para que mis flores crezcan. El hábito de la elevación me lo ha suprimido poco a poco. Esto se convierte en un problema biológico peligroso. Hace falta de vez en cuando dejar hablar a los demonios de la vivienda para poder servirse de la enseñanza que nos dan. A fuerza de cerrar las puertas secretas, ya no hay nada en las almas.

Hace tres años, mi muchachita, que tú estás muerta, tres años… y mi amor no se ha movido, y es ayer que te veo sonreír. Mi amada silenciosa, cómo sabes acompañarme desde tu muerte; tu envoltura corporal te perturbaba y tú has preferido vivir en mí… Si estuviera bien seguro de lo que digo aquí me parece que me volvería loco de alegría.

## Refracciones

*Yo no absorbo, refracto.*

No es porque se vea las cosas bajo un nuevo ángulo que se las vea mejor; se las ve de modo diferente, y eso solo ofrece una faceta más.

A fuerza de descender como Spinoza en el corazón más profundo de la psicología, se llega muy rápidamente al *esqueleto* de donde está excluida toda vida. No hay que hacer de la psicología una ciencia sino un Arte, so pena de verla acabar en herbarios de biblioteca.

Las ciencias exactas matan las artes científicas, y qué daño.

La astronomía ha matado la astrología, como la química a la alquimia, como cierta psicología amenaza matar la filosofía.

Gana el derecho de tener una verdad para ti solo y una verdad para los otros.

La naturaleza mantiene más amorosamente las zarzas que las orquídeas. ¿Por qué? ¿No hay espíritu democrático?

Es indiscutible que la bajeza de los instintos confiere más derechos a la existencia, biológicamente hablando, que la nobleza de estos. ¿Qué filosofía moral quieren extraer de una vida semejante?

Y es lo que explica que cuanto más se aleja uno de sí mismo para elevarse, más problemática deviene nuestra felicidad animal.

Y cuanto más uno se acerca a la tierra, más aumenta y estalla de risa la vida animal. ¿Asciende usted? Tan pronto como vuestra vida física se vuelve cada vez más difícil de defender, la atracción está allí, gran ley sorda, insidiosa, en tanto señala el final del esfuerzo y ofrece al cuerpo la nada, mientras que el alma liberada asciende según su densidad.

> Aquellos que no creen en la inmortalidad de su alma se hacen justicia.
>
> Robespierre

La ley de gravitación y de atracción universal existe psicológicamente con la diferencia de que la tierra es reemplazada por la vanidad, sentimiento hacia el cual son atraídos todos los demás. En las mejores naturalezas esta vanidad toma el nombre de amor propio que impide a los demás sentimientos elevarse como deberían.

Y no nos engañemos, la humildad es el mejor trampolín del orgullo.

La conciencia, es lo que se ve de uno mismo en el espejo de la moral. Varía según la cualidad del azogue de este.

Tan pocas cosas se necesitan para hacer que los hombres se odien y tantas para hacer que se amen.

Del amor al odio no hay más que un poco de orgullo.

El odio es la forma material del espíritu. Él se aferra a la tierra. Disminuye siempre cuando uno se eleva pues no podría ascender con nosotros.

El odio es el alimento de muchas personas. Suprímanlo; se las agarrarán con ellos mismos y se roerán ellos mismos el hígado.

Dos gallos de riña se pelean. Quiten uno de ellos bruscamente y pongan un espejo en su lugar; el otro continuará atacando al espejo como a su rival y no parará hasta caer de manera exasperada sobre el suelo. Así con nuestra ira: nos peleamos con nosotros mismos sin darnos cuenta de que golpeamos contra el espejo erigido en nosotros por nuestras pasiones.

¿Por qué se muestra uno más sensible a la maldad de un sapo que a la dulzura de mil palomas? En la maldad hay siempre un veneno, una única víbora puede matarlos.

Hay tantas personas que no perdonan a los otros el mal que les hacen.

La pasión vuelve ciego al punto de deformar figuras, colores; trasviste la verdad y entrega desalientos comparables a aquellos que siguen a una noche de orgía.

El amor que se quiere tener arruina el que se tiene.

Las golondrinas han puesto su voluntad en sus alas, los ruiseñores en su gaznate, los hombres en su orgullo y las mujeres en sus ancas. Cada cual su camino.

Cuando uno se da cuenta cuánto es amigo de sí mismo, ya no se sorprende de encontrarse tan solo en el mundo.

Es preciso amar a las personas por el gusto que se les da más que por la alegría que tenemos por ellos.

El eco de la felicidad de los otros para un alma bien constituida es siempre una adición a la suya propia.

La fe en sí mismo es originalmente la fe de su voluntad y no la voluntad de su fe. Todo el resto es tributario.

Solo hace falta plantearse los problemas que uno mismo puede resolver para no ser vencido por ellos y volverse su víctima.

La vida no es más que una gigantesca máquina de calcular. Cuando se le ha pedido más de lo que debía darles, les paga la diferencia a través de la muerte.

La tristeza puede ser una función de la pasión; jamás puede ser una función de la razón.

La desgracia al llegar solo hace un intercambio. Si bien le toma lo que usted tiene de más querido, le ofrece a cambio la sabiduría. Si usted no fuera injusto se lo agradecería.

Una victoria está hecha de tantas derrotas ignoradas que temo, a fin de cuentas, que solo sea el juego ilusorio de una palabra.

El escepticismo es un abrigo de mil colores cambiantes con el que la muerte y la fatiga, su hija, nos envuelven hoy para seducirnos una vez más.

El vicio es egoísmo pagadero al contado. La virtud es egoísmo a largo plazo. Ejemplo: el cielo de los cristianos. Pero la diferencia en cuanto al instinto que les dicta uno y el otro es con frecuencia menor de lo que se cree.

La fuerza es una creación natural; el derecho una creación artificial del espíritu humano.

Cuando se pone cada vez más distancia entre lo que se debería hacer y lo que se hace, el alma cansada de espera y de obligación los abandona poco a poco y precipita de este modo la decadencia orgánica, para revivir en un cuerpo más capaz de retenerla.

No ser sino lo que uno es, no es nada; pero devenir lo que se puede ser, he aquí el único interés de la vida.

Desde ya no he escrito desde tu muerte ni la *Divina Comedia*, ni el *Intermezzo*. Mis hombros han flaqueado; quise beber todavía de la existencia pero no he perdido el tesoro de tu recuerdo querido. Y cuando mis pensamientos han sido altos, te he recobrado cada vez de manera extraña en tu hermana, y ya no distingo entre mis dos amores puesto que vuestras dos almas se fundieron en una.

Te prometí una gran obra; no soy todavía digno de ella pero la realizaré, segura debes estar de ello, quizá ya ha comenzado...

He anotado que estabas menos muerta ahora que cuando estabas enferma y que cada vez que un noble pensamiento me invadía tu presencia en mí se hacía más precisa.

¿Cuándo me hablarás? Yo podría oírte sin morir, creo, ¡oh! mi amada Idannabel Lee.

No recuerdo, en mi entorno inmediato, haber encontrado no solamente un respeto de mi trabajo, sino también la calma comprensiva que se añadiría a mi fuerza y me permitiría superar las dificultades con un poco más de quietud. Yo lucho con el exterior; al interior las tormentas se suceden y el timón se mantiene entre mis manos.

Me siento hueco y triste como un violonchelo sin arco.

Leo con angustia y melancolía palabras escritas en junio de 1917 donde ligaba mis fuerzas a la fundación del Gran Mediodía.

Siete años se han sepultado sobre pesadas patas, y si bien mi experiencia de los hombres hizo algún progreso, la elevación de mi alma no ha ido en progresión ni en armonía con mis años de preguerra. Mi pensamiento como mi cuerpo adquiere barriga y gana en suficiencia lo que disipa en ligereza. ¿Toda esperanza está perdida? ¿O bien *voy a recomenzar todo*? ¿Tendré la fuerza de tomar el bastón, las alforjas y partir hacia la cueva de la montaña? ¿O una vez más me he engañado a mí mismo, con mis malos instintos de goce, con mi fatiga, con mi misantropía?

Cada día me consumo más, pero a causa de eso la llama se acrecienta.

30 de marzo de 1924. – A la memoria de mi amigo Louis Delluc[1], asesinado por el cine.

Ese gran triste de ojos de gacela tocada por el plomo tenía en su mirada las más pálidas orquídeas del mundo, pero cuán pocos sabían leer en ella…

Sus réplicas en las que la indolencia, la melancolía y la vivacidad se cedían bruscamente el lugar, hacían pensar en hojas secas, en el viento de otoño, sobre los bancos de piedra. Un silencioso y magnífico *taïaut* inscribía sin cesar en sus labios la eterna ración de sus ilusiones…

Él paseaba su tristeza como el abedul plateado pasea su frente sobre el arroyo, y en sus brazos parecía siempre tener una princesa muerta…

… Y he aquí que ha retornado a la fuente… La séptima Musa, llegada tan joven, no llora, puesto que, corazón sobre corazón, le deja todos sus sueños fijados en magníficas cintas. Ella las desenrolla y sonríe…

… Y la sonrisa de una Musa ante la muerte de un artista es siempre el preludio de una resurrección en la memoria de los hombres.

El 21 de junio de 1925, se anuncia la quiebra de Stinnes. Mi administrador me llama, alterado.

Todos nuestros créditos son cortados desde ayer, y me encuentro frente a un gran film por terminar, del que apenas se ha acabado un cuarto, con 3 millones de deudas de un día para otro.

La situación extremadamente grave se establece de este modo:

1. Quiebra de Stinnes.

2. Edmond y Hugo en rivalidad. Hugo toma el lugar y reemplaza a Edmond. Es para mí el punto psicológico más grave.

[1] Louis Delluc (1890-1924). Dramaturgo, crítico literario y director de cine francés. [N. de T.]

3. Anegado por los acontecimientos, M. R. es lanzado por la borda. Tenía algo falso en el ojo derecho, una insoportable vanidad. Poco espíritu, una viva inteligencia de los negocios en general, pero malas visiones sobre el cine. Le estreché la mano cordialmente hace unos días, pero lo he abandonado moralmente hace más de cuatro meses.

Sin hélice, es preciso reflexionar. Las rocas de Santa Elena están todavía lejos. Qué poca envergadura; qué debilidad de los hombres que me rodean. Qué comedia… ¡Qué drama animado!

26 de junio. – Las ambiciones, las codicias encienden alrededor mío un fuego tan claro que comprendo mejor la postura del escorpión. Me duermo, mecido por el ruido de alas de los buitres.

El cine no está maduro aún en Francia para un tema vasto, y *Napoleón* asusta a los franceses que prefieren *Phi-phi*, *Tire-au-flanc* o *La Girl du métro*.

Durante seis meses me bato día y noche como Don Quijote con los molinos de la *finanza* para reflotar un asunto que se recarga de deudas y de procesos cada día y que aumenta mi pasivo a más de cinco millones. El 4 de noviembre, el navío vuelve a partir con una hélice nueva.

Hay palabras que se responden indefinidamente en mi corazón como llamados de tumba en tumba, como golondrinas al ras del mar. Ellas dan vueltas en mí, ardillas prisioneras.

…Qué pequeña es mi jaula… y qué bosque magnífico en el exterior… Una mujer que se ama… Qué drama de Rose Marna interpreto a cada instante.

Aquello que nuestra memoria y nuestra sensibilidad ya no pueden hacer (por agotadas), aquel vuelo divino que los poetas hacían *a diario* en lo que tiene de más profundo y de más matizado, la ciencia lo efectúa, y nuestros estado líricos van a conservarse exteriormente en los sarcófagos del fonógrafo y del cine.

En algunos siglos, uno se inclinará sobre esta sensibilidad *momificada* de nuestra época como hoy nos inclinamos sobre las canciones de gesta o las poesías de Villon.

> El sonido no parece ser otra cosa más que un movimiento quebrado, en el sentido en que el color es luz quebrada.
>
> Novalis

Y en el sentido en que la luz es fuego quebrado, el cine es la música y el quejido de esa luz.

¿Cuándo los poderes públicos comprenderán la dinamita que descansa, en la noche, en todas las pantallas del mundo?

Madame S… ha muerto. Alguien me ha dicho esto esta noche riendo. Mi sangre solo dio una vuelta; debí darle una bofetada y partí para mirar de frente mi dolor.

Pobre amiga querida. Qué noches melancólicas pasé con frecuencia cerca suyo, en las que usted me hacía mirar la bajeza o la fealdad humana a su alrededor. Y cómo, a pesar de esta cruel clarividencia, podía usted conservar tanta fe en los hombres y en las estrellas.

¿Por qué ese imbécil reía al anunciar vuestra muerte? Qué turba. La maldad humana es infinita. Yo la volveré a encontrar a través de la opacidad de la existencia cuando la radiación de mis pensamientos sea suficiente para permitirme cumplir lo que mi muerta y usted esperaban de mí.

Recuerdo con emoción una de vuestras frases que me había alterado profundamente:

*Llegará un día próximo*, me decía, *en el que usted intentará, en el suave calor de la tolerancia y de la elevación espiritual, la fusión de los Grandes Iniciados. Solo juzgaré esta tarea desde lo alto, pues siento que moriré muy pronto; pero le seguiré con más potencia y fuerza real de lo que me es permitido hacerlo hoy. Recuerde bien lo que le predigo esta noche. No haga un gesto para llamar al socorro. Algunas fuerzas conjugadas e insospechables llegarán por sí mismas hacia usted, silenciosamente, sin que usted lo sospeche, como sobre patas de palomas. Cada hora que pasa usted se aproxima a la obra que Ella espera y que nosotros también esperamos de usted.*

...

Como lo escribía antaño a propósito de mi Homero, debería proyectar ante mí las chispas de esta gran obra, para acostumbrarme a contemplarla.

## Interferencias

*Cada uno de mis segundos tiene dos vertientes:*
*una árida en ascenso, la otra risueña en descenso;*
*ustedes tienen el reflejo según eso.*
A. G.

*Es el mismo sol el que purifica o corrompe según la cualidad*
*de lo que toca y hay disolución, allí donde*
*ya no puede haber creación.*
A. G.

Pensar en el hecho de que cuando Nietzsche parece entrar en trance con el *Eterno Retorno*, no hace sino repetir (lo que muy seguramente ignoraba) a Siger de Brabant[1] quien había fijado exactamente la misma ley en 1260, y a Occam[2] que la formuló un poco más tarde.

> Lo universal no es una cosa, es simplemente una manera de ver las cosas (consideración) y no se tiene que suponer facultad especial para explicar la formación de simple concepto.

[1] Filósofo medieval, nacido en Bravante, actual Bélgica, y profesor de filosofía en la Universidad de París. [N. de T.]

[2] Guillaume de Occam. Fraile franciscano y filósofo escolástico inglés. [N. de T.]

> Si solo lo individual es real, lo universal solo puede existir en el pensamiento, y puesto que la realidad se encuentra del lado de lo particular, es evidente que lo universal es una representación confusa e indeterminada de la realidad dada.

Esta proposición del siglo XIV, del dominico Durand de Saint-Pourçain[3], ¿no es schopenhaueriana *avant la lettre*?, como por otra parte la de Pierre Auriole[4] (siglo XIV) que se aproxima quizá todavía más al filósofo alemán.

Sin el freno de la teología, la filosofía representada por hombres extraordinarios como Siger, Alberto Magno, Santo Tomás de Aquino, Grosseteste, Roger Bacon, Occam, Durand de Saint-Pourçain, Raymond Lulle, etc., habría llegado siete siglos más temprano a la ciencia experimental, y Leonardo da Vinci hubiera podido realizar su avión con motor, etc.

Noto que la mayor parte de los teólogos célebres de los siglos XII y XIII mueren exactamente a los 49 años: Santo Tomás de Aquino, Occam, Siger.

En G. de Occam el conocimiento intuitivo es el único que refiere a las existencias y que nos permite alcanzar los hechos. ¿No es esta vez Bergson?

Yo mismo quedo pasmado al enterarme que mi teoría de la luz viviente ha sido la de Robert Grosseteste (1175-1253).

En 1910 escribí en uno de mis capítulos sobre la luz viviente: *¿Cómo matar luz para examinarla al microscopio? ¿Cómo aislarla? Una gota de luz, una fragua de luz, etc...*

Robert Grosseteste escribe:

[3] Guillaume Durand de Saint-Pourçain. Teólogo dominico y filósofo escolástico francés. [N. de T.]

[4] Pierre d'Auriole. Filósofo y teólogo franciscano, llamado también "Doctor Facundus". [N. de T.]

La luz es una sustancia corporal muy sutil y que se aproxima a lo incorporal. Sus propiedades características son la de engendrarse ella misma perpetuamente y la de difundirse de modo esférico alrededor de un punto de una manera instantánea.

Dennos un punto luminoso, alrededor de ese punto se engendra instantáneamente como una inmensa esfera luminosa. La difusión de la luz solo puede ser contrariada por dos motivos; o bien ella encuentra una oscuridad que la detiene, o bien acaba por encontrar el límite extremo de su rarefacción y la propensión de la luz toma fin por eso mismo. Esta sustancia extremadamente tenue es también la tela de la que están hechas todas las cosas; es la primera forma corporal y aquello que algunos llaman la corporeidad.

Ciertamente, Santo Tomás de Aquino con sus pensamientos de piedra me hace pensar en una catedral, pero la misma interrogación subsiste: ¿Para qué sirve ella si a pesar de su magnificencia no puede hacerme creer en Dios? Yo me arrodillo en la catedral, pero a causa de su propia belleza.

## Fatiga

Y ustedes que ríen de mis palabras y que ya están muertos sin saberlo, como esas luces de estrellas que nos llegan cuando los astros están extintos, todavía no hace mucho tiempo tenían las manos sobre el suelo; poco a poco las han levantado juntas, pero las patas aún están allí. Un poco de humildad por favor.

Uno solo tiene su sombra como verdadero amigo, e incluso cuando hay sol.

*Todo existe solo por nuestros sentidos*, es decir por algo *hecho para que algo exista*. Un pez solo es pez a través de nuestros sentidos; si nuestros sentidos existieran de modo diferente no sería probablemente pez; los elementos serían visibles o sensibles bajo otro modo o bajo otro ángulo, y nada del mundo se nos aparecería bajo la luz habitual.

El oro, el radio, el diamante, solo son tales para nosotros y por relación a la evaluación que nuestros sentidos han notificado a nuestra inteligencia. No lo son ciertamente para el vegetal o para todos los demás modos de existencia que ignoramos.

Y esto conduce a pensar que las cosas, por desgracia, tienen necesidad de ser admiradas para ser admirables puesto que no lo son *intrínsecamente*.

Ahora bien si estos sentidos y esta inteligencia humana hechas para que algo exista bajo un ángulo dado llegan a desaparecer por la muerte, ese algo ya no existe, o al menos bajo la representación de la que lo habíamos revestido.

Felizmente la teoría de la relatividad está ahí, poniendo su marco rígido en torno de la imaginación más desmesurada.

...

Puesto que las puertas hacia lo infinito permanecen cerradas, ¿ya no es simple regresar al *struggle for life*? Solo la resistencia y la preponderancia están en todas partes. ¿Nietzsche tendría decididamente razón?

Nietzsche y Schopenhauer están en los dos polos de la reflexión, casi las últimas estaciones filosóficas –terminales– en las que uno puede detenerse.

El optimismo de uno es tan arcaico como el pesimismo del otro. Es preciso descender del tren, y si se quiere sobrepasarlos ir solo a pie en la oscuridad. A partir de ese instante, ¿permanecemos en nuestro universo, nos volvemos locos, regresamos sin saberlo a donde habíamos partido? Conjeturas.

Si realmente la tierra se enfría, si realmente los hielos de los polos se cierran lentamente para estrechar nuestras civilizaciones en su imperceptible tornillo, si los hombres se encuentran condenados progresivamente a descender cada vez más hacia el seno de la tierra para recobrar allí ese calor que insensiblemente el sol le retira, entonces desgracia a la ciencia que nos ha prevenido de dicho peligro y quitado la única chance que teníamos de morir felices y ciegos...

Es de preveer de una forma *indudable* que llegará un día próximo en el que algunos emisores podrán emitir ondas, mortales por la vibración inaudita que provocarán en el organismo. Se peleará *contra ondas*, mediante ondas contrarias, que las neutralizan, pero la guerra habrá adquirido desde entonces su definitiva significación que apunta al aniquilamiento total de la raza humana a causa de la levadura de los gérmenes nocivos en las conciencias y en los corazones, que ninguna fuerza humana es actualmente capaz de frenar. Solo una catástrofe cósmica quizás…

Que la fuerza y la potencia de creación sean únicamente función de la salud, función fisiológica, esto es lo que a mi modo de ver puede desalentar a los más bravos aventureros de la filosofía.

No olvides que el cementerio no viene hacia ti, sino que tú te precipitas hacia él a cada segundo.

…

Y montado sobre la cima, él aspira a descender…

…

Déjame dormirme del sueño de la Tierra…

Aparte de algunos raros y magníficos versos de este orden, no conozco nada más bello en esta nota de serena melancolía que esta ley de Guillaume d'Orange:

> No hay ninguna necesidad de esperar para emprender
> ni de triunfar para perseverar.

Estas palabras son mi yunque.

Si trazan frente a los ojos de las gallinas un camino de tiza, ellas lo siguen un instante y luego se duermen. ¿No hacemos nosotros igual psíquicamente? Seguimos ciegamente un trazo que la Fatalidad nos indica con el dedo, luego nos dormimos en la muerte.

...

Los personajes en cartón del Carnaval tienen al menos una verdad grotesca pero una verdad que conservan quince días, mientras que nosotros somos incapaces de conservar las más bellas de las nuestras. Fíjenlas, encartónenlas en el arte, vuestras verdades, que sigan siendo al menos el espejo de lo que hubiéramos podido si nuestros remolinos perpetuos, nuestras debilidades atávicas y nuestra inconstancia no hubieran venido a cada instante a comprometer todo y a poner en entredicho hasta el *To be or not to be*.

En cuanto a mí, ya he vivido varios de mis libros y ya no tengo la fuerza de contármelos.

Cuando el azar de las lecturas los hace pasar de los últimos poemas de Chénier a los testamentos de Stendhal o de Beethoven, de los poemas de Laforgue, del prefacio de Chatterton al *De Profundis* de Wilde, de las últimas cartas de Nietzsche a las de Drouot, uno siente en los hombros una corriente de aire helado y una ganas locas de ocuparse de deportes, de industria o de costura.

Las lágrimas ya no siguen el camino romántico de Werther. Hoy apenas perladas se las recolecta: análisis, reacción a la tintura de tornasol, mezcla dosificada, decantado, un frasco al que ya no se puede sacar el ojo cuando se lo ha visto, y es el Chanel *Lágrimas perfumadas*.

En resumen: química aplicada, economía, sensibilidad en frasco, todo debe servir, estúpidos abuelos. El gran grito de la moda y de la mujer en 1933: "Rápido, rápido, hazme sufrir, no importa cómo, con tal de que llore." Una tragedia con bellos ojos rinde cincuenta mil francos si la mezcla está bien hecha. El sufrimiento sirve finalmente para algo. Se me dice que son los americanos los que inventaron eso y que baten ahora los récords de la producción.

Poseo una falta total de perspectiva en mis posibilidades. Estando todo en el mismo plano, las cosas más ínfimas se apoyan sobre mi pecho y ya no respiro. Pero por eso jamás podré llegar a establecer una diferencia entre una hoja y una montaña, entre una lágrima y una guerra, entre un átomo y un sistema planetario, entre un hombre y una piedra, entre mi corazón y el vuestro, entre mi desamparo y vuestra alegría...

Me vuelvo viejo sin duda, pues siento nacer a mi paso la *Consideración.* ¡Qué palabra con un sombrero de copa! Este sentimiento anticuado me causa miedo, cuando solo busco la amistad y el amor.

Permanezco melancólico pensando en lo que fue necesario a nuestros físicos, a nuestros químicos, a nuestros biólogos, siglos de tanteos y de caracolismo para llegar a fin de cuenta a volver cada vez más *evidente* lo que todavía se ha convenido en llamar, a causa de nuestra ignorancia, *los grandes místicos,* Boehme, Paracelso, Lulle, Plotino y algunos otros. *La desconfianza del espíritu es tal* que los profetas no son escuchados. Hace falta que los cañones y las metralletas maten a los hombres para que crean en la pólvora. Los ejemplos son innumerables. San Agustín y tras él Bossuet aniquilan por su furor contra Dionysio Aeropagita, una de las enseñanzas esotéricas más maravillosas del primer siglo.

Lean en el *Tractatus apologeticus integritatem societatis de Rosea Cruci* (1671) el anuncio del teléfono y de la radiofonía, *invenciones realizadas por Facción secreta de la naturaleza límpida y luminosa,* y vean qué caso hicieron las ciencias de las obras de Fludd[1], por ejemplo, respecto a esto. Considérese si se quiere la excesiva aversión que Napoleón profesaba respecto de Lavater[2] y Mesmer[3], esos dos genios que él confundía con Cagliostro[4] y que la ciencia médica de hoy reconoce.

La inteligencia ve charlatanería allí donde no comprende. Ahora bien, algunas cosas grandes se sienten y todavía no pueden explicarse. ¿No tendré yo ese destino de poder decir cosas útiles sin ser escuchado en vida?

[1] Robert Fludd (1574-1637). Eminente médico paracélsico, astrólogo y místico inglés. [N. de T.]

[2] Johann Caspar Lavater (1741-1801). Escritor y teólogo protestante suizo. [N. de T.]

[3] Franz Anton Mesmer (1734-1815). Fundador de la doctrina del magnetismo animal o "mesmerismo". [N. de T.]

[4] Conde Alessandro di Cagliostro (1743-1795). Médico, alquimista, ocultista, rosacruz y masón. [N. de T.]

Sobrepasar la propia esfera respirable de la inteligencia, de la sensibilidad, ya que esta no les ofrece ya satisfacción, porque su movimiento giratorio está fatigado, porque hace falta *salir* de su individualidad. *That is the question.* Pero mi motor es demasiado pesado para mis alas; tal vez lo contrario sea también verdad; el avión de mi voluntad no despega. *Soy aún demasiado dependiente de mi independencia*, como dice maravillosamente Keyserling.

En resumen las ciencias, las artes, la lógica, la razón, las sociedades, han confundido el camino. Lo infinitamente grande, lo infinitamente pequeño, la relatividad, la tierra, el sol, el átomo… Qué errores gigantescos. La lógica, ese fruto seco de la imaginación humana tantea en un vacío increíble. Se consume descomponiendo el arco iris. Colores, formas, nada, materia, todo existe solo según el ojo que mira.

Salir de sus ojos, salir de su carne, salir del pez, salir del insecto, salir del vegetal, del mineral… y poder evolucionar de nuevo, cambiar, alterar las puestas a punto. En cuanto a nosotros, no atascarnos en lo relativo del hábito. Ni siquiera nos es suficiente ver desde el Olimpo. Que las palabras lleguen a mi auxilio para hacer explotar los pantanos deletéreos de nuestras ilusiones.

Tengo desde ya por nada esos pensamientos creadores que nos permiten forjar el mundo de mañana y construir magníficas realidades con las imágenes de las palabras. ¿Cómo quieren que conceda algún crédito a ese ruido de filisteos que truecan las imágenes de cine contra denarios en el templo?

Hipocresía, le digo yo. Y tampoco olviden que el hombre cuyos méritos me alaban ni siquiera puede mirar de frente lo más bello que hay en el mundo: el sol. ¿Cómo quieren que contemple a Dios?

Hablando propiamente solo tenemos defectos, y por reacción –no estando lejos este aforismo de ser definitivo en mí– las cualidades de nuestros defectos. El criminal no es un árbol, es un fruto.

Por tal motivo solo avanzamos en la medida en que de otra parte retrocedemos; la elasticidad se hace cada vez mayor. El diablo y el dios existen en la misma esfera, y María Magdalena solo puede ascender porque había descendido.

Siempre habrá, por desgracia, alguien que diga: *No amo las rosas... no amo las aves... no amo los frutos...* y muy pocos que no se amen ellos mismos.

Ahora bien todo el secreto del amor de Cristo reside en esto: si aman a alguien que ya se ama a sí mismo, ¿cómo quieren que no les agradezca vuestra sagacidad...?

# Euforia

> La salud muy grande no teme a la muerte como si sintiera mejor en su plenitud que no tiene gran cosa para perder con ella.

Crear un cielo negro de filosofía pesimista en torno de la existencia, es mostrarse orgullosamente como *juez* y parte del mismo modo que el católico más ferviente.

Cuanto más materia es un cuerpo, según el axioma de Aristóteles de que *Las cosas forman una jerarquía*, etc., más obedece a la ley de atracción universal. Cuanto más se libera mediante el espíritu (fisiológicamente, físicamente, químicamente) más resiste a esta ley y cae en la proposición siguiente:

> Todos los cuerpos liberados de lo que se llama materia, y en el límite físico, fisiológico o químico de su

> liberación, son atraídos por encima de sí mismos hacia la luz en proporción inversa de la ley de atracción universal, que solo actúa sobre su masa.

¿No es la explicación plausible del hombre erguido tras haber pasado milenios en cuatro patas?

Las aves…

Todo lo que pertenece al espíritu.

Los cuerpos gaseosos por liberación de su masa.

El fuego…

Este axioma, simple suposición, no es más que un dato de la intuición pura. La razón no busca en mí apuntalarlo para no debilitar su amplitud. Descartes habría brindado malos servicios a los profetas y nos habría ahorrado las religiones. Contra él rechazo aquí todo control del análisis.

Tras el estado gaseoso, seguimos el proceso formidable y los milenios de transformaciones sucesivas: Aga, el reino mineral, el reino vegetal, el reino animal. Vamos hacia un cuarto reino donde la liberación de la materia será casi total. Atención a que las reacciones químicas de la inteligencia no condenen a oscilar alrededor de los antiguos centros de gravedad el vuelo de la nueva creación.

¿Por qué buscar otros paraísos cuando nosotros mismos los forjamos cada vez que nos elevamos?

Hay más amor que odio. Hay más alegría que dolor, y por eso el mundo rueda, sin eso todo se disgregaría.

La intuición forma poco a poco el radio; la inteligencia busca servirse de él en uno mismo o en los demás, he aquí la diferencia.

Y en nuestra época la inteligencia, hija del instinto, ya no se anima a mirar a su madre a la cara.

El desarrollo de la inteligencia parece ser el único problema planteado, como si toda la luz del porvenir debiera proceder de ella sola. Qué error. ¿Y el corazón? ¿Y los instintos? ¿Y las fuerzas biológicas ignoradas que el corazón y la intuición nos harán encontrar antes de que las entrevea la inteligencia misma? Los grandes corazones construyen más potentemente que los grandes cerebros. ¿Ya no lo notamos? ¿No es más grande San Francisco de Asís que Louvois? ¿Y no construye Juana de Arco más que Louis XI?

¿Inteligencia? Callejón sin salida: cochera de los corazones estrechos. Los huesos de los más grandes sentimientos yacen ahí, y algunos de los más bellos cráneos humanos se han quebrado a causa de ella contra la bóveda del infinito. Mientras que silfos, faunos, hadas, van sobre el otro camino del instinto…

Hay creación cuando hay fusión de fuerzas en una dirección determinada, y la fuerza de creación cuando los elementos la contrarían, permanece igual a sí misma y sufre metamorfosis que siempre le permiten realizar su querer.

La naturaleza, puesto que dice lo mejor para nosotros, solo exige abreviar sus estadios de evolución y encontrar caminos más cortos: nos dio el entendimiento para eso, y por eso el instinto resulta algunas veces en falta. Ir en ocasiones al encuentro de la naturaleza y vencerla es una batalla ganada contra ella misma, y contra su rutina, de donde ella sale más nueva, todavía más atrayente.

Si *lo quiero*, tengo actualmente las posibilidades, con mi arte de mago, de transmutar los valores a mi antojo; eso corresponde a decir que puedo en el nuevo reinado de las imágenes recomenzar a Perrault, Shakespeare o Dante… ¿Por qué me quedaba así sonriendo y dejando caer flores inútiles de mis manos? ¿Tengo miedo de la formidable convulsión de mi despertar espiritual sobre mi naturaleza animal?...

Los vivientes pueden y deben escoger la nueva existencia que llevarán en el futuro. Pueden encadenarse a ella a partir de esta vida. Quieran o no el lazo es por otra parte inevitable, pero volviéndose dignos de su elección pueden ahorrarse varias generaciones de luchas y de búsquedas.

Creo que la única verdadera filosofía es la que consiste en encontrar *todo bien en el mejor de los mundos*, es la de Job, la de Omar Kayyham, la de Epicuro. Todo debe tender a la creación de ese espíritu magnífico que frente a una puesta de sol no obligue a decir: *¡Si hubieras visto la de ayer!* Todos los segundos, todos los latidos del corazón, todo el presente debe ser sagrado. *Solo en la elevación constante del presente* el pasado puede a su vez devenir extraordinario y el porvenir puede perder una parte de sus espejismos. *Cultiva el segundo* y llévalo a su máximo de potencia de elevación y de euforia.

Palabras... palabras... Va en la dirección del viento, dicen mis enemigos sonriendo... como las águilas, responden mis amigos.

> La Tierra circula alrededor del Sol en un verdadero océano de éter y con una velocidad de traslación de aproximadamente 30 kilómetros por segundo. Respecto a esto la rotación de la Tierra puede ser desatendida, pues ella desplaza la superficie terrestre en el éter con una velocidad inferior a 2 kilómetros por segundo.
>
> Nordmann

Si en proporción el cuerpo humano buscara psicológica y fisiológicamente un equilibrio doble del mismo orden, sobre sí mismo de 2 kilómetros por segundo, y en torno de la mejor idea de 30 kilómetros, viviría en una armonía extraordinaria.

En resumen estamos miles de veces por debajo de nuestro movimiento.

Las bellas teorías cosmogónicas de los Laplace, de los Belot, se apoyan únicamente sobre fuerzas químicas y materiales, ni un instante sobre fuerzas psíquicas que puedan modificar esas mismas fuerzas... Siento que debería hacer una tesis sobre la conciencia de la Energía, que Bergson rozó...

...Mi vida vegetativa que me comanda, ¿es toda mi vida? No ciertamente más de lo que la vida física o química es la única vida de los mundos. Espiral, les digo... Ascendida hacia un más arriba de su mayor altura... delectaciones inefables al sentir que los toma el torbellino de vértigo... No abandonen todavía el suelo... No todavía...

Entre las dos montañas rosas de mi destino, ya no caigo en mi abismo: desciendo en él.

Acabo de sorprenderme bruscamente en mi espejo escribiendo, y fui profundamente impresionado por la dureza, diría incluso la violencia de mis rasgos. Había en mi ojo una expresión tan autoritaria, tan voluntaria, tan combativa, que permanezco asombrado de mí mismo como si mi espejo me traicionara. Esto me explica lo suficiente que estoy en la vida real bastante lejos de mí mismo, rodeado de la miel de mi indulgencia y de mi debilidad, dulce, incluso temeroso –y ante mi pensamiento como Sigfried, herrero y con delantal ardiente.

La música jamás decepciona. Siempre puedes estar seguro de reencontrar el acorde emocionante, allí donde no estás seguro de encontrar la sonrisa de tu amor o el corazón de tu amigo.

Un gran músico moderno deberá:

1) Buscar un ritmo nuevo. El jazz-band es una prueba de la necesidad de ese delirio que mantienen ciertos músculos del espíritu.

2) Buscar su inspiración en el porvenir y no en el pasado, es decir anticiparse sobre sus sentidos existentes y en la imaginación de sentidos inexistentes, para *preceder* su sensibilidad en lugar de seguirla.

El defecto de la música demasiado moderna es servirse de medios viejos para decir cosas nuevas. El cubismo en pintura ha sufrido del mismo error. La música de Schönberg, de Alban Berg, tienen necesidad de instrumentos nuevos; si la relación de las vibraciones debe seguir siendo la misma, la *fuente* de las vibraciones debe ser diferente, pues el espíritu es diferente.

*Les Choéphores*[1] de Milhaud y *Horace*[2] de Honegger son probablemente las obras musicales modernas que me han estremecido hasta el paroxismo.

*Divagaciones sobre Schönberg.* – Cuenta demasiadas historias a la vez, demasiados temas. No hay amplitud. Mucha invención, rica, pero corta. Es una sucesión que no se adiciona ni con mayor razón se multiplica. El corazón es bueno pero pequeño. Mucho de trapecio y de music-hall, el clown está en primer plano. Hay Caligari[3] y sobre todo *Metrópolis*[4]. Se diría en ocasiones un Wagner ebrio o morfinómano. El *Pierrot lunaire*[5] es la perfecta medida de este curioso talento en el que se reconocen Laforgue, Allais, Gros, Rollinat y Glatigny.

Los colores de las flores son invertidos; las rosas son negras, los lirios azules, y el jardín es grande, pero sus muros son infranqueables, *no hay horizonte*, sino pozos; es más largo que la tempestad de mi film *Napoleón* y con frecuencia menos grande. No posee el genio de su voluntad de genio.

Supe por Stravinsky que los ruiseñores habían aprendido nuestra música humana: siguieron por largo tiempo imitándonos divinamente, superando nuestros mejores Orfeos; pero haciendo eso, se habían vuelto neurasténicos. Se detuvieron entonces por mucho tiempo, y el olvido reverdeció los árboles, luego recomenzaron su antiguo canto, y la alegría regresó a ellos.

Releyendo a algunos de mis grandes amigos fui sorprendido por esta profunda nota de Flaubert:

1 Darius Milhaud, *Les Choéphores*, 1915. [N. de T.]

2 Arthur Honegger, *Horace victorieux*, 1920-1921. [N. de T.]

3 Robert Wienne, *Das cabinet des Dr. Caligari*, 1920. [N. de T.]

4 Fritz Lang, *Metrópolis*, 1927. [N. de T.]

5 Arnold Schönberg, *Pierrot Lunaire*, 1912. [N. de T.]

> Arriesgo aquí una proposición que no me animaría a decir en ninguna parte: que los hombres muy grandes escriben a menudo muy mal, y tanto mejor para ellos. No es allí que hay que buscar el arte de la forma sino en los segundos, Horacio, La Bruyère, Boileau, etc.

Élie Faure escribió entre otros un libro magnífico: *Montaigne y sus tres primogénitos*. Son Cervantes, Pascal y Shakespeare. Olvidó uno: él mismo –pues viene en fila tras ese gran escritor. Qué dulzura, qué profundidad, qué amor a la vida y a las cosas. Es con Keyserling, a mi modo de ver, una de las seis o siete sensibilidades inteligentes de nuestra época.

Jean Cocteau:

La más sensible de las almas vestida siempre a la penúltima moda, sonrisa ovoidal cansada, hermafroditismo intelectual. Cocteau rema en el cielo, vuela en el agua, avanza, retrocede y se desdobla en el mismo segundo; dibuja sus poemas, rima sus dibujos, concentra en las florestas lunares las bufandas de Ronsard para hacerse con ella un turbante en los salones de la Presidencia. Calígrafo de su subconsciente; es uno de los sufrimientos modernos más agudos que conozca, por necesidad de ser amado.

Pierrot disfrazado de arlequín por miedo a la mandolina… Es como Picasso en su quinta o sexta existencia. Felizmente es el mismo corazón magnífico que cambia de pecho.

¿Morand? Una expresión ceñida, receptiva… La mirada parece siempre robarles algo. Una dulzura matemática, una sonrisa a menudo china, ónix y Asia en el ojo, rosa en la boca. Guitarra hawaiana. La cantarela en acero. Él economiza su pensamiento o lo fotografía en doble ejemplar cuando deflagra para reconquistarlo a su hora. ¿Froissard? ¿Villehardouin? No, sino más bien si se quiere, con diez objetivos en su Kodak, Tallemant des Réaux.

Bondad y debilidad seguras. Con Cendrars y Giraudoux, la voz cantante de la literatura moderna. Un gran corazón en una pequeña caja fuerte cuya clave y cifra solo poseen sus amigos.

Leer un escritor, ¿por qué hacerlo? Lo siento en dos líneas, y lo adopto o lo rechazo como un perfume. Si lo adopto prolongo lo que he leído en mi sensibilidad. Y luego puedo verificar: *Yo sabía* ya todo lo que él había escrito.

Puedo ser dios la mitad del año a condición de que pueda ser diablo la otra mitad.

¿Usted pregunta qué servicio puede brindar un joven viejo como yo a una pequeña fuente como usted, señorita? El de indicarle de la manera más risueña, el camino más largo antes de encontrar el mar, y tal vez, para mostrárselo mejor, dejarle una brizna en su dirección.

La vida boxea demasiado fuerte contra mí. Hay desproporción de peso. Jazz, bebidas, perfumes, mujeres, velocidades. Estoy deliciosamente *knock-out*. ¡Oh!, silencio… buen silencio blanco y transparente…

Si logro salirme enteramente de mí mismo, ya no moriré. Dejaré a la vida como saldo de toda cuenta un cuerpo vacío de su luz e iré a hacer algún viaje por curiosidad en esta *Mira de la Ballena*[6], cuyo diámetro es doscientos millones de veces el de nuestro sol. Pero qué trabajo antes de sustraerme enteramente cuando solo se tiene a disposición la piqueta del Dolor.

Felizmente mi debilidad, mi apatía, mi sensualidad si ustedes quieren, aumentan a tal punto el aplomo de mis suelas que ya nada puede tirarme. Me mantengo derecho contra toda previsión, a pesar de las increíbles tempestades de mi vida como los veleros de quillas pesadas que parecen desafiar las leyes del equilibrio.

Tras el éxito comercial de *Napoleón*, preparar los *Grandes Iniciados* y *La Anunciación*, según mis antiguas e imperiosas disposiciones.

*De Signatura Rerum*.

[6] Mira es la estrella más brillante de la constelación Ballena, situada a 418 años luz aproximadamente. [N. de T.]

Expedientes secretos de A. a H para Directivas, y de 1 a 22 para detalles. Abandonar todos los demás proyectos, cualquiera sea su apariencia dorada.

Tema de la pieza, esperando un cóctel.
Peleas sirve en el bar.
Werther es un cliente.
Don Quijote es un hombre de negocios que propone y propone.
Hamlet está hasta las narices de borracho. Peter Pan es mozo, Gargantúa es cocinero, Gulliver viajante de comercio, Ofelia actriz, Rodrigo amante de la prostituta Cleopatra, y Romeo su gigoló.

Todos los clientes tienen nombres célebres sin saberlo; solo se enteran de su identidad al final del primer acto.

En el segundo acto, ellos saben quienes son. Lo dicen, lo proclaman. La multitud *no los reconoce*.

En el tercer acto la multitud se entera de que son ellos. Se abalanzan para tocar a esos sueños vivientes, para sacarles dinero, para llevarlos en el bolsillo, en el pensamiento o en los labios, pero ellos se han convertido al contacto de la gloria en seres absolutamente cualesquiera, en juguetes de bazar.

Todo esto está bien. Volviendo a mí caigo inmediatamente sobre este pasaje de *Variétés* de Valéry que ignoraba absolutamente:

> …¿Debo seguir el movimiento y hacer como Polonio que dirige ahora un gran diario? ¿Como Laertes que está en alguna parte en la aviación? ¿Cómo Rosencrantz que hace no sé qué bajo un nombre ruso? Adiós fantasmas. El mundo ya no tiene necesidad de ustedes ni de mí. Cierta confusión reina todavía, pero un poco tiempo más y todo se aclarará; veremos por fin aparecer el milagro de una sociedad animal, un perfecto y definitivo hormiguero.

Es preciso aspirar a la luz exterior y acercarse a ella lo suficiente para calentarse y no demasiado para no quemarse.

Hace falta tener en sí mismo un fuego siempre mantenido en el que ustedes lanzar todos los días todo lo que deben quemar. Y físicamente se establecerá entre ese calor interno de vuestro pensamiento y el sol exterior del conocimiento zonas cálidas y frías que crearán todos los vientos. Y ese viento los hará arremolinar sobre ustedes mismos como un mundo. Y podrán partir, en su posibilidad de devenir una estrella.

¿En qué estaba yo...?

Las palabras se esquivan, las doradas, las rosas, las ácidas, permanecen apelotonadas al extremo de mi pensamiento, y cuando hago un esfuerzo para llevarlas a la página en blanco, ríen con sarcasmo haciéndose señas y desaparecen bruscamente. Si por azar atrapo al vuelo algunas de ellas, descienden penosamente de mi pluma, hinchadas de agua muerta, evanescentes…

Pero me he jurado domesticar nuevamente a esas chantajistas.

Entiendo que me guarden rencor por un silencio absoluto de doce años durante el cual fabriqué con algunos amigos que no conozco las primeras letras de un alfabeto de luz. Ellas están habituadas a que los pensamientos más altos las desposen, pero por esa noche de traición, me siento arrodillado ante ellas, les suplico que vuelvan a mí y haré todas las materias exigidas para retomar contacto con sus tesoros; así leeré a Chrétien de Troyes y a Scudéry, a Santo Tomás de Aquino, y beberé Mallarmé hasta la penúltima[7].

Pero el rigor de algunas reblandece estas ofrendas propiciatorias. Ya las más pretenciosas, aquellas que se pavonean, que silabean, que cotorrean, todas aquellas que hacen resonar o que lanzan destellos con su coraza de chapa niquelada, sol, amor carnal, sollozo, sueño, diamante, América, poesía, señor, todas, usadas y orgullosas y vacías sobre sus piernas de Don Quijote, descienden y se alinean frente a mí, se empujan por su preeminencia. No quiero eso. Ellas te toman el corazón y ya no dan nada nuevo desde el reino de Elisabeth. Han perdido su efigie, y con sus pies de plomo enmascarados por sus alas chillonas son buenas a lo sumo para tapas las vías acuáticas de mis alejandrinos.

[7] Stéphane Mallarmé, La Pénultième, 1867. [N. de T.]

Pretendo por el contrario que huyan de mí o que me eviten: incoloras, profundas sin parecerlo, acolchadas como ruidos de hojas secas sobre estanques negros, bruscas y frías como las gotitas que se siente en el cuello al visitar grutas, acordes de novena disminuida. ¡Oh! ¿qué exasperación musical adquiere placer en estirar mis nervios? ¿En qué estaba yo?... En una imbécil contabilidad de palabras. Anemia o vértigo... ¿Qué tuberculosis moral me sofoca para que llegue a esta extenuación preciosa e inútil?...

¿En qué estaba yo?...

Esta mañana vi un pobre perro, especie de basset increíble, de orejas gigantescas y enfermas, de hocico demasiado largo y blanco, de ojos demasiado pequeños, de rabo ridículo, de costados flacos. Él espera pacientemente todos los días en la puerta del hotel donde resido, a que alguien le lance un poco de alimento. Me acerqué; primero huyó. Sacudido, las orejas comidas por los otros perros nuevos ricos, es asustadizo, y además, como tengo conmigo una gran perra pastora, volvió engatusado. Lo acaricié; me habló; y eso debe sucederle tan raramente que se me puso a aullar como si lo despellejara, pero yo vi en su agitación que era toda una historia de felicidad. Sacudió las orejas con dolor, luego me contó toda su muda tragedia de pobre perro, cuán dichoso podía volverlo una sonrisa, una palabra, un halago. El tipo de alegría desesperada de sus ladridos me enterneció, y ahora que estoy en la mesa, veo a través del vidrio que él piensa en esta mañana excepcional en la que no se le golpeó y en la que una mano se posó dulcemente sobre su pelaje de perro perdido. Y hago un esfuerzo para no llorar, pues él cambia de pata pareciendo decir: *Y si volviera ese amo de mis sueños que vi esta mañana... si volviera con un gran hueso de cordero... o solamente con nada...*

¿Comprenderán qué tonto me he vuelto, para enternecerme así con sus sufrimientos?

La tempestad y el final de *Napoleón* en tríptico, es por primera vez música en la pantalla. Pero qué tragedia ser a la vez el compositor y el gramático, crear uno mismo la gama y los instrumentos de su orquesta.

Y nadie para sentir esas armonías. *Ellos han visto lo que es preciso oír*, dice el Talmud. Nadie para escuchar lo que yo puse en tensión y ebriedad poética en esos primeros compases de la música luminosa.

*20 de noviembre.* – Premonición grave en estado de vigilia. Miro con angustia a mi alrededor; un peligro me amenaza o nos amenaza. Respiro mal. Mi barómetro indica *gran tormenta.*

¡Desgraciadamente, no me había equivocado!...

...Adiós, mi pobre abuelita, dulzura, bondad, tristeza resignada de la pobreza de los campos. Has partido en esta apagada tarde del 21 de noviembre, y no encontré lágrimas en tanto la fuente está atestada de ellas, y desbordante el océano de mi pasado. Hay por otra parte en la jerarquía de la pena algo por encima de las lágrimas, algo más agudo, más fino, más aéreo e inexplicable, que hace que se pueda llegar a sufrir mucho más mientras que se toca piano o se escucha una comedia.

Todos mis queridos muertos unos cerca de otros, en mí... Qué peso. El único beso que cuenta verdaderamente para la eternidad es aquel que se da a los muertos a través del pensamiento. Así te beso desesperadamente esta tarde, mi querida viejita. *Un día vendrá...* (Es mi forma personal de decir: *Era una vez...*)

*Bruselas.* – Qué apretado está mi corazón. Qué arroyos de lluvia desde hace 15 años. Encuentro todo en el mismo lugar pero como herido de muerte. El actor de la Moneda, del Parque, de las Galerías, es el mismo, pero momificado... Rodenbach[8] tiene razón. La lluvia... el cielo aquí llora con frecuencia... y las escapadas de ensueño son brumosas. ¡Oh! el barco de Flandres, ¡oh! Francen, ¡oh! los viejos tiempos... ¡oh! el sol aterido...

Hay mohos incluso sobre Wagner. Europa se descompone, es más visible todavía aquí. Bélgica y Francia se aproximan como dos viejos que habrían dormido cien años. Y yo también tengo una muerta en esa ciudad, que duerme en alguna parte en un lejano y lluvioso arrabal...

[8] Georges Rodenbach (1855-1898). Poeta y novelista belga. [N. de T.]

¡Oh la Rueda...! Qué candado cerrará definitivamente ese pozo lúgubre de mi memoria...

(Yo garabateo estas notas sobre una mesa coja de las *Trois Suisses*, mientras que el Rey, la Reina y la Corte llegan al cine donde se va a proyectar el estreno de *Napoleón*).

Debo hacer un discurso y solo tengo sollozos en el alma.

...

Y mientras cada día una multitud increíble viene a encontrarse con Bonaparte, yo te miro, mi gran alma, de pie, calma, blanca, grave, atenta. Asombrada examinas ese pobrecito fantoche de cuerpo que se agita, aferrado a tu vestido. No puedo más. ¿Me veré entonces ya obligado a soltarte?...

...Todavía un poco de tiempo, mi gran alma querida...

Quería escribirte esta mañana, ¡oh! mi puerta, para que recibas mi carta en el cielo, pero no encontré mejores palabras que estas de Edgar Poe a Annabel Lee, y no añadiría más que un post-scriptum.

Te había dicho, bordeando el lago cerca de Ginebra: *Estás cerca de mí, pero tu alma también está en esa gaviota que da vueltas y vueltas curiosamente en torno a nosotros y nos roza*. Tú me habías respondido, pensativa: *Lo creo*. Ahora bien, tras siete años de cementerio, acabo de volverte a ver hace un momento deslumbrante llama blanca en el azur del lago, y si no has venido sobre mis hombros, es probablemente porque he cambiado mucho respecto a mi pena que llevo bajo el brazo, como un paraguas, con mi pequeña vida hecha toda de apariencias.

...Estaría muerto de alegría si hubieras venido a cerrar tus alas sobre mi mano. Te escribo solamente para decirte que te he reconocido.

Desde hace mucho tiempo no he sufrido como esa mañana. ¿Por qué sobre tu tumba tengo menos tristeza? El jardín, en el muelle del Mont-Blanc, sol tras la lluvia, hace fresco, pocas personas, las eternas gaviotas, el kiosco con música hueca... Paso, mi pesado corazón estalla ahí dentro.

Siento aproximadamente en Ginebra que asciende en el espíritu de la Sociedad de las Naciones la sombra helada de Lutero, y oigo en las corrientes de aire anglosajonas el ruido seco de las flechas de Calvino. Un catolicismo sin Cristo, sería desde ya terrible, ¿pero que dirán de un protestantismo sin Cristo? Atención.

Al lado, en el B.I.T.[9], un apóstol del verdadero socialismo vela sobre el mundo obrero como un médico. Albert Thomas, futuro presidente de los Estados Unidos de Europa, se agranda sin sospecharlo a la sombra de Moisés, y sus diez mandamientos a todos los Gobiernos del mundo para su inmensa familia obrera, serán quizá las mesas del trabajo, un día.

Mi trabajo en 1926 habrá sido considerable y fértil. Terminé la filmación de *Napoleón*. Realicé mi invención de los trípticos, y sobre todo he puesto la cara ante mil peligros que amenazaban a cada instante con hacerme zozobrar. No puedo y no quiero bajo ningún precio recomenzar un esfuerzo semejante en el que me bato contra los molinos franceses de la incomprensión, del egoísmo, de la mezquindad y de los celos. 1927 deberá ser para mí un año de *transición*, debiendo regresar mi esfuerzo a su centro, en mí. Comenzaba a perder el sentido de mi forma superior. He debido dar al dinero una importancia primordial cuando solo debe ser un esclavo y un medio para los fines magníficos que me propongo alcanzar en los cuatro años que van a venir.

En camino.

Hace ocho años, día por día, ese 8 de abril, tú estabas en la víspera de tu muerte, mi amada inmortal, y me hacías tu testamento oral con una voz que venía ya del cielo… Como una ruina, tras tu muerte, me vertí en el fondo del océano de los hombres y aún no he remontado a la superficie. Estoy tan fatigado, tan rendido por esfuerzos inútiles… Pero tú me dijiste: *Háblales. Actúa por ellos. Realiza.* Yo realizaré. Tengo todavía diez años de savia ante mí. Te suplico, sosténme mi amada muerta. Las lágrimas por dentro, te lo repito, me quiebran y son demasiado

[9] Bureau International du Travail. Organismo de los trabajadores fundada por Albert Thomas en 1920 y que adopta Ginebra por sede. [N. de T.]

pesadas... Que en el calor de tu recuerdo se evaporen poco a poco, eso es lo que me salvaría...

Mañana intentaré hacerte un juramento...

La Historia no es roja ni blanca ni azul; es gris con algunas raras manchas de sol de vez en cuando.

En cuanto a las banderas... esos pedazos de viento prisionero que pretenden partir siempre a otra parte... solo veo en sus diferentes colores un tema de prisma... lleven a todos los observadores a la misma tensión luminosa y hagan girar el prisma, que ellos miran a su vez. Todas las banderas se habrán vuelto blancas.

Qué profecía en estas palabras de Napoleón que dejo revolotear de manera insidiosa en las corrientes de aire de la S.D.N.[10] para los ingleses y los rusos.

> No hay nada que hacer en Europa desde hace doscientos años, solo en Oriente se puede trabajar en grande.

Y esta escrita en 1815:

> En cincuenta años, Francia será republicana o Cosaca.

> Todos estos acontecimientos tienen un color novelesco, un carácter pasional. Escapan a la razón...

...dice Bainville en exordio de la Historia de Napoleón, en su Historia de Francia. ¿Y qué belleza hay en la historia, que no se deba exclusivamente a la pasión? De Elena de Troya a las Cruzadas, de Juliano el Apóstata a Ignacio de Loyola, de Juana de Arco a Napoleón. Muéstrenme otra cosa que pasión, la ebriedad del pensamiento bajo todas sus formas, cuando hubo creación o reforma genial.

[10] Sociedad de las Naciones. [N. de T.].

Si les digo Mirabeau, me responden Dreux-Brézé; si les digo Napoleón, me responden Louis XVIII. Si les digo Dantón, me responden Talleyrand.

En verdad solo estas palabras bastan. El fuego y la pasión de algunos hacen fundir el hielo de aquellos a quienes la lógica y la razón han situado cerca suyo en la Historia. En ese contacto ellos deben conservar, por una suerte de contraste, un interés que me cuesta compartir.

Una cosa desesperante, mi querida muerta, es sentir que poco a poco el dolor se hace menos vivo, a pesar de la voluntad que tengo de sufrir tanto. Uno se acostumbra a su pena y se vuelve a la larga un compañero agradable... ¿Sería entonces cierto que las lágrimas tengan también esa tristeza de saber que no serán eternas...?

No creo que por menos numerosos que sean mis sollozos hayan perdido su elevación y su profundidad. Tal vez eres menos *mi hoy, pero eres tanto mi ayer y mi mañana*, y si hablo menos a tu ataúd es porque tú te has elevado sin saberlo para reír, para cantar y para danzar alrededor mío.

*País vasco. – San Juan de Luz.* – En mi ventana, desde mi despertar, las ramas cotillean y se entrechocan y se golpean de manera familiar como viejos conocidos sentados al sol del Domingo, que se codean contando viejas historias.

Uno encuentra aquí la poesía a plena galera y la reenvía hacia el cielo, ese frontón de estrellas, como inconscientes acciones de gracias. Todas las cartas de París me traen problemas, me demuestran más la agonía del cine, los mercaderes del templo que tallan en el becerro de oro. Todas las cartas que envío llevan a España, el sueño, el moscatel, las nubes orladas de oro y de viento azul. El poder de transmutación de ciertos paisajes tiene magia. Es en proporción de la tristeza que se les aporta que ellos les dan por centuplicado flores, rocío, optimismo, poesía... Qué álgebra físico resuelve en mis arterias ecuaciones donde tantos desconocidos se atropellan. Uno se siente devenir suavemente buey y los ojos se agrandan a la medida del sueño interior.

*País vasco. – Sobre la plaza de Ascain.*

*Aquí Pierre Loti*[11] *escribió* Ramuntcho. *Aquí Jean Sarment*[12] *escribió...*

Gracias, gracias Madame, un café.

Un anciano ronronea una suerte de canción con una voz de contralto que hace pensar en esa extraña modulación del cristal cuando se frota un vidrio.

Esta jornada de noviembre es un tesoro real para un portafolio de poeta.

Una Bugatti asombrada e inmóvil –es tan rara una Bugatti inmóvil– mira con sus ojos todo azules una pareja de bueyes y un carro que hacen soñar de Chilperico.

Una lavandera pasa con una palangana sobre la cabeza. La belleza no está toda en el museo Diocleciano. Algunas veces con su brazo derecho elevado para sostener el equilibrio de la carga se ve que su seno bajo el jersey rojo estirado es magnífico; pero el otro seno conserva exactamente el mismo deseo de escapar a las leyes de la atracción universal, a pesar del brazo izquierdo colgante, y no hace falta otra cosa más para que mi pensamiento se aferre a ese pezón que por otra parte Dios ha creado para eso. Y por detrás, riñones flexibles que el peso arquea.

Un cura de barba encanecida, de ojos demasiado grandes y demasiado oscuros, pasa en bicicleta y cruza a la lavandera. Continúa su camino sin darse vuelta, pero me pareció que su espíritu daba un semi-giro.

Allí abajo las niñitas salen de la escuela.

¡Ah! Lo sospechaba. El mismo cura en bicicleta pero en la otra dirección. Ya no tiene su barba, y sus ojos son demasiado pequeños y demasiado azules. Este podrá mirar por detrás a la lavandera.

Las niñitas hacen más lento su paso frente a mi café que humea. La hora, mi perro, mi aire, gustan a la mayoría sin duda puesto que me dicen buen día. Un ejército de mariposas me saluda.

El peso de un buen día de niñita sobre un camino soleado prevalece sobre todas las penas que se apoyan en el otro platillo de la balanza. Todavía otros buenos días... Es demasiado. ¿Me toman por su abuelo?

[11] Julien Viaud, conocido como Pierre Loti (1850-1923). Escritor y oficial de marina francés. Ramuntcho fue escrita en 1897. [N. de T.]

[12] Jean Sarment (1897-1976). Actor y escritor francés. [N. de T.]

Hay algo divino en esos ojos de niños. Una dama les lanza caramelos desde una ventana; yo, para hacer algo mejor, les lanzo centavos. Ellas recogen primero los caramelos…

¿No existe hasta esa melodía de corneta estropeada que adquiere la gracia de un corno, para llegar sin aliento por sobre la colina?

España está ahí, detrás de la Rhune, y de no verla la veo mejor.

Toda la poesía pasa con esa abeja. Si permaneciera aquí siento que mis palabras también tendrían rápidamente pequeñas alas.

Incluso la campana se mezcla allí, se los aseguro. Abro las narinas y siento el azul, el naranja, el amarillo. Siento la música del matiz.

Una joven vasca me sonríe desde un umbral de puerta. Qué flechas debe lanzar un arco de boca tan esculpido. Comprendo en las palabras que sonríe antes de ocultarse… *polillita.*

El anciano que ronroneaba se ha dormido.

Estoy como a la entrada de una iglesia. Demasiada dulzura me extenúa y me aturde…

Morir aquí, tranquilamente, oyendo reír a los jugadores de paleta, detrás de esa pared obstinadamente volteada.

El país vasco… Francia… mi país…

Encuentro estas notas regresando a San Juan de Luz, garabateadas en el reverso de mi hoja de impuestos (son bien pesados, señor Poincaré). Pensé dos segundos en poner orden en este pequeño revoltijo, pero dudo, ¿poner orden en las ramas, bajo la brisa de Vizcaya?... ¿Molestar a mis aves dormidas?... No.

¡Oh!, ¿quién utilizará entonces mis mareas? Esta fuerza incalculable que pierdo cotidianamente en flujo y reflujo, y que solo sirve para llevar algunas estrellas de mar sobre la arena…

Mis pensamientos ya no tienen necesidad de mí; ya cuando vuelvo cerca de ellos sé que se retiran molestos o que rugen y me llaman Padre. Ya no tengo el derecho de mirar sus piernas, son mis hijos. Han crecido y harán todo tipo de bodas en el porvenir sin siquiera invitarme…

Si muero mañana de risa, continuarán viviendo en su opulento egoísmo.

En vano intenté hablar directamente al mundo, pero no me entiendo con él, la *puesta a punto* no se hace de la misma manera.

...Qué desierto... Siento que voy a volver con un encanto indefinible a mis conversaciones conmigo mismo, con las flores, con el viento, con los charcos de lodo enrojecido por la tarde, con los bueyes que pasan y a veces, a veces... con el sobrante de los corazones que desbordan y que me reconocen es esos instantes... solamente.

Y una voz, que frena el ascenso de mis sueños, me ha dicho: *Si las rosas, tal como la naturaleza te las ofrece y que te cantan su perfume, ya no te bastan, estás perdido.*

He comprendido. Vuelvo a descender.

Paseándome con Brienne sobre la ruta de Montigny, una golondrina me acompaña durante más de un kilómetro, revoloteando en torno a mí al alcance de mi mano, con gritos de alegría.

Tuve por ese pequeño hecho una emoción increíble... ¿Qué mensaje me traía? ¿Qué alma estaba allí?

...

Y todo eso, todo eso, del amor al odio, del violeta al rojo, del ruido al silencio, de la vida a la muerte, es siempre la Rueda, el círculo compuesto él mismo no de pequeñas líneas rectas ni siquiera de lo que en geometría se llama el punto, sino compuesta de pequeños círculos, ellos mismos compuestos de pequeños círculos. Y por eso todo se arremolina, la alegría, la tristeza, el arte, el entusiasmo, y mi corazón loco y desmesurado que aletea...

> Pensaba entonces en una cosa de la que no puedo acordarme, e incluso cuando me acordaba de ella, jamás encontraba palabras para expresarla.
>
> Gustavo Bécquer (Leyendas españolas)

# Noches de Idumea

*Desde el fondo de ese abismo de tristeza, Beethoven*
*se propuso celebrar la alegría.*
Romain Rolland

*Llegados por una inaudita exaltación de sus facultades a un punto*
*sin nombre en el lenguaje, pudieron lanzar durante un momento*
*los ojos sobre el mundo divino. Eso era la fiesta.*
Balzac (*Serafita*)

Y por un instante creo poseer todo lo que se puede soñar sobre la tierra, hasta esa providencia de la desgracia que se llama la Fatalidad.

...Pero estoy habituado a ya solo sufrir los sufrimientos de los demás, pues sobrepasé los míos hace mucho tiempo.

He embalsamado yo mismo mi corazón hace tan largos años... La sentimentalidad, el amor, la fe, el entusiasmo, las miradas que se marchitan a fuerza de fijarse, las manos que se hablan y que se cimentan... todo, he embalsamado todo, y algunas veces me inclino y miro. Desgarros, precipicio; las lágrimas están de lejos superadas. Repongo rápidamente las vendas.

Poder decir todo, poder hacer llorar a generaciones de hombres inclinándolas sobre su propia miseria o su fatuidad, sentir en uno las palabras que se disputan de alegría para llegar primero a avivar las llamas que se extinguen... y permanecer inmóvil, silencioso, en espera de una dinamita incierta... ¿Reconocieron mi rostro?

...

Ella sobrepasó la atmósfera respirable. Hablo aquí de mi inteligencia y estoy asombrado de encontrar semejante fuerza en el vacío, en lo que ustedes llaman la nada.

Uno se cansa rápidamente de llevar luz frente a los ciegos... Cuando uno se da vuelta ya no los encuentra incluso detrás... y si se les afirma que se tiene en la mano una antorcha y que pueden seguir sin peligro, ellos ríen y se burlan reculando en la sombra.

Por eso dejo mi caballo caminando a mi lado, teniéndolo por la brida, y voy, femenino, incierto, buscando los tréboles de cuatro hojas en lugar de trazar yo mismo mi destino.

Y para escribir estas palabras, debí leerlas en el cristal de la introspección. Uno solo da entonces su imagen y es lo que vuelve tan decepcionante toda la literatura a pesar de su magia; no se puede aferrar nada en sus manos... Reflejar lo bueno que se ha pensado en el espejo de las frases, es falsear la dirección del sol y crear sombras allí donde no deberían existir. Basta con pensar. Decir, ¿por qué hacerlo?... ¿Reconocieron mi rostro?

Tengo la impresión de que acabo de morir una tercera vez y que nadie asistió a mi entierro.

¡Oh! Este cansancio que precedió esta muerte, el debilitamiento de las carnes, el decaimiento, la mirada fofa, la risa pesada... Me he mirado morir atentamente esta vez, sin hacer esfuerzo de reacción y de salud, y he visto: *he visto* cómo Ella osaba cada vez adelantarse... y tomarme. Pero tal vez posea ya el secreto risueño que me permite *ser y no ser* y que, más allá del individuo, en una nueva dimensión del espacio y del tiempo, abra las misteriosas puertas de la resurrección.

Qué pesadas son las palabras una vez más para volar en los océanos de luz, y qué mejor se los explicaría mi silencio musical...

A ti, mi nueva existencia, mis pensamientos de recién nacido. Algunas vibraciones desconocidas de los hombres de ayer me habitan. Mis manos se transforman en rosas para alabarte... Para no morir de éxtasis bajo el peso de la luz me voy a remontar el cielo un poco más alto...

Francia es un jardín de abril.

Todos mis ruiseñores, y todas mis golondrinas han partido. Pero cuento con dos o tres inmensas aves blancas que siguen en mí, que duermen todavía en mí y que estarían muertas a falta de punto de apoyo para elevarse, si les hubiera abierto la jaula sobre el suelo... Ahora las puedo despertar; abucheos, risas, indiferencias, no tendrán cura cuando vuelen en la dirección del viento.

Francia es un jardín de abril.

Si los frutos todavía no han cumplido las promesas de las flores, es porque las tempestades de mi vida han sido demasiado crueles y porque debí desplegar mis raíces para que el olivo permanezca de pie... pero he aquí que la tierra hoy, orgullosa sin duda de mi resistencia, me suplica a través del viento que pasa, de la jovencita que me sonríe, del ala que me roza, de mi muerta que ella retiene, que le enseñe un canto nuevo.

...La Tierra tiene sed de cantos y me pide beber...

Francia es un jardín de abril, ¡y yo soy solo aquello que me forjo!

...

He hablado y no he dicho nada porque hay alas de ave en mis palabras, y ellas toman vuelo a medida que las escribo. Así solo letras muertas permanecen sobre el papel. ¿Tienen miedo de los ojos que se apropiarán de ellas para sacarlas del blanco de su sarcasmo? Debí hallar rastros de sangre en aquello que escribí en otro tiempo como para ya no poder fijar entonces un pensamiento en la carne de las palabras. Mis sienes laten. Pienso fuerte, pero escribo completamente bajo. Río. He embrollado los hilos de la lógica entre las manos de la intuición, y me deslizo al sabbat por el camino dejándoles mi sombra...

Dejo todas mis ideas de ayer como sandalias a la puerta de mi iglesia. Es mi fuerza de mañana no ser esclavo de mi pasado y de mi presente, y solo sollozando de alegría, llego a grabar aquí en la arcilla del Porvenir una parte expresable de mi existencia futura…

Debo volver a ponerme en estado de vibración interior fabricando mi propia electricidad, cortar las filtraciones, montar mi potencial, tener frente a mis ojos algunas de mis notas de los años precedentes, aquella del 3 de febrero de 1922 con la cual se producirá entonces la fosforescencia psíquica que me otorgará el pasaje hacia el porvenir, tal como lo deseo.

El cansancio es muy a menudo una falta de desarrollo de la fuerza ignorada. Creo haber pasado una parte de mi vida padeciendo ese menosprecio tan fatal para tantas personas.

Que la energía en los ojos de fuego y en las manos de hierro me vuelva a tomar. *La vida está en acción. La vida es lo que siempre debe sobrepasarse a sí mismo.* A paseo con el pesimismo. *Crear. Actuar. Renovar. Atropellar. Resistir. Dominar*, y alejarme de la serenidad contemplativa tanto del Buda, como de Julio César, Napoleón, Nietzsche, Delacroix, Shakesperare, Maquiavelo, Miguel Ángel.

…Pero *actuar sin luchas*, como dice Epstein hablando de *mi manera*; matar al mal Sainte-Beuve que dormita en mí. No volver al psicólogo, al crítico, al metafísico. Cortar los puentes del saber para entrar en casa de mis hermanos, termitas ciegas, y como nuevo Eróstrato, ¡encender muy pronto en las viejas bibliotecas de su conciencia un magnífico incendio!

…

Domina si no quieres ser dominado. Has hecho el esfuerzo de escalar la montaña más alta. Date cuenta a pesar de tu cansancio que estás por encima de aquellos que en la llanura no se han extenuado como ti y gritan fuerte.

No caigas bajo el peso de la cruz que los hombres te pondrían infaliblemente sobre los hombros. Los calvarios ya no deben existir con nuestras mentalidades *prevenidas. El último acto de una tragedia moderna debe ser optimista.*

No pretendo admiración póstuma. No tengo nada que hacer con ella, es demasiado tarde. No quiero que mis pensamientos caminen sobre patas de palomas, quiero que ellos exploten frente a mí y que yo mida sus resultados y sus provechos. Tengo necesidad de crecer ante mis ojos según la elevación que aporto alrededor mío, y no quiero gritar hoy ni mañana mi fuerza y mi ley; solo me oiría apenas en otra parte; necesito gestación. Lo esencial, a saber el milagro de las rosas, el milagro de los ojos, el milagro de la sangre, lo conozco, y se por tanto cómo se cumplen esos milagros. Toda la fuerza está allí, nada más que allí. Ella ríe completamente tendida en su curva. Prestidigitador, transmutador, encantador o adivino. Es mi risueño secreto que pocos hombres poseen en toda su inocencia.

...

A mis amigos. – Ven los vitrales desde el exterior y gritan ante el incendio. ¿Qué dirían entonces si estuvieran como yo en el interior de mi iglesia?...

> El aspecto inferior depende del aspecto de la luz de arriba.
>
> El Zohar.

En algunos encontraremos tal camino luminoso en la explicación filosófica del mundo, que *mis muertos resucitarán.* Nietzsche se ha quedado corto en su optimismo. La vida es todavía más maravillosa; *por más profundo que se descienda en ella, hay siempre algo que les responde.* Pero nuestro puesto de observación es malo, nuestras miradas juzgan mal. Los escarabajos de Egipto veían sin ojos solo mediante sus antenas... ¿no pueden también estas guiar nuestra frente por encima de nuestros ojos?

Es preciso hallar una fuerza para detener el gesto de la ira y el gesto del hombre que acopia ganancias; son las dos plagas del mundo. Es preciso iluminar la codicia de los insaciables con una llama tan deslumbrante que la llama del oro palidezca junto a ella como una vela bajo el sol.

Es preciso que la crecida de este nuevo Aqueronte sea tan temible e inesperada que arranque y devore todos los odios, todas las codicias, todas las faltas y todos los vicios, ya que barcas de oro se pasean sobre las tranquilas aguas del Jordán desde hace veinte siglos.

Dar a luz los diez mandamientos a las almas; Moisés solo aportó los diez mandamientos a los cuerpos.

Mis cinco *líneas rojas* en la Biblia, el Talmud de Babilonia, el Asklepios, la Kabala, los Vedas, el Corán, deben suministrar los cinco primeros, los otros cinco deben salir del caos. Las fronteras de luz son necesarias en lugar de las fronteras reales, democracia de los cuerpos, pero jerarquía de las almas, con soldados espirituales, consignas y deberes.

La radioactividad del espíritu comienza, y no es un nebuloso misticismo. Swedenborg no se me aparece en la noche. La ciencia está a mi puerta, de guardia. No le pido ideas sino armas, y es ella la que suministrará mis soldados el día venidero.

...

...Ustedes se dicen: *Esta fiebre es ficticia; se miente a sí mismo por exaltación*. Tal vez. *Hay mentiras tan bellas que la Verdad se tiende hacia ellas como una diosa alterada.*

...

Y mi Verdad, ¡oh! mis amigos, se muere de sed junto a vuestras fuentes.

Óiganme... el sueño hace dobladillo entre mis palabras como nubes ligeras en un cielo de junio... Óiganme... todo lo que puedo hacer de preciso y de mecánico, por grande que sea, no es nada al lado de esa magia de lo posible que estremece de querer entre mis dedos... Poesía del mundo, tú ruedas aún mejor en mí que fuera, inmensa, sonora y oculta como en el laberinto de los centauros.

Mis palabras muerden directamente la verdad como en un fruto. Mi voz se hace más lejana y más azulada… Muchas orejas ya se dispersan a lo lejos sobre el camino y ya no comprenden ese ruido de aleteo que produce dicha al caminar, pero él está allí y yo lo veo, que siguen mi fosforescencia…

¡Oh! ustedes, mis queridos amigos, perdón por mi lentitud. No me ilumino con el recuerdo de mis chispas, y mientras siguen mi estela luminosa, yo mismo camino en la noche. Pero si de mi noche yo hago vuestra luz, ¿cómo resistirán entonces mi claridad?

…

Cuando interrogo el Porvenir, oigo los Atlantes que me responden:

El Tiempo llegará muy pronto. Las parábolas están gastadas. La dinastía se forma; las nuevas fuerzas deberán estallar a nuestra señal. El silencio de mi risa comienza a asustarme a mí mismo.

El Tiempo está en camino, y las palabras, Judas de nuestro reino, serán de ahora en más inútiles. La espiral ha comandado mi vida como comandó la vuestra, pero si bien revivo exactamente las mismas horas que antaño, poseo ahora la ciencia que me permite verlas desde arriba con un cielo de sufrimiento entre nosotros. Aviador de las almas, conozco los trapecios que pueden lanzarnos de estrellas en estrellas. Hay poco que perder y mucho por ganar en este abandono de nuestro pobre, cotidiano y torcido egoísmo. ¿Me seguirán si abro las manos primero?

Cada cabeza de hombre tiene su sol, pero habituado a su oscuridad por el sol del exterior, nadie desde la creación del mundo, más allá de los fundadores de la religión, se ha atrevido todavía a abrir hacia dentro las puertas de su luz interior.

Ahora bien, en ese tiempo, los hombres tendrán su cabeza en su propio sol.

Y el silencio se volverá tan violento, tan musical, que incluso los pregoneros del templo, tomados, se callarán poco a poco. La filosofía de las alas se volverá sensible incluso a las piedras. Estas, afectadas en su principio, se estremecerán y los animales hablarán. Los hombres que desde hace tiempo hayan superado el lenguaje inútil conocerán voluptuosidades olímpicas imposibles de imaginar para nuestros pechos estrechos y velozmente saciados, para nuestros pies de barro y nuestros ojos ciegos. El paraíso terrestre no está perdido; es la ignorancia y la falta de Magellan y de Newton de las almas, lo que nos impide encontrarlo.

En ese tiempo la risa habrá reemplazado al trueno y triturará los últimos sobrevivientes de nuestras razas de esclavos. Todos los dioses en exilio morirán tras haberse desgarrado mutuamente sobre una isla desierta.

Ese cuarto reino, que hará del Hombre de hoy un animal para el hombre de mañana, está en marcha gracias a las religiones, pero la ciencia ha falseado su camino y está en nosotros corregir, mediante nuestras animaciones, sus errores de cálculos y de direcciones.

A través de nuestras fuerzas psíquicas bien conducidas y aumentadas, una biología sensible y veloz reemplazará para todas nuestras necesidades a nuestra inteligencia mecánica y aplicada.

Ella insuflará una vida real al avión, al submarino, al autómata, y de nuevo los hipogrifos y las sirenas, los fénix y los dragones, las náyades y los centauros, recorrerán el aire, la tierra y el fuego a nuestros mandamientos.

...Los griegos habían visto de manera exacta... Y si Cristo hubiera encontrado en Apolonio de Tyana a su contemporáneo, esas hipótesis de poeta estarían ya en la historia...

> ...pero los reyes primitivos murieron sin haber encontrado su alimento...
>
> Solo entonces comenzará el verdadero reino del Hombre, como es dicho en el Siphra Dzenioutha o el libro de lo que está oculto.
>
> El Zohar

Mientras se sublima este licor de las palabras en mi alma, veo materializarse mi pensamiento. Dar vida a su sueño es menos difícil que concebirlo. Ya sé cómo una idea se viste de luz. Estoy listo para acuñar la efigie de mi alma para que se la reconozca al tacto. Realizar, es realizarme. Mis arterias cantan. Lo que seguirá, primera fase de la orquestación de mi existencia de mañana, está escrito con la propia sangre de mi corazón.

El 28 de marzo de 1921 mi inmortal muerta de ojos de jade apagados me dijo con su agonizante voz:

*Siento, sé que tienes una gran tarea sobre la tierra, una obra misteriosa y formidable que cumplir. Mi instinto, en el momento en el que voy a abandonarte, ya no me engaña. Júrame que no morirás de mi muerte y que no te dejarás desalentar para poder cumplir esta obra. Hubiera querido vivir para ayudarte en esta tarea, pero no era sin duda lo suficientemente fuerte, y mi muerte al contrario te servirá. Es preferible que muera, pues así enferma te impido desde hace dos años trabajar en esas grandes cosas. Júrame que cumplirás esa tarea.*

YO JURÉ.

Anunciación.

A) Las Doce y las 213 proposiciones sobre el Signo.
B) Ondas e imantaciones.
C) *De Signatura rerum.*

| | |
|---|---|
| | Proyecto A. Los Grandes iniciados |
| Cine | Proyecto B. Fórmula de ópera cinematográfica |

| | |
|---|---|
| B) Ondas e imantaciones | Literatura |
| | Actos |

*Proyecto A. de la Sección Cine en la subdivisión: Ondas e imantaciones* de la Anunciación.

*La Joie. Les Rivières de joie. Les chaînes de fleurs.*
*L'épanouissement de la chair.*

*L'amour, l'amour.*
*Le Bonheur est sur terre, en vérité…*
*Le rire de l'eau. Le rire des arbres.*
*Le rire des nymphes revenues.*
*Le sourire de la vie.*
*Les choses douces, bonnes et dorées.*
*Leur humanisation dans les soirs violets.*
*Les cordes d'or de montagne en montagne.*
*De un et un je fais trois puis je fais cent mille et mon sourire et ma force restent les mêmes.*
*Toutes les douleurs utiles et transmuées, transfigurées.*
*Le sang: rubis. La sueur: rosée.*
*Le bonheur est sur la terre, en vérité.*
*Les aveugles ébluis de leur propre lumière que personne jusqu'ici ne leur a révélée.*
*Les élytres de la joie, les soleils, cymbales, le chaos d'or, le désordre rieur dominé par le rythme.*
*Et les vendangeurs boiront leur vin.*
*Et les semailles et les fenaisons se feront avec des chants sur les terrasses superposées.*
*Les eaux des pluies sont distillées et le principe de vie en est extrait de chaque goutte: chaque goutte devient un bienfait.*
*Plus vite et plus haut vers ce grain de sable translucide, le soleil.*
*La vie et la mort perdent leur sens puisque la notion de l'éternité est trouvée.*
*Le bonheur est sur terre en vérité.*
*…ainsi chantait l'Atlante pendant mon agonie.*[1]

[1] La Alegría. Los ríos de alegría. Los lazos de flores.
El florecimiento de la carne.
El amor, el amor.
La dicha existe sobre la tierra, en verdad…
La risa del agua. La risa de los árboles.
La risa de las ninfas regresadas.
La risa de la vida.
Las cosas dulces, buenas y doradas.
Su humanización en las tardes violetas.

Erigir ante los ojos de los hombres, y como las columnas de un mismo templo, cada Religión en lo que tiene de más sólida, de más profunda y de más deslumbrante a la vez, para llegar a mostrarlas hermanas por el espíritu y el corazón.

Movidas por los mismos inmutables resortes de la elevación espiritual y del espíritu de sacrificio, cada una de ellas deberá confrontarse con su vecina y en cierto modo compenetrarla, para llevar hacia los espíritus no solamente una tolerancia perfecta sino también la visión de que todos los dioses son satélites alrededor del mismo sol astral.

Vertiendo de manera simultánea todo lo que queda de vivaz de cada una de ellas en un crisol, voy a intentar mediante una aleación magnética liberar la nueva orientación espiritual que debe adoptar el mundo en una hora en que los indicadores de Ruta comienzan a faltarle.

En el cruce de las grandes Religiones, allí donde se penetran unas a otras y se encabalgan en el mismo espíritu esotérico, edificar el templo del Evangelio del porvenir de suerte que, deslumbrante y rozando las

---

Las cuerdas de oro de montaña en montaña.

De uno más uno hago tres luego hago cien mil y mi sonrisa y mi fuerza permanecen igual.

Todos los dolores útiles y transmutados, transfigurados.

La sangre: rubí. El sudor: rosado.

La dicha existe sobre la tierra, en verdad.

Los ciegos deslumbrados por su propia luz que nadie hasta aquí les ha revelado.

Los élitros de la alegría, los soles, címbalos, el caos de oro, el desorden risueño dominado por el ritmo.

Y los vendimiadores beberán su vino.

Y las siembras y las siegas se harán con cantos sobre las terrazas superpuestas.

Las aguas de las lluvias son destiladas y el principio de vida es por ello extraído de cada gota: cada gota se convierte en un beneficio.

Más rápido y más alto hacia ese grano de arena traslúcido, el sol,

La vida y la muerte pierden su sentido puesto que es hallada la noción de eternidad.

La dicha existe sobre la tierra en verdad.

Así cantaba el Atlante durante mi agonía.

nubes, cada una de las columnas lleve nombre de Jesús, Buda, Mahoma, Moisés, Khrisna, Confucio.

En cuanto a la cúpula del templo... suplico a la luz divina que me tenga por su obrero más ferviente y más atento a las cosas que todavía no son.

La ciencia quita cada día un misterio a la religión pero no le aporta nada en su lugar, oigo con afecto. Es preciso llenar los agujeros abiertos que nuestra época cava en nuestras almas, mediante la búsqueda del radio psíquico universal.

Las Revoluciones han aportado la libertad de los hombres en el exterior, pero demoliendo a los dioses no han puesto nada en su lugar en el corazón sediento de los hombres. La lógica materialista tuvo su tiempo. El infinito está siempre ahí con sus pupilas estrelladas y su sonrisa enigmática. Los hombres mueren, pero los mundos continúan su rotación; intentemos encontrar más en nosotros lo que puede no morir.

Esta serie de los Grandes Iniciados que atañe a la vida del apostolado de los grandes creadores de religión conducirá de este modo hacia el cine a centenares de miles de nuevos espectadores: brahmanes, budistas, mahometanos, israelitas, etc. Estos millones de espectadores que solo grandes espectáculos de orden religioso *en profundidad* pueden hacer llegar al cine tal como irían a sus iglesias, aprenderán así, tras haber comulgado con sus dioses, a contemplar con tolerancia y comprensión la belleza, la poesía, y la *similitud* de las religiones diferentes.

> El mundo no conoció más grandes hombres de acción que los fundadores de religión, en el sentido más fecundo y más incalculable de la palabra. Ellos brillan como estrellas de primera magnitud en el cielo de las almas. Fueron potentes moldeadores de espíritus, formidables despertadores de almas, saludables organizadores de sociedades. Viviendo solo por su idea, siempre prestos a morir y sabiendo que la muerte por la verdad es la acción eficaz y suprema, crearon las ciencias y las religiones, a

> continuación las letras y las artes cuyo jugo nos nutre aún y nos hace vivir. ¿Y que están produciendo el positivismo y el escepticismo en nuestros días? Una generación reseca, sin ideal, sin luz y sin fe, que no cree en el alma ni en Dios, ni en el porvenir de la humanidad, ni en esta vida ni en la otra, sin energía en la voluntad, dudando de sí misma y de la libertad humana.
>
> Edouard Schuré

Los grandes problemas idealistas están en efecto en la base de las más profundas preocupaciones de las sociedades, y el cine debe suministrarse el máximo de luz, de bondad y de penetración a través de los mitos y de las religiones que se desmoronan, para ayudar a construir con el concurso de las fuerzas antiguas nuevas creencias más adecuadas a nuestras mentalidades.

Durante seis meses, día y noche, he preparado los planos detallados de este gigantesco trabajo. Creo haber llegado a la síntesis esotérica práctica cuyo reflejo ha esbozado Schuré y que Steiner y los teósofos han hecho descarrilar. Esa bondad reblandecida, ese cristianismo desteñido, nada pueden ofrecer. La subconciencia no se enciende.

*¿Lograremos acercarnos a esas columnas gigantescas, en pos de un único templo?*

¿Llegaremos a grabar cada uno de esos seis nombres deslumbrantes sobre cada una de las facetas del prisma? ¿Y puedo hacer ahora un llamado a todos aquellos de cualquier partido y de cualquier densidad de alma que buscan lanzar también el puente de luz, para pasar por sobre la muerte?...

¿Tendré esa fuerza sobrehumana de poner orden suficiente en mi amor por los hombres para ser a la vez el arquitecto y el carpintero, y podré de un solo golpe, mediante todas estas palabras, hacer surgir de la nada de los corazones ese gran río de odio, de desprecio o de irónica indiferencia del que tengo necesidad para transportarme hacia los mares desconocidos de los que alguien en mí me conversa día y noche?

Miren ese hombre aplomado, sereno, cuyo pensamiento se mantenía a ras del suelo y que creía morir así de padre en hijo. ¿Quieren ver levitación?

...Tomo este pensamiento y contra su voluntad lo elevo, lo corto de su raíz y lo pongo en el jarrón de flores sobre mi mesa... y desde ese momento ese hombre me pertenecerá y toda su fuerza devendrá pluma de mi paloma.

Estoy de pie sobre mí como un rey al regreso de una decisiva y victoriosa batalla.

Atraigo como la serpiente. Ustedes tienen miedo y no soy más que una paloma. Se aproximan riendo, confiando y yo los mato. Respiro fuego y sin embargo las rosas viven mejor a mis lados que en Bengala. Mis nervios son arcos voltaicos. Enciendo donde quiero, cuando quiero; ilumino o encandilo; hago arder o caliento, según la profundidad de mi sonrisa. No quisiera que se puedan leer estas líneas sin rechazar el libro con violencia, a fin de poder retomarlo el día siguiente o el siglo siguiente con amor. Lloro si ustedes lloran y río cuando lloro. Ubicuidad de mis deseos. Me miro en el espejo Brot de mi sensibilidad y me veo mil veces diferente en el mismo segundo. Me siento en vuestro ojo, en vuestra frente, en vuestro odio, mejor que en mí; vuelvo a entrar en vuestras casas heladas a través del ónix de vuestras conciencias. Rompí mis frenos en el descenso. Me río de la muerte que me acechaba debajo de la cuesta y que he rebasado por exceso de velocidad. Como fortuna solo tengo mi desaliento en mis alforjas, ¡pero qué escapulario! Pago al contado en todas partes y gano amores y manos tendidas al mostrarlo. Que una verdadera Llama de Amor se aproxime un día a mí, y explotaré, liberado.

¿Leen el cielo de mis palabras? No las reconduzcan al suelo, en su sentido exacto; reventarán como burbujas...

Todas mis palabras ocultan algo; contrabandistas del Ideal, pretenden entrar con cara de muchachas honestas en una Europa podrida. Desconfíen; transportan dinamita. Mi dulzura es la máscara del Dulzor, y mi maldad la máscara de mi dulzura. Todo está tenso alrededor mío presto a romperse, y mi espíritu es recto, de base amplia.

La melancolía, ese núcleo de mi serenidad, ha dado un árbol inesperado y magnífico. Me nutro de mis propios frutos y ya solo tengo necesidad de plantar nuevos árboles....

¿Delirio de grandeza dicen ustedes?... Lavaré vuestros pies silenciosamente hasta mi muerte y sin hablar. Dejaré de lado el pensamiento si alguien lo exige...

Pero estén seguros, mis amigos, todo esto es solo otro lenguaje que aletea al borde del nido, y mi padre aún no me dejará volar... No esperen debajo del árbol que el polluelo se estrelle contra el suelo. Solo ha conservado del recuerdo de los hombres la prudencia, pero eso le basta.

Quiero cojear con toda la humanidad para que no se me mire con esa inquietud amorosa o con ese espanto... Quiero ser feo y vil, quiero también reptar para que no se grite con orgullo y con pretensión al mirarme...

Les aseguro que hay algo mucho más luminoso que el sol. A veces siento eso... por muy cortos instantes... pero no puedo explicarles; con todos los sentidos tensos y en puntas de pie no pueden sentir o ver... es otra cosa... las palabras *magníficos, divinos, sublimes*, son aquí tan pálidas, tan neutras, tan gastadas, para dar un reflejo de esta impresión.

Mi siglo hizo demasiado ruido como para que pueda oír los cantos de la más Alta Torre, y por eso iré más allá de las palabras...

Ahora bien, heme aquí sobre la nieve, en el puerto de Voza, en el lugar mismo en que, hace 10 años, rodé *La Rueda*. Tengo la impresión de estar sentado al lado mío. Me miro llorar sonriendo.

El Arco de mi vida se ha tensado hasta romperse desde esta estación, y he aquí que acabo de ver caer en vuestros corazones la flecha de amor que ha lanzado.

Ya no puedo llorar; las lágrimas cálidas se han transformado en nubes que ríen por encima de mi cabeza. Ya no puedo odiar; carezco de arsénico y ya no tengo garras, ya no puedo ascender; estoy en el límite de mi resistencia; el oxígeno me falta. Ya solo puedo amar, como un árbol, sin moverme, esperando que se tomen mis frutos y que se duerma en mi sombra... Las voces humanas son manchas de sombra.

…Algunas de mis palabras rozan la eternidad e intentan arrastrarme… Soy demasiado pesado. Tengo vicios que satisfacer, deberes que cumplir. Debo renegar de mí mismo…

Beso los ojos de las almas que miran de frente.

Hasta pronto, mis amigos… mis queridos amigos.

FIN

Esta edición de 1200 ejemplares se terminó de imprimir en
los talleres de Gráfica MPS, Lanús, Argentina,
en el mes de marzo de 2014

